식민사학이
지배하는
한국고대사

식민 사학이 지배하는 한국고대사

이희진 지음

책미래

식민사학이 지배하는 한국고대사

1판 1쇄 발행 | 2014년 3월 25일
1판 2쇄 발행 | 2015년 4월 25일

지은이 | 이희진
주 간 | 정재승
교 정 | 홍영숙
디자인 | 배경태
펴낸이 | 배규호
펴낸곳 | 책미래

출판등록 | 제2010-000289호
주 소 | 서울시 마포구 공덕동 463 현대하이엘 1728호
전 화 | 02-3471-8080
팩 스 | 02-6353-2383
이메일 | liveblue@hanmail.net

ISBN 979-11-85134-08-6 03910

국립중앙도서관 출판시도서목록(CIP)

식민사학이 지배하는 한국고대사 / 지은이: 이희진. ―
― 서울 : 책미래, 2014
　　p. ;　cm

표제관련정보: 일제식민사회에 의해 왜곡된 한국
고대사학계의 실상을 파헤친다
참고문헌 수록
ISBN 979-11-85134-08-6 03910 : ₩14000

한국 고대사[韓國古代史]
식민 사관[植民史觀]

911.02-KDC5
951.901-DDC21　　　　　　CIP2014008719

들어가기 전에

얼마 전 각종 포털 사이트에 '잃어버린 고구려 역사 137년을 찾았다'라는 제목의 기사가 떴다. 그 기사 가운데 이 책에서 앞으로 말하고자 하는 것과 관련된 내용을 추려보면 이렇다.

외국의 초·중·고·대학생 및 교사들이 세계사 수업시간에 즐겨 찾는 유명 교육 포털 사이트가 한국의 삼국시대 역사를 심각하게 왜곡했던 것을 시정했다. 삼국의 건국 연도를 고구려는 BC 37년 대신 AD 100년으로, 백제는 BC 18년 대신 AD 250년으로, 신라는 BC 57년 대신 AD 350년으로 각각 기술했었다. 이렇게 된다면 고구려는 137년, 백제는 268년, 신라는 407년의 역사가 사라져 버린 셈이다.

그런데 이렇게 목청껏 외국의 무식한(?) 한국사 인식을 비난해 놓고 보니 뭔가 이상하다. 이 내용은 바로 우리나라 교과서에 쓰여 있는 그대로 아니던가? "고구려는 2세기 태조왕, 백제는 3세기 고이왕,

신라는 4세기 내물왕 때가 되어서가 비로소 고대국가 체제를 갖추었다." 대한민국의 청소년들이면 무조건 이렇게 외워야만 대학 입학시험에서 피해를 보지 않는다. 바로 그런 교과서에 이렇게 써놓고, 이제 와서 외국에다가 너희들이 왜곡된 내용을 써놓았으니, 고쳐내라? 뭔가 앞뒤가 맞지 않는다.

수정 약속을 받아냈다고 하는데, 나중에 그쪽에서 어떻게 생각할지 모르겠다. "우리가 역사 왜곡했다며 고쳐 달라면서 왜 자기네 교과서에는 그렇게 가르치느냐?" 속으로는 욕깨나 해댈지 모르는 노릇이다. 노골적으로 나오지 않더라도, 한국 사람은 앞뒤가 맞지 않는 짓을 하면서 감정만 앞세우는 족속이라고 몰기 딱 좋은 사례가 될 것이다. 실제로 일부 여론 조사에서는 지구촌 가족들이 일본 사람보다 한국 사람이 감정에 치우쳐 우기는 경향이 있다고 믿는다는 결과가 나왔다고 한다.

굳이 당사자들이 아니더라도 속사정을 모르는 사람들이라면, 이런 사태를 보면서 당연히 헷갈리는 게 정상이다. 무엇 때문에 사회적으로 '왜곡'이라고 비난받는 내용이 버젓이 교과서에 자리를 잡을 수 있을까? 알 만한 사람은 다 안다. 그게 바로 식민사학(植民史學)의 영향인 것이다. 그 영향은 많은 사람들이 느끼지도 못하는 사이에 받아들이게 만들 수 있을 만큼, 또 그런 이야기를 함부로 꺼낼 수조차 없게 만들 만큼 막강하다.

두말할 필요도 없이 식민사학의 영향을 받은 자들이 대한민국 고대사학계를 장악하고 있기 때문이다. 나중에 본문에서 자세히 다루겠지만, 외국에다 시정을 요구하는 내용임에도 불구하고, 우리 교과서부터 고치자는 이야기가 강력하게 나오지 못한 이유도 여기에 있다. 제도권에서 고대사를 전공한다는 사람들은 식민사학의 영향력을 입에 올릴 생각조차 하지 못할 정도로 그들의 힘에 눌려 왔다고 해도 과언이 아니다. 이 책에서는 바로 그 이야기를 하고자 한다.

제2장 한국 고대사학계에 침투해 있는 식민사학의 논리

1. 고대 한일관계사 해석의 분기점 –초기 기록 _78

제3장 깡패논리로 심어지는 식민사학

들어가면서

흔히 역사 연구를 퍼즐 맞추기에 비유한다. 각각의 사건 자체에 관련된 모든 내용과 그 의미를 미주알고주알 친절하게 다 써주는 기록이 거의 없다는 뜻이다. 그렇기 때문에 역사학자는 퍼즐 조각처럼 남아 있는 역사 기록을 주워 모아 각각의 사건이라는 부분적인 그림을 맞추게 된다. 그리고 그런 것들이 모여 전체적인 역사의 흐름이라는 큰 그림을 완성하게 마련이다.

퍼즐에 있어서, 그림 맞추기 작업은 일목요연하게 그리고 일관되게 수행해야 제대로 된 그림이 나온다. 이 점은 퍼즐이나 역사의 복원이나 마찬가지이다. 하지만 퍼즐과 역사에서는 분명한 차이가 있다는 점에 주의해야 한다.

퍼즐에는 정답이 있다. 호랑이 그림 퍼즐을 잘 맞추고 나면 결국 호랑이 그림이 나오게 마련이다. 다른 그림을 만들려고 하면 아예 퍼즐 자체가 맞추어지지 않는다.

반면 역사에 있어서는 꼭 그렇지가 않다. 퍼즐 조각 하나하나에 대응하는 역사 기록을 어떻게 끼워 맞추느냐에 따라 호랑이 그림이 토끼 그림으로도 둔갑할 수 있는 것이다.

역사에 관련된 작품을 보면 같은 기록을 가지고도 전혀 다른 이야기가 나오는 일을 자주 겪게 된다. 이것이 바로 같은 퍼즐 조각들을 맞추었는데도 불구하고 전혀 다른 그림이 나오는 현상에 해당한다.

한일관계사, 특히 고대사 분야는 그런 것 중에서도 가장 극적인 예가 될 수 있다. 일본 측에서는 근대적으로 역사를 쓰면서부터 고대 일본의 대화(大和) 정권이 한반도를 정복하고 통치했다는 설로 고대사를 그리기 시작했다. 이보다 많이 후퇴했다는 최근 설도 막강한 대화(大和) 정권이, 적어도 한반도 남부의 국제정세 정도는 좌우할 만큼 영향력을 가지고 있었다고 본다. 반면 한국 측에서는 아예 일본열도 자체를 백제의 식민지로 그려 놓기 일쑤이다.

좋게 이해할 수 있는 측면이 없지는 않다. 앞서 말했듯이 기록이라는 것 자체가 모든 내용을 친절하게 써 주지 않으니, 역사 연구자들마다 공백으로 남아 있는 부분을 채우는 내용이 달라질 수 있다.

어차피 누구도 알 수 없는 공백을 채우는 데야 개인의 선택이 작용할 여지가 충분하다는 점을 무시하자는 것이 아니라는 뜻이다. 그렇지만 고대 한일관계사 같은 경우는 이 점을 감안해도 너무 심하다. 식민사학에 대해 다루려 하면서 하필 고대사 분야에 중점을 두는 이유 중 하나가 이것이다. 여기에 또 한 가지 이유가 더 추가된다.

아무리 공백을 채우는 부분이 다를 수 있다지만, 세계 역사 어느 분야를 봐도 고대 한일관계사처럼 180도 다른 해석이 나오는 경우는 흔치 않다. 서로 밀접한 관계를 맺고 있던 두 세력의 우열에 관한 해석이 이렇게까지 다르게 나오는 경우에는 무엇인가 다른 요인이 작용하고 있게 마련이다.

충분히 채울 수 있는 공백까지 멋대로 채우거나 심지어 명백히 드러나는 그림까지 제멋대로 편집해 버리지 않으면 이런 정도로 다른 그림이 나오기는 어렵다는 것이다. 이런 현상이 나타나는 것이 보통 퍼즐이 아닌 역사 퍼즐의 마술이다. 물론 이 마술은 남을 즐겁게 해 주려고 부리는 것이 아니다.

애초부터 역사를 조작하겠다고 마음먹은 작자들이 역사학의 한계를 십분 이용해 먹는 행각일 뿐이다. 고대사를 포함한 한일관계사에 너무나 다른 그림이 나오는 또 다른 요인이 이것이다. 이런 일을 촉발시킨 장본인들이 바로 일제 식민사학자들이다.

역사를 그렇게 원하는 대로 만들어 낼 수 있다는 사실이 신기해 보일지 모른다. 하지만 겉으로는 신비하게 보이는 마술도 그 비밀을 알고 나면 별것 아닌 눈속임일 뿐이다. 역사 퍼즐의 마술이라고 크게 다를 것은 없다. 식민사학은 바로 그런 눈속임 중의 하나일 뿐이다.

자신들이 원하는 그림을 만들어 내기 위해 역사를 마구 편집해 내다 보니, 별 희한한 그림이 만들어지는 것이다. 이것만해도 기분 좋을 일이 아니지만, 그런 짓을 자행한 이유는 더욱 괘씸하다.

역사를 조작하는 작자들이 아무 생각 없이 그저 심심해서 이런 일을 저지르지는 않는 법이다. 예나 지금이나 남에게 거짓 정보를 흘려서 착각하게 만드는 자들이 노리는 것은 남들의 착각을 이용하여 어떠한 형태이건 챙길 수 있는 이익이 있기 때문이다.

일제 식민사학자들에게는 그것이 식민지배 정당화라는 명분 얻기였다. 즉 한국(당시는 조선) 사람들에게 "너희는 조상 때부터 식민지배를 받아야 할 만큼 못난 족속이었으니 현실을 받아들여라." 하는 메시지를 머릿속에 구겨 넣기 위해 정치적 요구에 맞추어진 역사를 만들어 냈다는 것이다. 식민사학이라는 것도 그런 커다란 밑그림 속에서 탄생했다.

식민사학 자체는 근대에 들어서서 일본의 식민지배를 정당화하기 위해 만들어 낸 역사학이다. 하지만 그 뿌리를 캐고 들어가다 보면 고대사에 직접 연결되어 있음을 알 수 있다. 사료가 적은 고대사 분야는 각 시대사 중에서 조작하기에 가장 쉬운 분야일 뿐 아니라, 일제가 만든 식민사학의 구조를 이해하기 위해 필수적으로 살펴보아야 하는 분야라는 것이다. 이것이 고대사에 중점을 두어 식민사학을 다루어 보려는 두 번째 이유이다.

물론 식민사학이 아니라 뭐라 해도 그 내용이 사실이라면 인정해야 한다고 주장하는 바이다. 하지만 식민사학이라는 것이 그만한 근거와 학문적 타당성을 가지고 있을 리 없다. 글자 그대로 나타나듯이 식민지배를 역사를 통해 정당화하려는 의도로 만들어진 역사학인 것이다. 뒤에서 자세히 설명하겠지만, '식민사학'이라는 말 자체가 학술 용어라고 보기가 어렵다.

그런 의도로 만들어진 역사가 과거의 경험을 되살려 미래에 도움이 되도록 하는 역사 본연의 자세를 가질 수 없음은 분명하다. 특정 집단의 이익을 위해 교훈을 조작해 내는 역사일 뿐이다. 그런 식의 역사학에 허점이 없을 리 없다.

그런데 더욱 한심한 일은 지금도 일부 학자라는 자들이 식민사학자가 그려 놓은 역사 퍼즐에 놀아나고 있다는 사실이다. 즉 애초부터 흉측한 의도로 만들어져서 한계가 뻔하게 드러나는 식민사학이 가리키는 대로 우리 역사를 인식하도록 조장하는 경향이 있다는 것이다.

물론 굳이 식민사학자들이 그려 놓은 틀에 따라 우리 역사를 보아야 속이 편하다는 일부 사람들에 대해서는 별 대책이 없을지도 모른다. 하지만 그런 사람이 대한민국 사회에 많을 리가 없다. 남을 이용해 먹으려고 조작해 낸 사고방식에 놀아나고 싶지 않다는 발상이 필자만의 별난 생각은 아닐 것이다.

정상적인 사람이라면 일본제국주의자들 좋으라고 멋대로 만들어 놓은 역사를 보고 좋아하지는 않을 테니까. 우리 역사를 자기들 이용해 먹기 편하게 조작한 틀에 따라 이해해 주어야 할 이유를 군이 찾으려 할 필요도 없을 것이다.

여기서 의아해질 사람이 있을 것이다. 현재의 대한민국은 일본의 식민지가 아니다. 그런데도 어떻게 아직까지 일제의 식민사학에 추종하는 자들이 지성의 전당이라는 대학을 장악하고 있다는 것인지. 또 그런 자들은 무엇 때문에 식민사학에 집착하는지, 어떻게 그런 자들의 세력이 지금까지 유지될 수 있는지 납득이 가지 않을 수도 있다.

그 점을 보여 주는 것이 바로 이 책을 쓰고 있는 이유 중 하나이다. 이쯤이면 뭐 하려고 이 책을 쓰고 있는지도 대충 정리가 될 것 같다. 하나는 식민사학이 원하는 역사를 만들어 내기 위해 어떠한 속임수를 쓰고 있는지 밝혀 보자는 것이다. 이 작업에는 무엇을 조작했는가 뿐 아니라, 무슨 심보로 역사를 조작해 왔는지까지 포함된다. 제법 재미있는 작업이 될 것이며, 이 자체로도 하나의 검증이 될 수 있을 것이다.

다음은 일본제국주의자들이 자기들 편하게 만들어 놓은 역사가 어떻게 해서 해방된 대한민국에서 지금까지 영향력을 갖게 되었느냐는 점이다. 이에 대한 해답은 무척 간단한 데에서 찾게 된다. 알 만한 사람은 다 아는 해답이지만 그 동기가 너무나 치졸한 데에 있을 뿐이다.

본격적으로 전개될 앞으로의 내용에 나름대로 충격을 느낄 사람도 없지 않을 것이다. 그동안 몸담았던(?) 한국 고대사학계에서도 좋은 소리 듣지 못할 것도 분명하다. 이 책 하나로 인하여 한국 고대사학계의 풍조가 달라지리라고는 기대하지도 않는다. 하지만 이런 정도라도 밝혀 놓지 않으면 최소한의 검증도 거치지 않은 '지식사기'가 판을 치는 꼴을 계속 보아야 한다. 그 짜증을 더 이상 참아야 할 필요성을 느끼지 않는다.

그렇다고 해서 이 책 하나에 '식민사학'에 대한 모든 진실을 가리겠다고 하려는 것은 아니다. 또 이 책 자체 역시 검증 대상이라는 점도 분명히 해 둔다. 혹시 여기서 언급되는 사람들의 의도를 잘못 해석한 측면이 있다면, 그 점에 대한 비난은 감수할 용의가 있다. 단 그 점을 지적하려면, 지금까지 즐겨 써오던 수법처럼 등 뒤에서의 모략에만 몰두하지 말고 정정당당하게 공개적 반론을 펴주기 바란다.

2008년 이런 취지로 책을 냈었지만, 학계에서 이 문제를 두고 정정당당하게 맞선 사람은 없었다. 그렇다고 고대사학계에 일제 식민사학자의 논리를 베껴대는 경향이 있다는 점을 확실하게 인정한 적도 없다. 그나마 위안이 되는 성과라고는, 일본 학계의 논리를 베껴 놓고도 정의의 사자처럼 나대던 자들이 조금은 자제를 하게 되었다는 것 정도이다.

그래도 최근까지 "왜가 고구려와 백제를 조종해서 아막성 전투를 일으켰다." 같은 일본 측의 논리를 베껴,《역사학보》같은 등재지에 당당하게 싣는 사태가 일어난다. 이를 비판했다가 따가운 눈총을 받는 현실 역시 예전 그대로이다. 그러니 일부 인사들이 좀 덜 나대게 한 정도를 가지고 성과라고 하기는 민망할 것이다.

결국 지금까지 시간이 흐르는 동안 별로 달라진 것은 없다고 해야할 것 같다. 그러는 동안 앞서 나왔던 책이 절판되어 버렸다. 그래도 아직은 한국 고대사학계에 남아 있는 식민사학의 영향에 대해 알고 싶어 하고, 또 알리고 싶어 하는 사람들이 있어, 이번에 일부 내용을 수정해서 재출간하게 되었다.

2014년 2월

저자 씀

제1장

식민사학
왜 문제
인가?

1. 역사학과 식민사학

역사학, 왜 필요했나?

본격적으로 시작하기 전에 먼저 정리해 두어야 할 문제가 있다. 무엇 때문에 '식민사학'이라는 것을 두고 시비를 거느냐는 문제이다. 여기서부터 다루지 않으면, 별것도 아닌 것을 가지고 공연한 시비를 거는 것처럼 비칠 수도 있다.

어떤 사람은 식민사학이 무엇이건, 어떤 역할을 했건, 지금까지 살아오는 데 지장 없었고, 앞으로도 그럴 것이라고 생각할 수 있다. 전혀 일리가 없는 생각이라고 하기도 어렵다. 사실 많은 사람들이 "식민사학, 더 나아가서는 역사에 대해 아무 관심 없이 살지만 그래도 세상은 돌아간다."라고 생각하는 사람이 적지 않을 것이다. 그런 사람들에게 그저 식민사학은 나쁜 것이고, 그런 것을 추종하고 우리 사회에 심는 행각을 막아야 한다고 아무리 떠들어 봐야 관심도 없는 사람들에게 공연히 거품을 무는 꼴이 될 수 있다.

식민사학에 관심 없는 사람들을 탓하자고 이런 말을 늘어놓는 것은 아니다. 오히려 그런 사람들에게도 이해를 구하고 싶은 것이다. 어찌 보면 쓸모가 없다고 생각하는 원인이 '그게 왜 필요한지' 모르기 때문인 경우가 많다.

뒤집어 말하자면 어떤 문제이건 이해를 구하려면 그 필요성을 충분히 설명하는 과정이 필요하다는 뜻이 될 수도 있다. 우리 사회는 사실 이유나 배경을 설명해 주는 데에 인색한 경향이 있다. 이 때문에 쓸데없이 많은 오해가 발생하기도 한다.

물론 아무리 자세히 설명해 주어도 이해하고 싶어 하지 않는 사람도 있다. 그 때문에 미주알고주알 설명해 봤자 별 소용없다는 생각을 하게 될 수도 있다. 그렇지만 그렇다고 해서 아무 배경 설명도 없이, 하고 싶은 말만 해 버리면 문제를 진짜로 이해하고 싶어 하는 사람들에 대한 실례가 될 것이다.

식민사학에 대해서도 마찬가지이다. 지금까지는 단순히 "식민통치를 위하여 만들어졌기 때문에 나쁘다."라는 식으로 단순하게 접근하는 경우가 많았다. 하지만 그래 가지고서는 역사에 대해 상당히 깊이 알고 있는 사람이 아닌 한, '식민사학의 나쁜 영향'에 대해 보다 본질적인 의미를 느끼기 어려울 수 있다.

그러니 조금 돌아가는 느낌이 들어 답답하더라도, 무엇 때문에 '식민사학'에 대해 파고들어야 할 가치가 있는지부터 시작하는 편이 나을 듯싶다. 그러려면 역사학이라는 것이 사회적으로 어떠한 역할을 하고 있으며, 그 역할 속에서 식민사학이 어떤 문제를 일으키는지부터 시작해야 할 것이다.

이렇게 해 놓아야 왜 배워야 하는지 모르겠다는 식의 냉대까지 받는, 역사학을 비롯한 인문학에 대한 변명도 될 것 같다. 그러한 뜻에서 우선 인문학이 어떤 역할을 하는지부터 살펴보기로 하자.

영원한 이율배반

인류 사회에서 역사학을 비롯한 인문학이 필요한 이유는 인간이 생각하는 동물이라는 점에서부터 찾는다. 단순히 목숨을 부지하는 데에 필요한 생각을 한다는 뜻은 아니다. 그런 생각이라면 다른 동물은 물론, 벌레들까지도 다 할 줄 안다.

뜻을 좀 더 분명히 하자면, 인간은 관념적인 동물이라고 할 수 있을 것 같다. 즉 인간은 스스로 생각하는 바에 따라 행동 양식이 달라진다는 점을 말하고자 하는 것이다.

보통 '관념'이라는 것이 작용하지 않는 생명체는 같은 조건 아래에서 비슷한 반응을 한다. 배고프면 먹이를 찾고, 졸리면 자려고 하는 행위가 이에 해당한다. 하지만 관념이 작용하기 시작하면 조금 양상이 달라질 수 있다.

상황에 따라 다르기는 하겠지만, 일반적인 경우에 보통사람들은 아무리 배가 고파도 다른 사람의 먹을 것을 빼앗아 먹지는 않는다. "남의 것을 빼앗아 먹어서는 안 된다."라는 관념이 머릿속 깊이 뿌리 박혀 있기 때문일 것이다. 이러한 관념이 어떻게 형성되어 작용하는지에 관심을 갖는 분야가 인문학이다.

그런데 이 관념이라는 것이 얼핏 보기보다는 상당히 재미있는 역할을 한다. 인문학의 위기가 어쩌니 하면서도 꾸준히 명맥을 유지해 온 이유도 관념의 역할을 이해한다는 것이 그만큼 재미있고 또 필요하기 때문이다.

관념이 재미있는 역할을 하게 되는 것은 근본적으로 사람이라는 것 자체가 미묘한 존재이기 때문이다. 사람은 한 사람 한 사람의 머릿속에 하나의 우주를 이루고 있다고 할 만큼 복잡하고 다양한 생각을 하고 산다. 바로 그러한 생각 속에서 사람은 행복을 찾는다.

너무나 당연해 보이는 이 사실이 인간 사회에는 심각한 문제가 된다. 벌이나 개미처럼, 사람도 태어날 때 주어진 대로 단순하게 생각하고 움직인다면 그렇게 복잡하고 재미있는 현상이 나타나지 않을 것이다.

사람은 달라도 너무 다른 생각을 하며 살 수 있는 것이다. 심지어 요즘 유행하는 말대로 엽기·변태적인 생각까지 할 수도 있다.

그런 생각 중에는 다른 대부분의 사람들이 이해하기 어려운 것도 있다. 예를 들어 다른 사람에게 학대를 받아야 행복을 느끼는 경우도 있는 모양이다. 이래서 사람이 희한한 존재라고 한다.

순수한 관념이라는 측면에서는 이런 것까지 별 문제가 없는 것으로 여긴다. "왜 철학을 하느냐?"라는 물음에 "정신적 행복과 자유를 얻기 위해서"라는 답이 꽤 그럴 듯한 것으로 여겨지는 것도 이러한 취지에서다.

그럴 만큼 머릿속에서 하는 생각에는 한계를 두지 않는다. 심지어 여기에는 선이니 악이니 하는 구별조차 없다. 자기 논리만 모순 없이 맞으면 그 것으로 그만이다. 그저 좋은 게 좋은 것일 뿐이다. 고급스러운 말로 '패러다임(paradigm)'이라고 한다.

그런데 이런 자유스러운 사고방식이 국가 사회의 입장에서 보면 큰일 날 짓이다. 정신적 자유와 행복이라는 것이 사람 하나하나에게는 귀중한 가치인지 몰라도, 저마다 그것을 찾겠다고 나서면 그야말로 난리가 난다.

예를 들어 남을 괴롭혀야 행복을 느끼는 사람이 있다고 하자. 실제로 '새디스트(sadist)'라고 하는 집단이 있기는 있는 모양이다. 이들이 남을 괴롭히는 것을 머릿속에서 상상만으로 때우든가, 맞아야 행복하겠다는 짝을 만나서 자기들끼리 즐기면 그들끼리의 문제일 뿐이고 사회에는 별 문제가 없을지 모른다.

하지만 현실에서는 그게 말처럼 쉽지 않다. 사람이란 생각하는 것이 행동으로 나타나게 마련이다. 그리고 주변 상황이 자기 좋을 대로 풀려 주지도 않는다. 당장 학대를 받아야 행복하겠다는 사람부터 흔한 것은 아니니까.

그래도 기어이 제 하고 싶은 대로 하는 사람은 있게 마련이다. 이걸 행동으로 옮기는 순간부터 주변 사람들이 피해를 보게 되고 그대로 놔두면 사회는 무너져 버린다.

인간 하나하나의 능력을 따져 보면 벌레보다 별로 나을 것도 없음에도, 지금처럼 번성하게 된 데에는 조직 사회를 만들어 잘 꾸려 왔던 덕분이라고 해도 지나치지 않을 것이다. 그런데 그런 사회를 무너뜨릴 행위는 다 같이 죽자는 뜻이나 다름없다.

여기서 인류 사회의 영원한 숙제가 생긴다. 사람 하나하나의 행복을 보장해 주기 위해서는 최대한 자유롭게 생각하고 행동할 권리를 보장해 주어야 한다. 반면 다른 사람에게 피해를 주지 못하게 하려면 여러 가지로 행동을 억제해야 한다. 알고 보면 이렇게 이율배반적인 상황에서 규범을 정하는 근본적인 원리가 지금 사회적으로 찬밥 신세를 면치 못하고 있는 인문학의 분야에서 결정되는 것이다.

억압구조와 권력

조직 사회라는 것이 원래 사람마다 제 하고 싶은 대로 움직여서는 유지될 수 없으니, 사람의 행동을 통제할 필요가 있다는 점까지는 너무나 당연한 이야기이다. 이렇게 당연하고 쓸데없는 말이나 하자고 이야기를 꺼낸 것은 아니다.

진짜 문제는 이렇게 당연한 상황에서 생겨나는 일이, 단순하지만은 않다는 점이다. 우선 사회에 질서를 잡아야 한다는 데까지는 군소리를 할 사람이 별로 없지만, 어떻게 질서를 잡느냐에 대해서는 벌써 복잡하고 골치 아픈 일이 될 것임은 쉽게 짐작할 수 있을 것이다.

바로 여기서부터 심각한 문제가 시작된다. 사회에 질서를 잡으려면 사회 구성원이 지켜야 할 '규범'이라는 것을 만들어야 한다. 그런데 이것을 도대체 어떻게 만들어야 할까?

극단적으로는 사람마다 머릿속에 들어 있는 생각이 다르다는 당연한 사실을, 미리 따져 둔 이유가 여기에 있다. 사람이라는 것이 그렇게 생겨먹었으니, 당연히 같은 상황을 놓고도 느끼는 게 다를 것이다.

그렇다면 '규범'이라는 것을 어떻게 만들든지, 이것을 놓고 느끼는 것도 다를 수밖에 없다.

누구는 굉장히 편하게 생각할 수 있는 반면, 누군가는 "나는 이렇게 못 산다."라고 나올 수도 있다. 그래도 어떤 식으로 지켜야 할 규범을 선택하기는 해야 한다. 그래서 법과 관습 같은 것들이 만들어진다.

이것들이 만들어지다 보면 사람들이 모여 만든 조직마다 공통성을 찾기 어려울 정도로 사회의 규범이 다른 경우가 많다. 그러니까 규범은 '정하기 나름'이라는 것이다.

여기서 또 한 가지 문제가 생긴다. 규범이라는 것은, 정하기 나름이기는 하지만 한 번 정해지면 원칙적으로 내부 구성원들에게 예외 없이 적용되는 속성을 가지고 있다.

이 문제를 대하는 사회의 태도는 냉정하다. "절이 싫으면 중이 떠나라."라는 속담이 있다. 혼자서 "나는 이런 법이나 관습, 취향에 안 맞아 못 지키겠다."라고 발버둥을 쳐봤자 대개는 별 소용이 없다는 뜻이다.

규칙이 정해지면 따르든가, 처벌을 받든가, 그조차도 싫으면 최고의 타협이 그 사회를 떠나 버리는 정도가 선택이라면 선택이다. 어떤 사람에게는 살아남는 데 위협을 느끼는 규범이 생겨날 수도 있다. 심지어 얼마 안 되는 모난 사람들만 이런 일을 당하는 것이 아니라, 그 사회에 속한 사람들의 반 이상이 심각한 압박을 받을 수 있다.

예를 들어 보자. 이슬람권 일부 지역에서는 "강간을 당한 여자는 자살해야 한다."라는 관습이 있다고 한다. 자살하지 않으면 친지들이 대신 죽여 주기라도 해야 한단다.

강간당한 것만 해도 억울한데 자살까지 하라? 여자들 입장에서는 불리해도 보통 불리한 관습이 아니다. 이런 사회에서는 꼭 강간을 당하지 않더라도 전통적인 관습을 의식하다 보면 어디 나다니기도 곤란할 터이다. 여성의 사회활동이 제대로 될 리가 없다.

반대로 대한민국처럼 '쳐다보기만 해도 성희롱'이라는 법을 시행하고 있는 나라도 있다. 평범한 남성들 입장에서는 환장할 법이 될 수 있다. 어딘가는 쳐다보아야 할 눈길이 하필 여자에게 갔다가, 심보 나쁜 여자에게 잘못 걸리면 그야말로 인생 쪽박 찬다.

이런 사례들은 어떤 규범이 만들어지느냐에 따라 사회 구성원 전체의 운명이 크게 바뀔 수 있음을 보여 준다. 지금 예를 든 몇 가지 말고도 지구촌에는 우리 사회 평범한 사람들의 입에서 "나 같으면 저렇게 못 살아."라는 말이 튀어나올 법한 규범이 많다.

물론 그런 사회에서도 사람은 적응해서 산다. "위에 정책이 있으면 아래에 대책이 있다."라는 식으로 소극적인 저항이라도 할 수 있다. 하지만 그런 경우에도 당사자들은 어떤 형태로든 상당한 희생을 치러야 한다. 그래서 사회의 규범이라는 것이 기본적으로 '억압 구조'를 가지고 있다고 하는 것이다.

이렇듯 규범이 어떻게 정해지느냐에 따라 당장 이익을 얻는 계층과 손해를 보는 계층이 생긴다면 대개는 자신에게 불리한 규범이 정해지는 꼴을 보려 하지 않을 것이다. 그렇다고 모두가 만족할 규범을 만든다는 것은 애초부터 불가능하다. 유명한 이솝 우화에도 나오듯이 당나귀 한 마리를 끌고 가는 방법만 해도 만나는 사람 말을 모두 따르려다가 험한 꼴을 보게 되는 경우가 많다.

이런 데에서부터 '권력'이라는 것이 말을 하게 된다. 규범을 만드는 쪽에서 자기에게 불리한 관습이나 규범을 만들려고 할 리는 없기 때문이다. 일부 예외는 있겠지만, "강간을 당한 여자는 자살해야 한다."라는 관습을 여자들이 만들자고 앞장섰을 리는 없으며, 남자들이 여자를 '쳐다보기만 해도 성희롱'이라는 법을 만들자고 나섰을 리도 없다.

결국 자기에게 불리한 규범이 만들어지는 꼴을 보기 싫으면, 그것을 정하는 위치에 올라서야 한다. 그래서 규범을 만드는 일 자체가 '권력'과 연결되는 것이다. 다소 극단적으로 표현하자면, 매 맞고 살기 싫은 사람들에게도 매를 맞고 살게 만들 수 있는 것이 권력이다.

여기서 권력의 생리가 또 문제가 된다. 좋게 말해서, 조직 사회를 운영할 때에는 사회 자체를 유지하고 발전시키는 쪽에 중점을 두게 된다. 나쁘게 말하자면, 권력은 기본적으로 자기가 쥐고 휘두를 수 있는 사회의 유지와 발전에 관심이 있을 뿐, 그 사회에 속한 사람 하나하나의 행복에는 별 관심을 가지지 않는 생리가 있다. 심한 경우에는, 사회를 운영하는 사람들이 원하는 질서를 유지하기 위해서라면 사회 구성원의 희생도 서슴지 않는다는 뜻이 되기도 한다.

민주주의 사회에서는 그나마 이런 생리가 훨씬 덜 작용하게 되기는 한다. 요즘 민주주의 체제가 인기 있는 이유도 약점이 없어서가 아니라, 그나마 일방적으로 누구에게 유리한 규범이 정해지는 사태를 막을 수 있는 제도가 민주주의밖에 없기 때문이다. 물론 민주주의 사회라고 해서 권력 쥔 자에게 유리한 성향이 완전히 없어지지는 않는다. 결국 어떤 사회에서건 권력을 잡지 못한 쪽은 자기들에게 불리한 규범이 만들어지는 것을 막을 수 없으며 어쩔 수 없이 손해를 보며 살게 되기 쉽다.

여기서 또 하나의 미묘한 문제가 생긴다. 인간 사회라는 것의 속성상, 권력을 쥐고 그 덕을 보는 쪽보다는 반대 경우에 속한 사람이 훨씬 많게 되어 있다. 거기에 절대 권력을 쥐는 사람은 사실 몇 명되지 않는다. 바꾸어 말하자면 대부분의 사람들은 권력의 덕을 보기보다 피해를 보는 입장에 설 수밖에 없다는 것이다.

그런데도 많은 사람들이 권력에 복종한다. 복종할 수밖에 없게 만드는 것조차 권력의 위력을 보여 주는 것이기는 하지만, 생각보다 미묘한 일이다. 흔히 권력을 유지한다고 하면 힘으로 찍어 누르는 방법을 떠올리지만, 대개 그런 방법은 약발이 오래 가지 못한다.

권력을 쥐었다고 이런 식으로 휘두르다가는 많은 사람들의 반발과 저항을 받아 애써 잡은 권력을 놓치는 수가 생긴다. 그보다 힘도 덜 들고 약발도 오래 가는 방법이 있다. 그게 바로 사람들의 머릿속을 조종하는 것이다. 사람이 '관념'에 매달려 사는 동물이라는 점을 미리 강조했던 것도 이 부분과 연결되기 때문이다.

야누스의 얼굴 – 역사학

사람이란 어떤 규범이 당연하다고 믿게 되면, 실질적으로는 자신에게 손해가 된다고 하더라도 믿는 대로 행동하는 성향이 있다. 배가 고파 죽을 지경이 되어도 이슬람교도는 돼지고기를, 힌두교도는 쇠

고기를 먹지 않을 것이다. 교단에서 끝까지 먹지 말고 굶어 죽으라는 말을 하지는 않더라도, 신도 개인적으로 굶주림의 고통과 굶어 죽을 위험까지 감수해야 하지만 종교가 원하는 규범을 받아들이는 셈이다. 이런 규범 때문에 한국에 와서 식사를 제대로 못해 성적을 못 냈던 아랍계 축구선수도 있었다고 한다. 바로 이 점을 이용해서 사회가 원하는 질서를 받아들이도록 할 수 있다. 권력에 복종시키는 것도 이 연장선이다.

절대 다수를 이루는 피지배층이 손해를 볼 수밖에 없는 규범을 받아들이게 하는 역할을 하는 것은 이념, 종교, 사상 같은 인문학 분야들이다. 물론 이러한 역할에는 이념이나 종교, 사상 등의 1차적인 비중이 높을 것이다. 하지만 그렇다고 해서 역사학이 별 역할을 못하는 것은 아니다.

나름대로 역사의 역할이 강조되어야 할 이유가 있다. 극단적인 표현이기는 하겠지만, 종교는 "믿습니다." 이외에는 특별한 논리체계가 필요 없을 수도 있다. 이념이나 사상 같은 것은 나름대로 체계가 있겠지만, 그럴 듯해 보이는 논리가 우선이지 객관적인 근거에 그렇게까지 집착하지는 않는다. 말이 좀 과했는지는 모르겠으나, 그만큼 주관에 치우칠 수 있다는 점을 말하고자 하는 것이다.

이에 비해 역사학은 보다 현실적이고 구체적인 사례를 찾는 성향을 가지고 있다. 그 차이는 제법 크다. 역사를 통해 사람들에게 무엇인가를 요구할 때에는 대개 "과거에 이러저러한 일이 있었을 때 그렇게 처리하여 어떻게 되더라." 하는 식의 구체적 상황을 제시해야 한다. 그것도 원칙적으로는 철저하게 납득할 만한 근거를 달아야 한다.

역사에서는 과거에 일어났던 일에서 교훈을 얻어 장래를 위해 활용한다는 측면을 중요한 가치로 여긴다. 그렇기 때문에 그 교훈을 정확하게 파악하는 것이 우선이다. 이런 성향은 어떤 사회가 중요한 일을 결정해야 할 때 작용할 수 있다. 특히 권력과 연결이 되는 문제라면 심각한 문제가 된다.

그래서 일상적인 일은 이념과 종교에 의하여 결정되는 일이 많지만, 국가적인 큰일에 있어서는 역사적인 경험이 중요한 변수로 작용하는 경우가 많다. 개인적인 결정은 한 사람 한 사람이 가진 생각으로 내려질 테지만, 국가적인 결정을 '신념'과 '감'에만 의지하기에는 아무래도 좀 불안하다. 또 그런 것만 가지고 주변 사람들을 설득하기도 어렵다. 이래서 국가 단위의 큰일에는 과거의 경험을 면밀하게 따지는 역사학이 중요한 작용을 하게 되는 것이다.

그런데 바로 이러한 역할이 심각한 문제를 만들어 내기도 한다. 국가적으로 중요한 일에 역사적 교훈을 참고해야 할 때, 그 교훈이 잘못되어 있으면 어떻게 될까? 심지어 역사에서 교훈을 조작해 낸다면?

역사를 팔아 교훈을 조작해 내는 작업은 순진한 사람들의 생각보다 훨씬 많이 자행되었다. 거의 고전적인 수법에 속하는 정도이다. 그만큼 역사학은 원칙적인 역할 못지않게 정반대의 역할도 많이 해 왔다.

현대에 들어와서도 흔히 일어나는 일임에도 불구하고, 많은 사람들이 바로 이 '정반대의 역할'을 의식하지 못한다. 예를 들어 독재를 원하는 정권은 외적(外敵)이 침략해 왔던 역사를 자꾸 강조한다. 침략해 온 사실 자체를 강조한다고 군소리하자는 것은 아니다. 이런 것을 통하여 주입시키려는 메시지가 문제라는 것이다.

대한민국 초대 대통령이 좋아하던 표어 중에 "뭉치면 살고 흩어지면 죽는다."라는 것이 있었다. 그런데 뭉치면 누구를 중심으로 뭉치게 되나. 당연히 집권자가 중심이 된다. 여기에 군소리하면 바로 반역자로 찍힌다.

대한민국도 그런 시절이 있었다. 그래서 그 당시 역사를 '국난극복사(國難克服史)'라고 비아냥거리는 말도 생겨났다.

사회적으로 단결이 잘 되는 것은 물론 좋은 결과를 내는 경우가 많다. 그렇지만 세상일이라는 것이 그렇게 단순하기만 하면 역사나 사람에 대해 고민할 일도 별로 없을 것이다. 한 나라의 경우만 하더라도 단결만 잘한다고 모든 문제가 해결되지는 않는다.

백성들에게는 단결하라고 하면서, 집권자들은 돌아서서 제 욕심만 챙겼던 역사가 하나 둘이 아니다. 이렇게 되면 무조건 집권자를 따라 단결을 하는 것이 국가적으로 독이 되는 상황도 생긴다.

침략을 받더라도, 사정이 항상 똑같은 것은 아니다. 별 문제가 없을 경우에도 침략을 받는 일이 있지만, 어떤 경우에는 집권자들이 정치를 엉망으로 해서 안 받아도 될 침략을 자초했던 일도 있다. 이런 경우, 국가적 단결은 오히려 나라를 들어먹은 정객들에게 면죄부를 주자는 말밖에 되지 않는다. 하지만 침략과 극복만을 강조하는 자들은 이런 사실을 언급조차 하려 하지 않는다.

반대의 경우도 있다. 독재정치 때문에 피해를 보는 사람이 많던 시절에는 '민주화'가 시대적 과제였다. 그래서 민주화만 되면 모든 문제가 해결될 것이라고 믿었던 사람도 많았다. 이런 심리를 이용해서 '민중'을 팔아 실제로는 큰일 날 짓을 하려는 자들도 생겨난다.

이른바 '포퓰리즘(populism)'이 그것이다. 그런 사람들은 선동가들에게 놀아난 민중의 손으로 국가 사회를 무너뜨릴 수 있다는 사실은 말하기 싫어한다.

요즘에도 사회적으로 관심을 끄는 문제에 대한 토론에서 걸핏하면 역사를 팔아먹는 일을 흔히 보게 된다. 하지만 그들이 말하는 '역사'는 과거에 벌어졌던 일이나 교훈과는 아무 상관이 없다. 그저 자기주장에 유리한 근거를 갖다 붙이는 수단에 불과할 뿐이다.

이런 짓을 권력을 잡은 쪽에서 하게 되면 영향은 엄청나다. 좀 더 극단적으로 표현하는 사람들은 역사학이 전통적으로 권력을 잡은 기득권층의 이익을 비호하는 역할을 해 왔다고 보기도 한다.

역사 조작의 영향은 보기보다 제법 효과적이다. 그리고 그 결과도 끔찍하다. 그런 예를 멀리서 찾을 필요도 없다.

얼마 전 북쪽에서 내려온 응원단이 비 맞는 지도자 동지의 사진이 걸려 있는 플래카드를 보고 눈물을 흘리는 장면이 언론에 보도되었다. 그냥 눈물만 흘린 것이 아니었다. 몇 푼 되지도 않는 플래카드에 불과했건만, 그걸 신주단지 모시듯 정성스럽게 품속에 넣고 난리를 쳤다.

대부분의 남쪽 동포들에게 이 장면은 '정신 나간' 행위로 비쳤던 것 같다. 남쪽 동포뿐 아니라, 대부분의 지구촌 가족들에게도 비슷한 느낌을 줄 것이다.

하지만 당사자들이 스스로를 정신 나간 사람이라고 생각했을 리는 없다. 오히려 한반도 북쪽에서는 그런 행위가 지극히 당연하고 자연스러운 행동이라고 보아야 한다. 동포라고 서로 인정하는 바이건만,

같은 행동을 두고 이렇게까지 느낌이 달라질 수 있다. 동포의 정서에 이렇게 차이를 만든 데에는 이른바 '주체사관(主體史觀)'이 단단히 한 몫을 하고 있는 것이 분명하다.

메멘토

여기서 불거질 수 있는 것이 '기억과 교훈의 조작'이 어떻게 가능해지느냐는 점이다. 이런 측면에 대해 많은 것을 시사해 준 〈메멘토(Memento)〉라는 영화가 있었다. 그 내용은 이렇다.

주인공은 '단기 기억상실증'에 걸린 남자였다. 10초 전의 일을 기억하지 못하는 것이다. 첫 장면부터 "내가 뭐 하고 있는 거지?"로 시작한다. 이 친구에게 인생의 지상 과제가 하나 있다. 아내를 죽인 살인범을 찾아 복수하는 것이다.

그런데 10초 전의 일도 기억하지 못하는 사람이 애써 찾은 단서를 활용할 수가 없다. 그래서 짜낸 묘안이 단서를 기록하는 것이다. 그것도 그냥 종이에 써 두면 중요한 단서를 잃어버릴 수 있다. 방법은 아예 몸에 문신으로 새겨 두는 것이다.

이런 정성을 쏟아서 쫓아다닌 범인은 잡혔을까? 반전이 멋있다. 범인은 벌써 옛날에 잡혔다. 기념사진까지 찍어 남겼다. 그런데도 왜 계속 범인을 찾아다녔을까?

범인을 잡았던 사실을 기억해 내고 보니 거기서 잊어버리고 있던 또 다른 기억이 딸려 나온다. 사실상 아내를 죽게 만든 상황은 주인공 자신이 만들었다. 평범한 동네 깡패였던 범인은 죽어 가는 아내에게 마무리만 지은 것이었다.

주인공은 바로 그 점을 기억하기 싫었다. 범인을 잡도록 도와주는 것처럼 보이던 친구, 또 주위 사람들은 알고 보니 주인공의 심리를 이용해 자기들에게 필요한 살인을 시키는 것이었다.

결국 범인을 죽이고 찍었던 기념사진을 없애 버린다. 심지어 곧 잊어 먹을 것이라며 사실을 말해 주는 친구까지 쏴 죽여 버리고, 있지도 않은 범인을 또 찾아 나선다. 그리고 마지막 장면은 첫 장면이 되풀이된다. "내가 지금 뭐하고 있는 거지?"

그렇다면 그 정성을 기울여 몸에 새긴 기록은 어떻게 된 것인가? 자기가 기억하고 싶은 내용만 기억하고 싶은 대로 기록해 버린 것이었다. 여기서 주는 메시지가 바로 이것이다. "기록은 기억을 지배한다."

현실에서 10초 전의 일을 기억 못하는 사람은 거의 없다. 그렇게 이 영화의 껍데기만 보면 저런 일이 나하고 무슨 상관이 있겠느냐고 생각하기 쉽다. 그런데 '단기 기억상실증'을 '역사에 대한 기억'으로 바꾸어 보자. 그리고 몇 년 전까지 일어났던 중요한 사건들을 떠올려 보시라. 아마 몇 가지 기억해 내기가 어려울 것이다. 역사에 대한 대중의 기억은 '단기 기억상실증'에 비해 크게 나을 것이 없다.

대중들의 기억을 조작하는 자들은 바로 그 점을 이용한다. 기록을 만들 때부터 실제 벌어졌던 사실에는 아랑곳하지 않고 자기들 좋을 대로 만들어 넣는다. 후세에 다른 자들이 그런 기록을 이용해서 자기들에게 유리하도록 해석해 댄다. 그리고 그런 것이 역사적 교훈이라고 대중들에게 들이대면 대부분의 대중들은 진짜 그런 줄 안다.

　조지 오웰(George Orwell)의《동물농장(Animal Farm)》이라는 소설에서도 이런 점을 상징적으로 보여 준 바 있다. 농장 주인과의 싸움을 주도했던 스노우볼을 쫓아낸 나폴레옹이 그 모든 공을 자기가 세웠다고 거짓말을 해대도, 사건을 보지 못했거나 기억이 희미해진 동물들 대부분은 진짜로 그런 줄 안다. 사실을 기억하는 동물이 있으면, 입을 틀어막아 버리든가 제거해 버린다.

　현실에서도 흔히 일어나는 현상이다. 원하는 방향으로 여론을 몰아가기 위해 있지도 않았던 사실을 조작해 내고 이를 통하여 사람들의 생각과 행동을 조종하는 것이다.

　역사를 주입식으로 가르치려 하는 이유도 여기에 있다. 그래야 많은 사람들로 하여금 자기들이 원하는 대로 생각하게 만들 수 있으니까. 자기들이 그렇다면 그런 줄 알라는 식이다.

　그런 나라일수록 교과서에 대한 집착이 심하다. 다른 책은 읽건 말건 독자의 선택이지만 인생을 포기하지 않는 한 교과서를 보지 않고 견딜 재간은 없다. 교과서의 내용은 시험이라는 것을 통해서 머릿속에 구겨 넣을 것을 강요받는다.

　이런 식으로 머릿속에 구겨 넣어진 정보는 결국 그 사람의 행동을 통제하게 된다. 비슷한 일이 생기면 머릿속에 구겨 넣어진 사고방식에 끼워 맞추어 해석하는 경향이 있기 때문이다.

　상당수 역사학자들이 바로 이런 짓의 앞잡이 노릇을 해 왔다. 정치의 시녀 노릇을 하는 역사학이 멸시를 받아야 하는 이유도 여기에 있다. 영혼을 팔아먹는 짓이라는 손가락질도 다 이유가 있다. 이런 짓을 하는 작자들에 비하면 돈 받고 몸을 파는 매춘부는 성(聖)스럽게 느껴질 수준일 것이다. 식민사학은 바로 이렇게 역사를 팔아 기득권을 챙기는 행태의 하나인 것이다.

식민사학의 뿌리, 황국사관

전통적으로 이런 짓을 가장 오랫동안 효과적으로 해먹은 집단이 일본의 기득권층이다. 고대 일본의 대화(大和) 정권에서 시작되었으며, 그들이 만들어 낸 역사책이 바로《일본서기(日本書紀)》이다. 그리고 그 역사책을 통하여 만들어 낸 역사관이 황국사관(皇國史觀)이다.

황국사관이 어떻게 역사를 쓰겠다는 심보인지는 "세계에 유례가 없는 국가 형태, 즉 만세일계(萬世一系)의 황실을 받들어 온 일본 민족(국민)의 역사를 구성하고 황실의 존엄과 국체의 본질을 밝히기 위해"라는 말에서 잘 나타난다. 어떻게 그런 심보를 가진 역사관이 성립하게 되었는지는 이전에 여러 차례 언급한 적이 있으니1) 여기서는

1) 보다 구체적인 내용은 필자가 이전에 쓴《거짓과 오만의 역사》(동방미디어, 2001, 17~28쪽) 과《중화사상과 동아시아-자기 최면의 역사-》(책세상, 2007) 등을 참고하시기 바란다. 필자의 글을 주석(註釋)에 달아 놓는 데 대하여 오해가 없기를 바라는 마음에 덧붙여 놓는다. 필자만이 완벽하게 정리를 했으니, 그 글을 참조하라는 뜻이 아니다. 단지 필자가 이 분야 전문가 중에서는 젊은 축에 속하기 때문에 업적이 나온 시기도 거의 마지막에 속한다. 그렇다 보니 앞에 나온 연구 성과를 정리하는 데 있어서도 나름대로 유리한 점이 있다. 앞서 정리한 사람은 뒤에 나온 것은 보고 싶어도 볼 수가 없는 반면 필자는 앞에 나온 연구를 정리할 수 있다. 그러니 필자의 글을 보고 그 내용을 그대로 믿으라는 뜻이 아니라, 그 글에 나타나는 참고문헌과 주석(註釋)을 추적해서 앞사람의 연구도 확인할 수 있는 계기로 활용하시라는 뜻으로 이해해 주시기 바란다. 또한 필자도 신(神)이 아니니 혹시 빠뜨린 부분이 없다고 단언할 수는 없지만, 상당수의 연구

생략하기로 한다. 지금 단계에서는 일단 일본이 역사를 쓰는 정신 상태만 다루어 보겠다.

앞에서 나온 말 자체는 20세기 전반에 활약했던 일본의 대표적인 역사학자의 말이지만,[2] 사실상 일본 사회가 역사를 쓰는 정신 상태를 보여 준다고 할 수 있다. 최초의 역사서인《고사기(古事記)》, 최초의 정사(正史)인《일본서기》를 쓰면서 바로 이런 심보로 역사를 쓰기 시작했으니까. 당시는 물론 지금까지도 상당수 일본의 역사학자들이 이런 전통을 이어받고 있다.

제2차 세계대전에서 패전하기 이전 일본의 역사서술 목적을 한마디로 표현하자면 천황지배의 정당성을 설파하는 것이라고 요약할 수 있겠다. 일본의 기득권 층은 한국을 식민지배하기 위하여 식민사학을 만들어 내기 훨씬 전에 자기네 백성을 조종하기 위한 역사부터 만들어 낸 셈이다. 그것이 바로 황국사관이다.

식민지배의 정당성도 이 연장선상에서 나온다. 그렇기 때문에 식민사관을 이해하기 위해서는 순서상으로도 황국사관이 이런 것이라는 것부터 확인하고 들어가야 한다.

일본인들에게 그 역사는 보통 지구촌 가족들이 생각하는 역사가 아니라 천황에 대한 신앙인 셈이다. 일본의 문화적 요소 대부분이 천황하고 연결되어 있는 것도 이러한 이유 때문이다. 이 점이 일본 문화의 특징이라면 특징이다.

자들이 그러하듯이, 친한 동문들 또는 자기에게 유리한 학설만 골라 소개하는 짓을 일부러 하지 않았다는 점은 밝혀 둘 수 있다.

2) 이에 대해서는 이종욱,《역사충돌》, 김영사, 2003. 19쪽을 참조하시기 바란다.

그리고 그 특징은 철저하게 천황을 중심으로 한 기득권층의 특권을 비호하는 방향으로 작용하게 되어 있다. 심지어 천황 자신조차도 일본 기득권층의 허수아비 역할을 해야 하는 정도에까지 이르렀다.

문제는 이 중에서 역사 인식에 관한 것만은 그저 자기들끼리 그렇게 믿고 말겠다는 차원에서 그치지 않는다는 점이다. 황국사관이라는 것이 처음에는 천황 밑에 있는 일본 백성 등쳐 먹으려고 만들어 냈겠지만, 근대에 접어들어 일본이 강해지면서부터는 그 차원에서 끝나지 않게 된다. 일본과 별 상관없이 지내왔던 주변 민족들까지 억누르는 수단이 되어 버린 것이다.

신앙치고는 아주 고약한 신앙이다. 자신들의 종교를 믿지 않는 이교도를 박해하듯, 그들이 원하는 대로 역사를 인식하지 않는 사람들을 박해하게 되는 것이다. 그 피해를 직접적으로 보게 된 나라가 한국(당시는 조선)이다. 근대화에 실패하여 하필 일본의 식민지가 되어 버린 대가를 역사학에서도 톡톡히 치른 셈이다.

한반도를 집어삼킨 일본으로서는, 새로 일본제국에 끌려들어 온 백성들도 일본인들처럼 부려먹기 좋게 만들어야 할 필요를 느끼는 것이 당연했다. 일본의 교육정책에도 그 점은 노골적으로 나타난다.

조선인을 일본 신민(臣民)으로 육성하는 것을 교육의 궁극적인 목적으로 한다.[3]

---

3) 이 내용은 고교빈길(高矯濱吉), 《조선교육사고(朝鮮教育史考)》, 제국지방행정학회 조선 본부(帝國地方行政學會 朝鮮本部), 1927. 6. 30. 참조.

라고 노골적으로 못을 박아 놓았던 것이다. 일본에서 전통적으로 재미를 보았으니, 이 목적을 달성하기 위하여 역사를 이용해 먹는 수법을 조선에서 또 써먹는 것도 이상할 것이 없다. 학술용어라고 하기에도 곤란한 '식민사학'이라는 것이 바로 이렇게 해서 탄생한 것이다.

여기에 필수적으로 들어가는 것이 열등감을 자극하는 일이다. 스스로 잘해 나아갈 수 있다고 믿는 사람들은 남들 밑에서 핍박받으며 살려 하지 않는다. 그래서 우리는 어차피 안 될 족속이니 남들 밑에 있는 것이 편하다는 인식을 심어야 부려먹기가 좋아진다. 그렇게 만들기 위해서는 열등감을 심어야 한다.

따지고 보면 아무것도 아닌 게임 한 판만 져도 자존심 상하며 열등감을 느끼는 것이 인간의 심리이다. 그런 심리를 악용하면 효과를 보는 경우가 의외로 많다.

그런 의도로 시작한 작업 중의 하나가 '한국 역사 깎아 내리기'였다. "한국인은 당파성이 강해서 단결도 안 되고, 나라를 발전시킬 능력도 없으니 일본의 식민지가 되는 것이 낫다."라는 식의 논리를 뒷받침하기 위해 한국 역사 중에서 부정적인 측면만 골라서 찾았다.

고대사는 이런 작업을 하는 데에 가장 만만한 대상이었다고 해도 과언이 아니다. 뒤에서 구체적으로 소개될 내용들도 이와 연관이 깊다. 한반도에는 나라 꼴을 갖춘 나라가 나타난 시기도 늦었다느니, 그래서 최소한 한반도 남부 지역에 있던 나라들은 일본에 휘둘려 왔다느니, 신라가 일본에 저자세로 일관해 왔다느니 하는 주장이 이런 의도에서 나왔다고 할 수 있다.

2. 식민사학이란 무엇인가?

어디까지가 식민사학인가?

국사학계에 '식민사학'이 문제가 된다면, 본격적으로 이 문제를 다루기 전에 확실히 해 두어야 할 점이 있다. 도대체 무엇을 두고 '식민사학'이라고 부르느냐는 점이다.

한국에 근대사학이 성립된 이래 역사학계에 식민사학이라는 말은 끊임없이 튀어나오고 있다. 그러면서도 정작 식민사학이란 무엇인가에 대해서는 다소 혼란이 벌어지기도 한다. 그렇다 보니 아무나 식민사학자로 몰아 버리는 풍조가 생기곤 한다. 심지어 천박한 국수주의적 취향에 맞지 않는다고 무조건 식민사학으로 몰아 버리는 경우도 있으니까.

따라서 이 점을 분명히 해 두지 않으면, 애꿎은 사람을 식민사학자로 매도하는 결과가 될 수 있다. 그런데 이 문제가 흔히 생각하는 것보다 매우 골치 아픈 것이다.

혹자는 식민사학이라고 하면 한국인에게 열등감을 심어 주기 위해 역사를 조작하려 했던 일제 식민사학자들의 논리를 떠올린다. 물론 그것이 틀린 생각은 아니다. 전형적인 식민사학의 중심 논리는 바로 그런 것이다.

하지만 이런 논리라면 현재의 대한민국 사회에서 굳이 문제가 되어야 하는지 의문이 생길 수 있다. 사실 이런 주장은 철이 지나도 한참 지난 것이다. 본산(本山)이라고 할 수 있는 일본에서도 소수의 극우파를 제외하면, 특히 학계에서 이런 주장을 펴는 작자는 그리 많지 않다.

일본 본토에서까지 시들해진 논리가 해방된 한국 사회에서 통할 리 없다. 더욱이 일본의 지배에서 벗어난 한국 사회에서 이런 주장을 펴기는 쉽지 않다.

물론 그런 사람이 전혀 없다는 뜻은 아니다. 사상의 자유가 보장되는 사회가 되다 보니, 요즘에는 일제 식민사학자들의 논리를 당당하게 설파하고 다니는 자가 나타나곤 한다.

하지만 그런 사람은 현재 대한민국 사회에서 제정신 가진 사람 취급을 받지 못한다. 그런 만큼 그다지 신경 쓸 만한 일은 아닌 것 같다. 그러니 이런 식의 식민사학을 염려하는 것 자체가 쓸데없는 걱정일지도 모른다.

사실 그렇게 눈에 보이는 식민사학이라면 지금 시대에 그다지 문제가 될 것도 없다. 크게 신경 쓰지 않아도 대중들에게 손가락질 받고 욕먹어 가며 자연스럽게 매장될 테니까.

그러면 지금까지 식민사학의 청산을 주장해 온 많은 사람들은 사회에 공연한 불안과 불신을 조장해 온 것일까? 그런 사람이 전혀 없다고 단언하지는 못하겠으나, 모두가 그렇게 쓸데없는 짓을 하는 것만도 아닐 것이다. 즉 "대한민국에 식민사학은 이미 존재하지 않는다."라고 하기도 어렵다는 뜻이다.

이야기가 이렇게 아리송하게 흐르는 이유는 바로 "어디까지가 식민사학인가?"라는 문제가 걸리기 때문이다. 즉 전형적인 식민사학자들의 논리와는 다르게 보이면서도, 사실상 그들과 맥을 같이하는 주장이 판을 친다는 것이다. 그래서 얼핏 간단해 보일 수 있는 문제가 알고 보면 무척 골치 아픈 문제로 등장하는 것이다.

그만큼 식민사학의 기준을 잡기가 쉽지 않다. 어떻게 보면 식민사학에 대해 쓸데없는 걱정을 하는 것처럼 비치는 상황 자체도 그만큼 식민사학이라는 말 자체가 애매하기 때문에 나타나는 현상이라고 할 수도 있다.

그렇기 때문에 식민사학의 범주를 기본적인 윤곽이라도 설정해 놓아야 이후 전개될 내용이 의미를 가질 수 있다는 것이다. 그러면 어떤 기준으로 윤곽을 잡아야 하느냐는 점이 문제가 될 것이다.

그 단서는 앞서 힘들게 돌아왔던 길에서 찾아야 할 것 같다. 황국사관·식민사관을 욕하는 이유는 그것이 과거에 일어났던 일에서 미래의 교훈을 찾는 역사학 본연의 자세를 가지기보다 기득권층을 위해 백성을 등쳐 먹는 짓에 역사를 악용했기 때문이라고 했다. 그렇다면 식민사학의 범주도 대략적인 윤곽은 잡을 수 있을 것 같다.

식민지배를 위해 역사를 사실과 다르게 조작하는 논리를, 별다른 근거도 없이 쫓아가고 있다면 식민사학의 범주로 넣어도 무방할 것이다. 여기에는 온갖 억측까지 동원해서 그런 논리를 정당화시키는 행각도 포함되어야 한다. 즉 한반도 지배를 위해 조작된 일본 역사학계의 논리를 근거도 없이, 또는 억지 근거를 만들어 쫓아가면 식민사관으로 보아야 할 것이다.

식민사학의 갈래

식민사학의 범주는 이 정도면 대략 윤곽이라도 그렸다고 할 수 있다. 그렇지만 여기에 조금 더 덧붙여야 할 이야기가 있다.

앞에서 골치 아프게 식민사학의 범주를 따진 이유는 식민사학이라고 다 같은 식민사학이 아니기 때문이다. 역사를 식민통치에 이용해 먹으려던 일본제국주의자들의 의도를 노골적으로 드러내는 식민사학에 대해서는 굳이 설명을 덧붙이고 자시고 할 것도 없다. 그만큼 쉽게 알아볼 수 있으니까.

문제는 구별하기조차 어려워질 만큼 다양한 변종이 나타난다는 점이다. 이렇게만 이야기해 놓고 나면 다소 애매한 감이 있으니 좀 더 구체적으로 살펴볼 필요가 있겠다.

고대사에 한정해서 말하자면, 우리 사회에서 전형적인 식민사학으로 여겨지는 계파는 말송보화(末松保和)로 대표되는 계열이다. "고대 일본의 대화(大和) 정권이 한반도를 정복하고 식민지를 건설하려고 임나일본부(任那日本府)라는 통치기관을 설치했다."라는 식의 주장을 했던 바로 그 작자이다.

이 정도만 언급하더라도 이 계열이 식민사학이라는 점에 대해 굳이 설명을 덧붙일 필요는 없을 것이다. 그만큼 적극적으로 정치의 앞잡이 노릇을 한 계파라고 할 수 있다.

속된 말로 하자면 식민사학자 중에서도 '꼴통' 계파에 속한다. 그런 작자들이 만들어 낸 역사가 학술적인 설득력을 가질 수는 없다. 당연한 결과이겠지만, 이런 계파의 설은 현재 일본에서도 그대로 믿는 사람이 별로 없다.

물론 식민사학에 이런 내용밖에 없다면, 필자가 이말 저말 늘어놓아야 할 필요가 없었을 것이다. 다행인지 불행인지 이 계파와 구분되는 다른 계파가 있었고, 이 계파가 현재까지 일본 고대사학계에서 주류 행세를 하기 때문에 문제가 복잡해진다.

그렇게 말송보화를 필두로 한 계파와 쌍벽을 이루었던 계파의 거두가 바로 진전좌우길(津田左右吉)이었다. 꼴통 계파와 조금 다른 성향을 가지고 있는 이 계파의 특징은 《일본서기》의 사료적 가치에 대해 비판적으로 보았다는 점이다. 바로 이 특징이 사람을 헷갈리게 하는 것이다.

얼핏 보기에는 《일본서기》를 비판한 것만으로도 황국사관에 비판적이며 따라서 식민사학자 부류에서도 제외해야 한다고 생각하기 쉽다. 또 그렇게 보일 상황도 있었다.

그는 서슬 퍼렇던 일본 군국주의 시대에, 성경 같은 대우를 받던 《일본서기》를 비판적으로 보았다는 죄목으로 유죄 판결을 받고 교수 자리까지 내놓아야 했다. 일본 군국주의자들에게 이렇게까지 핍박을 받았으니, 한국 사람에게는 양심적인 학자로 비칠 수 있다.

실제로도 우리나라에는 이런 점이 집중적으로 소개되어 왔다. 그러니 진전좌우길이 식민사학자로 보일 리가 없다. 그러면서 진전좌우길 계열이 식민사학자 부류에서 제외되는 현상까지 나타났던 것이다.

우리나라에서만 해도 진전좌우길을 일본 군국주의에 저항한 '양심적인 학자' 정도로만 기억하는 사람이 많다. 그러한 인식을 뿌리박히게 한 평가 하나를 인용해 보자.

(상략) 원래 기기(記紀: 일본 고대사의 양대 역사서인 《고사기》와 《일본서기》를 한꺼번에 말할 때 쓰는 표현이다.-필자 주) 양서(兩書)는 나라시대(奈良時代) 왕권확립에 따라 그 왕권의 존엄을 과시하는 데 중요한 사명을 가지고 편찬된 것이며, 그 왕실이 오랫동안 그 존재가 없었다가 명치유신(明治維新)을 계기로 왕정복고의 체제를 갖추게 되자 다시 양서(兩書)의 가치도 부활되어, 이른바 국체명징(國體明徵)의 신전(神典)으로까지 위정자와 일부 관용학자들에게 중요시되었으며, 이 경향은 일본이 군부에 의하여 무리한 침략전을 전개하여 야만적 배타주의를 강행함으로써 국민의 단결을 요구하게 된 제2차 세계대전 말엽에는 더욱이 심하여졌다. 이와 같은 일본 국내 조류에 있어서 진전(津田) 박사의 학설은 국체를 위태롭게 하며 이른바 신전(神典)을 모독한다는 것으로 저작의 판매금지와 저자의 규탄까지 하게 된 것은 일본 학계에 있어서 아직 그 기억에서 사라지지 않는 사건이었다. 과학적 학문의 자유를 억압하는 정부는 결코 패망하고야 만 것이다. (하략)[4]

진전좌우길의 연구 업적 상당수가 《일본서기》에 대한 비판인 데다가, 그의 진심을 알아보지 못한 '꼴통' 군국주의자들에게 곤욕까지 치른 상황만 떼어 놓고 생각하면 그렇게 비치기 십상이다. 문제는 그런 점만 집중적으로 부각시키다 보면 그의 진짜 의도를 알아보지 못하고 빠져든다는 점이다. 지금 대한민국에 뿌리박히고 있는 식민사학은 바로 이 계열이다.

진전좌우길의 의도

　　그러면 무엇 때문에 이런 사람을 굳이 식민사학자로 분류하려 하느냐는 의문이 생길 법하다. 그 이유로는 정작 진전좌우길 자신이 황국사관 자체를 비판할 의도가 없었다는 점이 지목된다. 이는 자신의 글에 분명하게 써놓았다.

　　여기서부터가 비전문가들이 헷갈리는 부분이다. 황국사관을 포기하려 하지 않았던 사람이 무엇 때문에 《일본서기》의 사료적 가치를 비판하고 나섰느냐는 점이 의문의 핵심일 것이다.

　　단서는 역사를 객관화·과학화시켜야 한다는 진전좌우길의 주장에서 찾을 수 있다. 물론 진짜로 역사를 객관적이고 과학적으로 보자고 했다면 굳이 식민사학자로 몰 필요는 없을 것이다. 하지만 그게 그런 뜻이 아니다.

---

4) 이홍직(李弘稙), 《한국고대사(韓國古代史)의 연구(硏究)》, 신구문화사(新丘文化社), 1971. 121쪽.

구름 잡는 것 같은 이야기의 배경을 쉽게 풀어 주자면 이렇다. 일본의 근대화 시기에, 《일본서기》를 비롯한 일본 고대사 기록의 황당한 역사 조작은 어느 정도까지 밝혀진 상태였다. 그것도 다른 사람이 아닌 이른바 '식민사학자'들 자신의 손으로 밝혀내 버린 것이다. 사료(史料)를 세밀하게 검토한다는 점에서는 자부심을 가질 만한 일본인 특유의 섬세함 때문에 눈에 띄게 나타나는 일본 고대사 기록의 모순을 외면하지 못한 셈이다.

여기서부터 문제가 생긴다. 조작된 것이 분명한 기록을 두고 고대사를 어떻게 해석해야 하느냐는 고민이 자연스럽게 부각된 것이다.

꼴통 계보는 조작이 되어 있음에도 불구하고 일본 고대사 기록의 전반적인 흐름은 인정하고자 한다. 즉 천황을 주변 세력을 지배하는 중심적인 존재로 설정하고자 했던 일본 고대사 기록의 역사 조작을 충실하게 옮기는 꼴이다.

그런데 그래 놓고 보니 고대사에 대한 그림이 여러 군데에서 이상해진다. 기본적인 양식이 있는 사람의 입장에서는 조금 민망한 생각이 들 정도였다. 과장도 정도껏 해야 주변 사람들이 믿어 주는 척이라도 해줄 수 있다. 너무 심하게 과장해 버릇하면 빈축을 사게 되고 더 나아가서는 '왕따'를 당할 수도 있다. 진전좌우길이 걱정한 것은 바로 이 점이다.

사실 제정신을 가지고 보면 일본 자체에서도 믿지 못하는 것인 일본 고대사 기록의 내용이다. 이런 내용을 지구촌 가족에게 믿어 달라고 내미는 것 자체가 기본적인 양식이 있는 사람에게는 낯 뜨거운 일이다.

물론 그런 것을 창피해 할 줄도 모르는 철면피들 많다. 그래서 지금도 일본에서는 자기들이 믿고 싶어 하는 역사를 국제 사회에 들이밀고 있다. 그것도 아무도 제대로 기억하지 못하는 먼 과거의 역사뿐 아니라, 그 일을 직접 겪은 사람이 시퍼렇게 살아 있는 근대의 역사까지 자기들 생각하고 싶은 대로 그려서 내민다. 위안부니 강제동원 문제니 예를 들자면 한이 없을 것이다.

물론 그런 짓을 하는 자들 자신은 일본인 전체가 뻔뻔스러운 철면피로 몰리건 말건 아랑곳하지 않는다. 하지만 이럴수록 더욱 창피스러운 사람은 내용을 아는 같은 일본인일 것이다. 자신이 직접 그런 짓을 하지 않더라도, 옆에 있는 동료가 낯 뜨거운 짓을 해 대면 공연히 자신까지 창피해지게 마련이다. 진전좌우길은 바로 그런 민망함을 느끼는 부류였다.

그런 창피를 모면하기 위해서라면 꼴통들이 펴는 논리에 비판적일 필요가 있다. 그래서 내세운 것이 과학적·합리적 역사였다. 그 방법으로서 철저한 사료비판을 내세워 일본 고대사 기록 등의 내용을 조목조목 비판해 나아간 것이다.

여기까지만 보면 욕할 일은 없다. 오히려 미쳐 돌아가던 일본 군국주의 사회에서 양심을 지켰던 학자로 칭송을 받아야 할 일이다.

문제는 그 다음부터이다. 진전좌우길이 《일본서기》를 비판적으로 해석했다고 해서 황국사관 자체를 포기한 것이 아니기 때문이다. 진전좌우길의 의도는 남들에게 내세우지 못할 만큼 창피할 정도의 과장과 왜곡에 대해서는 스스로 걸러내는 척이라도 하자는 취지였을 뿐이다.

이 점은 태평양 전쟁이 끝난 이후 진전좌우길 스스로 밝힌 입장에서 드러난다. 앞서 소개했던 "세계에 유례가 없는 국가 형태, 즉 만세일계의 황실을 받들어 온 일본 민족의 역사를 구성하고 황실의 존엄과 국체의 본질을 밝히기 위하여"라는 말이 바로 그의 말인 것이다. 《고사기》·《일본서기》를 비판했던 이유도 여기에서 벗어나는 것이 아니다.

진전좌우길은 천황가에 충성스러운 황국사학자의 하나였을 뿐이다. 충성심이라는 측면은 몰라도 양심이라는 측면에서는 별로 배울 게 없는 것 같다. 그런데도 그런 사람을 학문적 논리에만 충실했던 양심적인 학자로 둔갑시켜 버린 것이다.

지금도 다른 시대 전공자에게 진전좌우길이 황국사관 추종자였다는 이야기를 해 주면 놀라는 사람이 많다. 그럴 만큼 대한민국 사회에서 철저하게 진전좌우길의 정체를 숨겨 주었던 셈이다. 왜 이런 사태가 벌어지게 되었는지에 대해서는 뒤에서 다루기로 하겠지만, 어쨌든 현실은 이렇다.

결과적으로 이런 전략이 성공했다고 할 만큼 대한민국 사회에서 식민사학의 잔재를 구별해 내기가 어려워진 셈이다. 그래서 지금도 비슷한 수법을 쓰는 사람이 많다. 그렇지만 갈래가 다르다고 해도 식민사학은 결국 식민사학일 수밖에 없다. 골수 식민사학자들의 주장 자체는 한물 간 목소리일지 몰라도, 후속 세대가 그들이 주장하고자 했던 근원적인 논리까지 포기했다고 보기 어려운 것이다.

자세한 내용은 뒤에서 다루겠지만, 고대사만 하더라도 '정복'이 '진출'이라는 식으로 말이 순화된 것 이외에 달라진 것이 없지 않느냐는 평을 받는다. 고대에서 현대까지 일본이 한국에 대해 우월한 위치에서 영향력을 행사했다는 주장을 포기하고 싶어 하지 않는 것이다. 따지고 보면 이 자체가 식민사학의 연장이라 할 수 있다.

여기서 조금 더 해명해야 할 부분이 있다. 내용이 비슷하기는 하지만, 일본에서도 나름대로 연구해서 내린 결론인데 굳이 식민사학의 범주로 넣어야 직성이 풀리겠느냐는 사람도 있을 수 있기 때문이다.

물론 고대 일본이 한반도의 고대 국가보다 우위에 있었다는 주장 자체가 기분 나쁘니 식민사학으로 치자는 뜻은 아니다. 몇 번 강조하듯이, 학문이라는 것은 자신에게 유리한 논리나 골라 내어 개발하는 정치의 논리와는 다르다. 근거와 논리적 타당성이 충분하다면 일제 식민사학자이건 한국 국수주의자이건 그 주장을 인정하는 것이 순리이다.

그러니 실제로 고대 일본이 한반도의 고대 국가보다 우위에 있었다면, 그런 주장을 했다고 해서 식민사학이니 뭐니 하면서 비난하는 것 자체가 무리이다. 식민사학자로 지목되는 사람들도 바로 이 점을 내세운다. 자신들은 학문적 양심과 소신에 따른 주장을 할뿐인데, 불순한 의도를 가진 자들에게 모략을 당한다는 식이다.

하지만 식민사학을 욕하는 이유는 차원이 조금 다르다. 앞서도 몇 번 강조했듯이, 진짜 욕을 먹어야 할 핵심 문제는 자존심을 건드리는 결론이 아니라, 그 결론을 유도해 내는 과정이다. 자신들이 원하는 방향으로 사람들을 몰아가기 위해 역사를 조작해 내는 행각 말이다.

일제시대 식민사학자는 물론, 현대에 그들의 맥을 잇고 있는 후속 세대 역시 그 버릇을 고치지 못했다. 속셈이 있어 조작한 역사에 허

점이 생기기는 결론이 과격하건 온건하건 마찬가지이다. 학문적으로
는 당연히 따져야 할 문제를 제대로 따지지 않으니 당연한 일이다.

문제는 실질적으로 식민사학의 맥을 잇고 있는 이른바 '후식민사
학'의 논리에 대해서는 우리 사회가 심각하게 느끼지 못한다는 점이
다. 골수 식민사학자들의 논리와는 조금이라도 다르긴 다르게 보이
기 때문이다. 이를 이용해서 자신들이 식민사학과 국수주의 양쪽을
모두 극복할 논리를 개발한 것처럼 내세우기도 한다.

식민사학의 따라지가 졸지에 '학문적 소신'으로 포장되는 것이다.
속사정 모르는 사람들은 진짜로 그런 줄 안다.

거듭 강조하지만, 식민사학의 연장이라 하더라도 약간의 언어순화
만으로 역사적 사실에 접근할 수 있다면 문제가 다르다는 점을 인정
한다. 민족 감정에 비추어서는 기분 나쁜 논리여도 인정할 건 인정해
야 한다는 뜻이다.

하지만 애초부터 흉측한 심보로 만들어져서 비난의 대상이 되었던
식민사학의 논리가 말 좀 순하게 바뀌었다고 근본적으로 달라질 리
가 없다. 그러니 식민사학의 따라지 논리를 베껴 들여오는 주제에
'학문적 소신'을 들먹이는 행각도 곱게 봐줄 필요가 없을 것이다.

모든 문제를 미주알고주알 설명해 주지 않는 역사 기록의 성향을
이용해서, 자기 논리에 유리한 측면만 골라 결론을 조작해 내는 행각
은 욕을 먹어도 싸다는 것이다. 그래서 변종들도 식민사학의 범주로
넣어야 한다고 주장하는 바이다. 이 책에서는 바로 이러한 범주까지
식민사학으로 본다는 전제에서 출발한다.

3. 한국 고대사학계의 기득권층과 식민사학

식민사학의 추종자와 그 기원

식민사학이라는 것이 어떻게 해서 생겨났고, 어떤 속성을 가지고 있느냐 하는 점은 대충 설명이 된 것 같다. 하지만 이쯤에서 생겨나는 의문도 있을 것이다.

일본 학자는 자기들 식민지배에 필요하니까 식민사학이라는 것을 만들어 내고 보급하는 것이 당연할 수 있다. 그런데 같은 한국 사람이 무엇 때문에 거기에 추종하며, 더 나아가 대한민국 사회에 그런 것을 보급하고 다니겠느냐는 점이다.

여기에 연결되어서 의문이 커질 수도 있다. 혹시 그런 사람이 있다 해도, 대한민국 국민 중 대다수를 차지하고 있을 리는 없다. 그럼에도 불구하고 식민사학이 어떻게 해서 일본제국주의의 마수(魔手)에서 벗어난 대한민국 사회에까지 뿌리박게 되었느냐는 점 등이 보다 근본적으로 알고 싶은 내용일 수도 있을 것이다.

너무나 당연하게 생겨날 수밖에 없는 의문이다. 또 많은 사람들이 상식적으로 이 점을 납득하기 어려워한다. 이 때문에라도 "해방된 대한민국에 어떻게 식민사학이 남아 있을 수가 있겠느냐?"라는 논리가 나올 수 있다. 어떤 사람은 일본에 감정도 좋지 않은 대한민국 사회에서 어떻게 아직까지 식민사학의 추종자가 남아 있을 수 있느냐고 열을 올리기도 한다. 하지만 이건 한국 고대사학계의 속사정을 모르거나, 아니면 일부러 무시하자는 소리이다.

사람이라는 것이 생각보다 얄팍한 존재라는 점만 제대로 인식하면 이런 의문은 아주 쉽게 풀린다. 흔히 머리 나쁜 사람을 가리켜 '새대가리'라고 한다. 새는 알에서 깨어날 때 듣는 소리를 평생 어미 소리로 알기 때문에 나온 말이라고 한다. 원래는 어미가 알을 품어 깨어나게 되니 맨 처음 듣는 소리가 어미 소리일 것이고, 이 자체가 잘못된 점은 없다.

하지만 세상일이라는 것이 꼭 그렇게만 되지는 않는다. 간혹 어미에게 무슨 일이 생겨 맨 처음 듣는 소리가 어미의 소리가 아닐 경우도 생길 수 있다. 이렇게 되어도 새는 무조건 맨 처음 듣는 소리를 어미 소리로 안다고 한다.

알에서 깨어날 때 사람 소리가 들리면 평생 그 사람을 따라다닌다. 심지어 천적의 소리가 나도 그렇다. 결국 그 소리를 따라 움직이다가 잡혀 먹힐 수도 있다. 그런 현상을 보고 인간은 '새대가리'라며 멸시했다던가. 그런데 알고 보면 이런 일이 새에게만 일어나는 것이 아니다. 인간도 따지고 보면 별 수가 없다. 인간 역시 맨 처음 알게 된 정보에 집착하는 점에서 다를 것이 없으니까.

앞에서 예로 들었던 동포들부터가 그렇다. 수십·수백만 명이 굶어 죽는 참극을 겪으면서도, 어렸을 때 배운 대로 위대한 지도자에 열광한다. 주변에도 자기가 아는 것 이외에는 다 틀려먹은 것이라고 거품무는 사람 보기가 어렵지 않다.

인간이 똑똑하다고 잘난 척은 하지만, 그러고 보면 별로 나을 것도 없는 것 같다. 이래서 사람에게도 교육이 중요하다. 주입식 교육을 욕하는 이유도 여기에 있다. 그만큼 사람이 배운 바닥에서 벗어나기 힘들기 때문이다.

대한민국의 식민사학 추종자들에게도 바로 이 점이 적용된다. 그들이 망해 버린 일본제국에 특별히 충성심을 가지고 있어서 식민사학에 매달릴 리는 없다. 그저 배운 것이 세상 진리의 전부인 줄 아는 버릇이 자기도 모르게 나올 뿐이다.

연구를 통해 잘못된 정보를 검증하고 수정하는 학자의 특성을 잃어버린 것이 죄라면 죄일 것이다. 하긴 그 특성을 말살시키는 교육을 받았고, 또 배운 대로 가르치고 있으니, 당연할지 모른다. 그래서 그들이 특별한 가책 같은 것을 느끼지 못한다고 볼 수도 있다. 그래도 최대한 좋게 생각해 줄 때 그렇다는 뜻이다. 물론 더 캐고 들어가다 보면 보다 흉측한 이유도 발견된다.

한국고대사학계의 원로와 식민사학

대한민국에 식민사학의 씨앗을 뿌렸거나, 지금 뿌리고 있는 사람들 자신은 스스로를 식민사학의 추종자라고 생각하지 않는 것 같다. 그 점은 식민사학의 추종자로 분류되는 사람들 자신의 손으로 쓴 책에 '민족정기(民族精氣)'를 말하고, '독도는 우리 땅'임을 주장하고 있는 등등의 사실에서 나타난다.

오히려 이런 점들만 따로 떼어 놓고 보면 민족주의자처럼 보이기도 한다. 실제로 그렇게 평가하는 경우도 있다. 그들에 대한 대한민국 사회의 평가도 그래서 엇갈린다. 심지어 그들을 민족주의 역사가로 분류하는 경우도 있으니까. 대한민국 고대사의 기틀을 잡았다는 원로 학자들부터가 바로 이런 경우에 해당한다.

사실 이런 말을 하는 것 자체를 대한민국 고대사학계에서는 매우 무모한 짓으로 본다. 그들의 제자들을 중심으로 한 집단은 그들을 식민사학과 연계시켰다는 사실 자체만 가지고도 눈에 쌍심지를 켜고 달려들 것이기 때문이다.

학계에서 힘깨나 쓰는 집단에게 속된 말로 '왕따'당하는 것만 해도 인생 피곤해질 일이다. 각오하고 벌이는 짓이기는 하지만, 원로들을 식민사학과 연결시키는 근거에 대해서 분명히 해 놓아야 무슨 꼴을 당하건 나중에라도 할 말이 생길 것이다.

여기서 어떤 학자를 식민사학과 연결시키는 기준은 그 사람의 평소 말과 행동에서 찾는 것이 아니다. 학자로서가 아니라, 세상을 살아가는 한 사람으로서 하는 말과 행동은 그 사람의 학문적 성향과 별개일 수 있기 때문이다. 그래서 이런저런 잡글에, '독도는 우리 땅'임을 주장한다든가, '민족정기(民族精氣)'를 말했다는 점은 식민사학에의 추종 여부를 판단하는 기준으로 잡을 수 없다. 그래서 그 사람이 역

사를 보는 시각을 반영하는 글이 어떤 성향을 가지고 있었는지를 판단의 기준으로 삼았다.[5]

뿐만 아니라, '한국인의 민족성'같이 역사를 보는 시각과 직결되는 주제도 식민사학적인 성향과 관계가 있는 기준으로 보아야 한다. '민족성'에 관한 생각은 '독도' 같은 현실적인 문제나 '민족정기'같이 구름 잡는 개념과는 차원이 다르다.

조금 더 보충 설명을 하자면 이렇다. '독도'는 현실적으로 국가적 이익이 걸린 문제이다. 매국노로 낙인찍히지 않으려면 결론은 뻔하다. 웬만큼 생각 없는 사람이 아니고서는 대한민국 사회에서 별 근거도 없이 '독도가 일본 땅'이라는 식으로 말하지는 않는다.

'민족정기'를 말하는 것은 조금 다른 차원이다. 이건 어차피 이렇다 저렇다는 답이 나올 문제가 아니다. 적당히 좋은 말 늘어놓는 덕담에 가깝다. 그래서 이런 것들을 식민사학적 성향을 판단하는 기준으로 삼을 수 없다고 보는 것이다.

반면 '민족성(民族性)'이라는 주제는 한국의 역사를 보는 시각에 직결된다. 민족성 자체가 하나의 민족이 역사 속에서 온갖 풍파를 겪으면서 만들어진 성격이다. 그러니 이런 점이 역사를 보는 시각과 직결된다고 본다. 이와 연관시켜 한 원로 학자가 생각했던 한국인의 민족성이라는 것을 보자.

(1) 양협(量狹)한 성질: 이것은 우리 반도의 지리적 환경의 영향이

---

5) 이를 뒷받침하기 위하여 다음 장에서는 그들의 학문적 성향이 얼마나 식민사학자들의 것을 이어받고 있는지, 사례를 들어가며 보여 줄 것이다.

아닌가 생각된다. 즉 우리나라에는 산악·협곡(狹谷)·분지(盆地)가 많아, 저 넓은 대지에서 자라난 민족에 비하여 기우(氣宇)가 좁고 애증(愛憎)이 심하고, 조그만 일에까지 이해를 따지고 시비를 분석하여 상호 배제(排除)·시기·질투 등 양협의 습성이 대동단결을 방해하는 사례가 많다.

(2) 형식치중(型式置重)의 습성(習性): 옛날로부터의 허례허식이 이를 잘 증언하고 있다. 근래 헤아릴 수 없는 빈번한 종종의 기념식과 동상 건립, 내용보다도 외형에 치중하는 대학의 건축물들 - 근사한 예로 요리상(한식) 위에 벌여 놓은 잡다한 가짓수는 왕왕 외국인을 놀라게 한다.

(3) 천박(淺薄)한 현실주의(現實主義): 원대한 전망이나 계획보다도 당장 눈앞에 놓인 현실에 구애되어 그때그때를 미봉해 나가는 일이 우리 생활 가운데 허다한 것을 발견할 수 있다. 우리나라에 위대한 종교가 생겨나지 못하고 미신적인 요소가 지금에까지 잔존한 이유도 여기에 있다고 나는 본다.

(4) 꾸준한 노력(努力)과 근면(勤勉)의 부족성(不足性): 재질에 있어서는 가까운 중국인이나 일본인에 비하여 결코 떨어지지 않고 어느 점에는 뛰어난 소질을 가지고 있으면서도 계속적인 노력과 근면은 그들을 따라가지 못할 때가 많다.

우리의 공적·사적 생활 가운데 용두사미(龍頭蛇尾) 격의 것이 많이 있는 것은 여러 가지 이유에 기인한 바도 있겠지만 대체로 보아 꾸준한 노력과 인내의 결핍에서 초래되는 것이 아닌가 추측된다.[6)]

어려운 말로 꼬아 놓아서 알아보기가 다소 어렵겠지만, 내용은 별 것이 없다. 쉽게 풀어 주자면 우리 민족은 속이 좁고 천박하고 게을러서 단결이 안 되는 민족이라는 뜻이다. 그래서 우리 민족은 눈앞의 이익에 집착하는 짓을 되풀이했고, 꾸준한 노력으로 위대한 업적을 이루어 내지 못했다는 이야기가 된다.

가만히 들여다보면 일제 식민사학자들이 역사를 조작하여 조선인들에게 주입시키려 했던 내용과 별 차이가 없음을 한눈에 알 수 있을 것이다. 그래서 그들이 식민사학의 영향을 강력하게 받았다고 결론짓는 근거로 삼은 것이다.

그들 입장에서는 어찌할 수 없는 측면도 있다. 원하건 원하지 않건 일제시대에는 황국사관·식민사관에 찌든 일본 선생에게서 역사를 배울 수밖에 없었다. 이 점은 그들이 선택할 수 있는 것이 아니었다.

하지만 해방이 되고 소신껏 연구해서 업적을 쌓을 수 있는 상황이 된 다음부터는 선택할 수 있는 차원이다. 그래도 그들은 식민사학적 성향에서 벗어나려 하지 않았다. 하긴 좀 어려운 선택이기는 하다. 그들의 입장에서 세상이 바뀌었다고 "그 선생들 가르친 것 엉터리이다."라고 하면 바로 자기가 배워서 알고 있는 지식 자체가 엉터리가 되어 버린다. '하늘에 침 뱉기'라는 속담처럼 일단 자신의 체면을 구긴다. 그리고 이 차원에서 끝나지도 않는다.

자기가 알고 있는 지식이 엉터리라고 하면 그 사람이 학자로서의

---

6) 이병도, 《풀뭇간의 쇠망치》, 휘문출판사, 1972. 283~284쪽. 물론 이 내용은 민족성 중에서 단점에 대한 것이다. 앞에 장점에 대한 내용이 있기는 하지만, 거의 덕담 수준이라 이 책의 논지에 별 관련이 없어 생략했음을 밝혀 둔다.

역할을 할 수 있다고 인정을 받지 못하게 된다. 즉 학자로서 자신의 생존을 스스로 위협한다는 말이다. 뼈를 깎는 노력을 통해 이런 문제를 극복하는 사람이 없지 않지만, 너무나 힘든 과정을 겪어야 한다. 이렇게 어려운 길을 택하는 사람은 현실적으로 얼마 되지 않는다. 대부분은 이런 힘든 길보다 쉬운 길을 택한다. 그저 자기가 알고 있는 것이 진리라고 고집을 부리는 방법이다.

지금도 여유 있는 나라가 공연히 남의 나라 학생에게 장학금을 주어 가며 자기 나라에게 공부시켜 주는 것이 아니다. 어쩔 수 없이 자기 나라에 의지할 수밖에 없는 사람을 키워서 이용해 먹자는 의도가 있는 것이다.

일본은 식민지배를 할 때부터 지금까지 이에 관한 한 줄기차게 투자를 해 왔다. 대한민국의 고대사학계는 여기에 제대로 걸린 꼴이다.

일류대학과 식민사학

물론 이렇게 몇몇 사람이 식민사학에 물들 수밖에 없었다는 사실만으로는 대한민국에 식민사학의 씨가 뿌려지고 뿌리가 내린 원인은 대충 설명이 될 수 있을 것이다. 하지만 지금까지 남아 퍼지는 이유를 설명했다고 할 수는 없을 것이다. 그렇다고 미스터리로 남겨 두자는 뜻은 아니다.

이 원인도 간단하다. 이런 성향이 원로 몇 사람에게서만 끝이 났다면 대한민국 사회에서 굳이 식민사학을 들먹일 필요가 없을 것이다.

그렇지만 불행히도 현실은 그렇지 못하다. 식민사학을 심었던 원로들이 자기 연구만 하고 끝나는 사람들이 아니었다. 그들은 연구와 함께 다음 세대의 학자를 키워 내는 선생이었던 것이다.

그들이 그랬듯이, 학생은 선생에게 배운 성향을 버리기 어렵다. 당연히 원로 학자들이 배운 식민사학적 성향은 똑같은 과정을 거쳐 그들이 키워 낸 제자들을 통하여 계속 이어질 수밖에 없다. 좋게 말해서 '학파'라는 이름으로 패거리가 지어지게 된다.

여기서 또 한 가지 의문이 생길 수도 있다. 대한민국은 그래도 민주국가로서 어느 정도의 다양성을 보장한다. 따라서 대한민국의 모든 대학 역사학과를 그런 사람들이 장악하고 있는 것은 아니지 않느냐는 것이다. 그렇다면 학문적으로 대립하는 학파도 있을 것이고, 정말로 식민사학이 문제가 될 만큼 영향력을 가지고 있다면 다른 학파에서 가만히 있었겠느냐는 것이다.

상식적으로는 맞는 말 같다. 대한민국의 모든 대학이 식민사학 추종자로 채워져 있는 것은 아니다. 그러면 일부 대학에서 일어나는 현상을 왜 전체가 그런 것처럼 매도하느냐고 할지 모른다.

그렇지만 이건 대한민국 대학의 '서열화'라는 현실을 무시했을 때 나올 수 있는 발상이다. 대한민국의 현실에서는 대학이라고 다 같은 대학이 아니다. 신라시대 골품제를 연상시킬 만큼 대학마다 철저하게 등급이 매겨져 있는 것이 현실이다. 학생은 말할 것도 없고, 교수들까지 후미진 지방대학에서는 아무리 열심히 공부하고 가르쳐도 인정을 받기 어렵다.

특히 "대한민국에 1류 대학은 단 하나밖에 없다."라는 말이 나올 정도로 특정 국립대학의 위세는 대단하다. 그래서 대한민국에서 대학을 가려 하는 모든 수험생들은 무조건 그 대학을 우러러보며 목표로 삼게 되어 있다.

모든 분야가 다 그렇지는 않겠지만, 대개는 바로 그런 학교만 장악하면 그 분야 학계 자체를 장악할 수 있다. 고대사학계에서는 바로 그 학교 사학과가 문제인 것이다.

대한민국 고대사의 기틀을 잡는 데 중요한 역할을 했으며, 《친일인명사전》에 이름을 올려 놓고 있는 바로 그 원로 학자가 그 학교 역사학과의 초창기 멤버였다. 당연히 그는 교수로서 많은 제자들을 배출했으며 그들이 고대사학계를 장악하고 있다.

앞으로 식민사학의 영향을 받은 연구 성과의 사례를 들 때 대부분이 그 학교 출신들이라는 사실을 예고할 수 있다. 이 사실이 우연은 아닌 것이다. 한일역사공동연구 같은 중요한 연구 성과를 낼 때에도 중요한 부분은 철저하게 동문들의 것으로 도배를 한 것을 보여드릴 것이다. 주위에서 조금 영향력이 있다 싶은 연구 성과를 고를라치면, 그 학교 동문들의 것을 고를 수밖에는 없게 되어 있다. 그들의 업적이 우수해서가 아니다.

다른 대학에서 그 정도 수준을 연구 성과랍시고 내놓았다가는 공개 석상에서 망신을 당하고 매장되었을 것이다. 그런 내용을 연구랍시고 내놓고도 무사할 만큼, 또 그런 연구 성과가 영향력을 가질 수밖에 없을 만큼 적어도 고대사학계는 '일류대학'의 동문들이 장악하고 있다고 해도 과언이 아니다.

'가장 좋은 학교'뿐 아니라, 행세깨나 하는 대학에는 대부분 그 대학 출신들이 교수로 들어가 앉아 있다. 그리고 그 패거리의 기득권을 지키기 위해서는 못할 짓이 없다.

그 위세에 눌려 다른 학파는 눈치 보기 바쁘다. 심지어 자기가 살기 위하여 앞잡이로 나서는 경우도 많다. 이런 현실에서 그들이 식민사학 추종자로서의 행태를 보인다고 감히 뭐라 할 사람은 별로 없다. 대한민국 사회는 이럴 만큼 일류대학의 이른바 '프리미엄'이 말하는 사회이다. 그 프리미엄이 식민사학 추종자를 키워 내고 지켜 줄 만큼의 횡포로까지 연결되고 있는 것이다.

식민사학의 재생산 – 창의력 말살

다음으로는 대한민국에서 제일 머리 좋은 아이들이 들어간다는 대학에서 세대가 바뀌어도 이런 풍조를 바꾸어 보려는 사람이 나오기 어려운 이유를 알아보아야 할 차례인 것 같다. 흔히 "요즘 아이들은 어른들 말 더럽게 안 듣는다."라는 불평을 많이 듣는다. 어느 정도 사실일 것이다. 그런데 들어야 할 말도 듣지 않는 아이들이 대학에까지 가서 마음에 들지 않게 가르치는 선생에게 반항 한 번 제대로 못해 보고 쫓아간다는 사실이 믿기지 않을 수도 있다.

하지만 이건 조금 차원이 틀린다. 이유 없는 반항은 철도 없고 부담도 없을 때나 하는 일이다. 식민사학이라는 것에 대해 반항하려면 자신의 인생을 걸고 해야 한다. 부담 없이 부리는 투정과는 차원이 다르다.

이런 풍조에 반항하는 사람이 없지는 않다. 하지만 이런 사람들은 이미 갈 길이 다르다. 적어도 전문가의 길로 갈 사람은 아니다. 기득권자들이 그렇게 만들어 놓는다.

일반적으로 '지성의 전당'으로 알려져 있고, 또 많은 사람이 자유를 만끽하며 다닌 대학을 걸고넘어지는 것이 이해가 가지 않을지 모른다. 하지만 여기서 이야기하는 대학은 교수 눈치 크게 보지 않고 자유롭게 다니는 '학부 과정'이 아니라, 본격적으로 전문가의 길로 들어서면서 겪는 '대학원 과정'을 말한다.

식민사학은 교양으로서 역사를 배우는 일반 대학생이 아니라 전문가들의 손에서 다루어지는 것이다. 그러려면 적어도 '대학원 과정' 정도는 밟아야 폐쇄적인 대한민국 사회에서 기본적인 자격이라도 인정을 받고 영향력도 가질 수 있다.

따라서 이 과정에서 일어나는 일은 한 사람에게뿐 아니라, 학계 전체에 미치는 영향이 크다. 그런데 바로 이 과정에 진입하면서부터는 학부 때 부담 없이 보아 왔던 교수의 얼굴부터가 달라 보인다. 친근하고 인자했던 선생의 얼굴보다 자신의 인생에 '생살권(生殺權)'을 쥐고 있는 저승사자의 역할을 할 수 있기 때문이다.

이 과정에 들어가면서부터는 전문가로서 자신이 살 궁리를 해야 하는 때가 된다. 좋은 대학에 가는 아이들일수록 야심이 있다. 전문가의 자격증이라는 '학위'를 받으려면 눈치를 보지 않을 도리가 없다.

그런데 전문가를 키워 내는 대학원이라는 곳이 속사정을 모르는 사람들이 이해하기 어려울 만큼 좀 묘한 구석이 있다. 좋게 말해 보수적인 색깔이 강한 곳이 많다. 여기서 '보수적'이라는 뜻은 진보니 보수니 하는 이념적인 것과는 조금 차원이 다르다.

좀 더 적나라하게 말하자면 그저 어른들 앞에서 찍소리 안 하고 잘 따르는 사람이 좋은 사람이 되는 분위기라는 것이다. 하긴 대한민국 사회 전반에 이런 분위기가 있는 것이 이상할 건 없다. 말세라는 말이 나올 정도로 세상이 많이 달라졌지만, 대학원에서는 크게 달라진 것이 없을 뿐이다.

이런 분위기가 연구 성과를 내는 데에는 독이 된다. 연구 성과라는 것은 이전에 나온 것과는 말이 달라야 '참신하고 획기적'이라는 평을 받을 수 있다. 그런데 이런 것일수록 이전에 나온 연구에 대해 "이것은 이게 잘못되어 있고, 저것은 다루어야 할 것은 제대로 다루지 않았다."라는 점을 심각하게 지적할 수밖에 없다.

즉 속된 말로 '튀는' 짓을 해야 획기적인 연구 성과가 나온다는 것이다. 물론 되지도 않는 학설을 근거도 없이 만들어 내는 것이야 문제가 있겠지만, 이건 검증의 차원에서 다룰 문제이지 발상 자체를 제한해야 한다는 문제가 아니다.

문제는 이런 성향을 가진 사람을 '보수적인' 학계에서 가만히 놔두겠느냐는 것이다. "모난 돌이 정 맞는다."라는 속담이 고대사학계처럼 절실하게 다가오는 사회도 많지 않을 것이다.

지나치게 과장한다고 하는 사람도 있을지 모르겠다. 그렇다면 연구 업적을 내는 과정부터 제대로 알고 말하라고 하고 싶다. 연구 업적을 내는 과정부터가 추종자가 되지 않을 수 없게 되어 있다.

뒤에서 좀 더 자세하게 다루겠지만, 직접적인 영향을 받지 않는 다른 학교에서도 이 바닥에서 살아남으려면 눈치를 보지 않을 수가 없게 되어 있다. 하물며 자기 학교 선생들에게 잘못 보이면 어떻게 되는지 덧붙일 필요가 없다. 교수와 학생의 관계는 보통 알려진 스승과 제자의 관계보다 교주와 신도의 관계에 더 가깝다.

현실적으로는 추종자가 되지 않으면 살아남기가 어려운 정도라고까지 할 수 있다. 야심을 가지고 성과를 내보려면 이런 분위기에 굽히지 않는 불굴의 정신이 필요하다. 영화나 드라마에서는 바로 이런 사람들의 성공 스토리가 인기 있는 소재로 쓰인다.

하지만 현실에서, 특히 고대사학계에서 그런 짓을 했다가는 이 바닥에서 목숨을 부지하기가 어렵다. 실제로 재능이 뛰어난 수많은 '선수'가 이슬처럼 사라져 간 이야기가 전설처럼 떠돈다.

심지어 지금 성공한 원로나 중진들도 "그때 선생한테 찍혀서 죽을 뻔했지."라는 무용담 하나씩은 꼭 있다. 공식적으로 물어 보면 언제 그랬냐고 오리발 내밀겠지만.

이런 식으로 재능 있는 선수들을 잘라 나아가면 마지막까지 남아 시쳇말로 '신이 내린 직장' 중 하나인 교수 자리에 남은 사람 상당수가 어떤 수준의 선수인지 짐작하기가 어렵지 않다. 이래서 역사 전문가가 되기 위해서는 반드시 거쳐야 하는 대학원에서 겪는 과정부터가 암울하다는 것이다.

이른바 대한민국 최고의 대학이라는 곳의 동문들 사이에 "우리 학교 교수는 동기동창 중에서 제일 병신 같은 놈 골라 시킨다."라는 말이 있다. 이 말이 그저 질투심에 눈먼 사람들의 모략 같지가 않다. 어떻게 그렇게 험악한 생각을 하느냐고? 지금 출세했다고 거들먹거리는 교수들이 내놓는 논문의 수준을 보면 안다. 마지막까지 살아남은,

그 학교 동문들의 말대로 '제일 병신 같은 자'들의 연구 능력이 어떤 수준인지 다음 장에서 확인시켜 드릴 수 있다.

그리고 바로 이 점이 연구 성과를 내면서부터 식민사학의 추종자가 될 수밖에 없는 이유와 직결된다. 연구 능력 자체가 그렇게 현저히 떨어지는 자들이, 그래도 교수랍시고 자리를 지키려면 연구 성과는 내야 한다. 나름대로 큰일인 것 같지만, 그리 걱정할 필요는 없다. 쉬운 방법이 있으니까.

앞사람들이 해놓은 연구 내용을 적당히 베껴 먹으면 된다. 배짱 좋은 자는 좀 많이 베끼고 그나마 눈치를 조금이라도 보는 자는 티가 나지 않도록 신경 써서 편집을 하면 된다. 편집을 잘하면 능력 있는 학자로 추앙 받아 상도 타고 대우를 받기까지 한다.

표절·재탕 그리고 철면피

베껴 먹는 성향이 무엇 때문에 식민사학하고 직결되는지, 위에서 말한 것만으로는 이해하기 어려운 비전문가도 있을 것이다. 의문은 간단히 풀 수 있다. 대한민국의 제도권 고대사학계에서 베껴 먹으면 누구 것을 베껴 먹겠는가만 생각해 보면 해답이 나온다.

지구상에서 한국과 일본 고대사 또 양쪽의 관계사를 관심과 애정을 가지고 열심히 연구하는 나라는 당사자들뿐이다. 중국 정도가 제3자로서, 그것도 자기들과 관계가 깊은 부분만 관심을 갖는 정도이다. 물론 여기서 한국은 남·북한 양쪽 모두를 말한다.

이런 구도를 알고 보면 베껴 먹을 만한 연구 성과가 나올 곳이 얼마 되지 않는다는 점은 이해가 갈 것이다. 여기에 몇 가지 제한 요인이 추가된다.

같은 대한민국 안에서 베껴 먹으면 당사자에게 꼬투리를 잡힐 것이다. 그 부담은 만만치 않다. 그러니 대부분의 경우 일단 제외이다.

그렇다고 북한 쪽 연구를 베낀다? 이른바 '재야' 쪽에서는 그런 경우가 제법 있다. 제도권에 속한 교수도 어쩌다가 해먹는 경우가 드물기는 해도 없는 것은 아니다. 그래도 이른바 '강단사학' 쪽에서는 어렵다.

여러 가지로 부담이 크기 때문이다. 지금은 좀 달라졌지만, 공산주의에 콤플렉스가 있던 시절에는 이념과 직접적인 상관이 없더라도 공산권의 것을 참고만 해도 무조건 '반공법'으로 옭아 넣는 경우가 많았다.

가질 만큼 가진 기득권자들이 공연히 북한의 연구 성과를 잘못 건드렸다가 '신이 내린 직장'에서 쫓겨날 일을 벌이려 하지 않는다. 또 성향도 잘 맞지 않는다. 그래서 남는 곳이 일본밖에 없다.

다른 외국어에 비해 쉽다지만, 그래도 외국어인지라 일본어로 된 연구 성과를 일일이 뒤지기란 어렵다. 그래서 여기저기서 적당히 베끼는 방법을 애용한다. 또 일본 것 베껴 내면 선생들 취향에도 잘 맞으니 미움 살 염려도 별로 없다. '강단사학'에서 일본 베끼기를 즐기는 이유는 어쩌면 당연하다고까지 할 수 있다.

어떤 사람은 베낀다고 하면 우악스럽게 처음부터 끝까지 베끼는 것만 생각하기도 하는 모양이다. 글쟁이들 세계를 잘 모르는 생각이다. 그래도 명색이 글쟁이들인데 워낙 급한 경우를 빼놓고는 그렇게 우악스러운 수법을 즐기지 않는다.

일단 들통이 나기가 쉽기 때문이다. 전문 분야가 아무리 어렵고 부담스럽더라도, 인간의 지능으로 토씨 하나 빼놓지 않고 글자 그대로 똑같은 내용을 못 알아 볼 사람은 별로 없다.

대부분이 애용하는 수법은 여기저기서 쥐 뜯어먹은 것처럼 베껴 내서 누더기처럼 짜깁기하는 것이다. 이 정도로도 들킬 위험이 많이 줄어든다.

아무리 내용을 베껴 왔더라도 내용을 빠삭하게 아는 전공자가 아니면 이런 수법으로 만들어진 연구 성과를 알아보기가 어렵다. 심지어 베껴 낸 원본을 가져와서 짚어 줘도 알아보지 못하는 경우도 있다.

같은 전문가들 눈을 크게 의식할 필요도 없다. 입을 막기는 오히려 쉬우니까. 그 바닥에서 살아남으려면 할 말 못할 말 구분하는 요령부터 습득해야 한다. 물론 여기서 못할 말은 기득권자의 특권을 건드리는 말이다. 그러니 별 부담이 없다.

이런 풍조가 계속 되다 보니, 한국 고대사학계의 특성상 편집만 잘해도 훌륭한 창작으로 쳐준다. 편집 잘한 논문으로 권위 있는 학술상을 타는 경우도 봤으니까. 일본 것 베끼기가 유행하는 이유는 이쯤이면 충분히 이해할 수 있을 것이다.

일본 학자 대부분은 정도의 차이가 있을지언정, 일본 사회의 특성상 황국사관에서 벗어나기가 어려운 사람들이다. 이런 사람들의 연구를 베껴 내면서 식민사학에 물들지 않으면 그것이 오히려 이상한 일이다. 이렇게 되니 식민사학에 물든 내용이 한국 고대사학계 연구 성과의 상당 부분을 차지하게 되고 그러면 자연스럽게 그런 내용이 이른바 '정설'로 굳어진다.

단순히 일본 논문을 베껴 내는 것만으로 끝나지도 않는다. 이렇게 베껴 낸 연구 성과가 또 자기 복제를 통해 몇 배로 불어난다. 자기 복제라고 하면 꽤 어렵게 생각하는 사람도 있는 것 같으니 쉽게 풀어 이야기하자면 예전에 발표했던 것을 제목이나 일부 내용만 바꿔 다시 발표하는 것이다.

몇 년 전, 어떤 방송사 기자라는 사람이 "남의 것도 아니고 자기 것 베껴 내는 것이 무슨 죄가 되느냐?"라고 반문한 적이 있었다. 내용을 아는 입장에서야 기가 막힐 노릇이다. 이런 것이 죄가 되지 않는다면, 전문가라는 사람은 평생 책 1권만 쓰면 된다. 거기 나오는 내용을 제목 바꾸고 편집해서 여기저기 새 연구라고 발표해 버리면 그만이니까.

원칙적으로 따지자면 남의 것을 베껴 낸 '표절'이 학계에서 사형감이라면 자기 것을 베껴 낸 '재탕'은 무기징역감쯤 된다. 그런 짓을 하고도 무사한 것이 현실이다.

얼마 전 재탕 연구로 연구비 타 먹었다는 이유 때문에 교육부총리가 되지 못한 분이 "왜 나만 가지고 그러냐?"라고 억울해 했는지 이해가 갈 법도 하다. 사실 억울했을 것이다. 남들은 그렇게 해놓고도 무사한데, 자기를 비롯한 몇 명만 걸려 출세에 지장을 받았으니 억울하지 않으면 이상한 일이다. 이런 상황에서 수준 미달의 연구 성과는 문제를 삼기도 어려운 지경이다.

물론 이런 소리를 한다고 원칙이 지켜지리라고 기대하는 것은 아니다. 기대조차 할 수 없을 만큼 현실은 썩어 있다. 필자가 강조하고 싶은 것은 바로 이 점이 식민사학과 직결되는 일본 학자들의 논리가 걷잡을 수 없이 한국 고대사학계를 장악해 나아가는 이유 중 하나가 되고 있다는 것이다.

물론 한번 '튀어 보려고' 말 같지 않은 학설을 만들어 내는 사람이 하도 많다 보면 그 반작용으로 그럴 수도 있다. 하지만 그것은 핑계일 뿐이다. 만약 그것 때문에 그렇다면 당연히 검증에 신경을 써야 한다.

고대사학계에서 과연 검증에 관심이 있을까? 그 바닥의 검증이라는 것이 어떻게 이루어지는지를 알면 왜 핑계라고 단언하는지 이해할 수 있을 것이다,

그렇게 만들어진 후계자들 – 식민사학의 계보

이렇게 식민사학의 전통을 이어받은 자들이 한국 고대사학계를 장악하고 있다면, 당연히 궁금해질 문제가 떠오른다. 식민사학의 이론과 논점은 무엇인가, 또 그들의 체계와 계보는 어떻게 되는가 하는 것 등이다. 그런데 이를 궁금해 하시는 분들께 적지 않은 실망을 안겨드려야 할 것 같다. 생각보다 볼 만한 내용이 없기 때문이다. 나름대로 변명을 해보자면 이렇다.

일단 식민사학의 논점에 대해서는 깊이 다루고 자시고 할 것도 없다. "조선인은 열등한 민족이다. 그래서 옛날부터 남의 지배나 받고

살아왔다. 당파성이 강해서 자기들끼리는 단결도 안 되고 나라를 운영할 능력도 없다. 이런 것이 역사를 통해 증명된다."라는 식이다. 고대사부터도 "나라 꼴도 제대로 갖추지 못했던 허약한 집단들이 중국·일본 지역의 세력에 허구한 날 지배와 압박을 받아가며 비굴하게 연명해 왔다."라는 식으로 몰아간다.

식민사학의 이론이라고 해 봤자, 이런 결론을 체계화하겠다는 것밖에 안 된다. 되지도 않는 결론을 내놓고 이것을 논리적으로 체계화하겠다는 짓을 '이론'이라고 쳐주어야 하는지부터 의문이다. 다시 한 번 강조해야 할 것 같다. '식민사학'이라는 것 자체가 정치적인 목적으로 만들어진 것이지, 무슨 학문적 배경이 있는 것이 아니다. 단지 학문으로 위장할 필요가 있기 때문에 껍데기로 내세워진 '학문적 체계'에 많은 사람들이 헷갈리고 있을 뿐이다. 내용을 조금 알 만한 사람이 자세히 들여다보면 '이론'이라고 할 만한 것이 거의 없다. 어떻게 보면 식민사학의 이론과 논점을 궁금해 하는 것부터가 그에 대한 과대평가일 수 있다.

더욱이 이 책의 중심 주제인 한국의 식민사학 추종자들에게까지 '이론'을 따지려 들면 더욱 한심해진다. 그 이유로는 대한민국의 식민사학 추종자들은 자신들의 학문적 성향을 인식하려 하지도 않는다는 사실을 다시 한 번 강조해야 할 것 같다.

자기가 무슨 짓을 하는지조차 제대로 인식하지 않으려는 자들에게 치밀한 이론 따위가 있을 리 없다. 그저 자기들이 배워 알고 있는 지엽적인 결론을 정당화시키기 위해 생각나는 대로 아무거나 근거랍시고 끌어다 맞추어 놓고 그것을 '학문'으로 포장할 뿐이다.

그렇다 보니 대한민국 식민사학 추종자의 계보를 짜기도 난감하다. 그런 계보 같은 것이 나오려면 나름대로 투철한 목적의식을 가지고 후속 세대를 양성해야 한다. 하지만 미친놈이 아닌 한, 대한민국의 학계에서 식민사학의 이론과 체계를 지키자는 신념을 가질 리는 없다.

　식민사학의 전통이 이어지는 이유부터가 전혀 다른 데에 있다. 투철한 신념과 소신이 아니라, 선생이 알고 있는 찌꺼기 같은 지식에 매달리는 태도가 쌓이고 쌓여 '전통'으로 둔갑해 버린 것이다. 그들의 연구 성과에 치밀한 논리와 근거가 나타나지 않는 것도 당연하다. '학풍'이라는 말을 갖다 붙이기 민망할 정도로 일관된 체계 같은 것이 없다. 있다고 해 봐야 자기 선생이 내린 결론이 무조건 옳다고 억지를 쓰는 데에나 일관성이 보이는 정도이다. 그들의 계보라는 것은 그저 선생 눈에 잘 보여 이 바닥에서 살아남은 자들의 명단일 뿐이다.

　그렇게 살아남아 특별히 업적을 낼 의지가 없는 사람은 학문적 색깔 자체가 없다. 식민사학의 특징이 눈에 들어오는 자들은 대부분 튀어 보려고 저질 연구를 쏟아 내는 과정에서 나타난다. 따라서 식민사학의 계보는 연구자의 인격과 관련이 깊지, 학맥과 깊이 연결되는 문제가 아니다. 아예 학문세대로 한 대(代)를 건너뛰어 버리는 경우도 있다. 그렇기 때문에 학문적 이론이 체계적으로 계승된다는 의미의 계보는 짜기도 난감하다.

　그래서 대한민국 역사학계, 특히 고대사학계의 식민사학 문제는 식민사학 자체의 논리보다 학계의 구조적 비리와 훨씬 더 밀접하게 얽혀 있다. 이런 사정이 역설적으로 대한민국에 침투해 있는 식민사학의 잔재를 체계적으로 추적해서 청산하기 어려운 이유가 되기도 한 것이다.

　물론 이렇게 구름 잡는 것처럼 커다란 윤곽만 가지고 말하는 것만으로는 그 의미를 느끼기 어려울지 모른다. 특히 어떤 내용을 두고 식민사학의 잔재가 남아 있다고 하는지, 또 무엇 때문에 그러한 내용을 두고 이론이나 체계라는 말을 하기 민망하다고 하는지 마음에 와 닿지 않을 수 있다. 그러므로 다음 장부터는 구체적인 사례를 두고 살펴보기로 한다.

제2장

한국
고대사학계에
침투해 있는
식민사학의
논리

식민사학이라는 것이 왜 문제가 되는지, 그런 논리가 어떤 배경에서 형성되었는지는 앞서 언급한 정도면 대충 정리가 될 것 같다. 하지만 여기에서 그친다면 지금까지 한 이야기는 뜬구름 잡는 소리가 될 수도 있다.

그저 과거에 그런 일이 있었다는 정도에서 그칠 문제에 불과해질 수 있는 것이다. 대한민국 사회에 있어서 지금까지도 식민사학에 시비가 걸리는 이유는 아직도 끝이 나지 않은 문제이기 때문이다. 그만큼 식민사학의 논리는 대한민국 역사학계, 특히 고대사학계에 깊숙하게 침투해 있다.

몇 년 전, 인터넷 역사 관련 사이트에 백제·신라가 왜에 굴욕적인 외교를 했다면서 열변을 토하는 자들이 있었다. 그런 사람들과 논쟁을 하면서, 식민사학의 영향이 이렇게 강하게 남아 있다는 사실을 뼈저리게 느꼈다.

그들 중 하나가 자기 직업이 인쇄공이라고 소개했던 것으로 기억한다. 전문가도 아닌 아마추어에 불과했다는 뜻이다. 그런 사람이 심오한 연구를 통해서 그런 주장을 했을 리는 없다. 자기 주장의 근거라는 것부터가 어디서 주워 들은 이야기라는 것이 분명히 드러났으니까, 필자는 단언할 수 있다.

그런 사람들이 자꾸 나타나는 이유는, 이 상황을 조장하는 전문가들이 있기 때문이다. 그래서 그런 인식을 심는 구체적인 사례를 보여줄 필요를 느낀다. 눈에 확실하게 드러나는 사례일수록 좋을 것이다.

물론 한국 고대사에 있어서 식민사학의 논리와 관련된 모든 문제를 다 다룰 수는 없는 노릇이다. 따라서 대표적 사례 몇 가지만 다루기로 한다. 고대사에 있어서 식민사학의 논리가 적나라하게 나타나는 사례는 당연히 한일관계사 부분에 집중되어 있다. 사례는 그중에서 골라 보았다.

1. 고대 한일관계사 해석의 분기점
—초기 기록

식민사학이라는 것 자체가 학문적 개념도 아니고 따라서 학술적 차원에서 다루기 어렵다는 취지를 밝히기는 했지만, 그렇다고 해서 학술적인 논리로 따지지 말자는 뜻은 아니다. 오히려 그렇게 함으로써 학술적인 차원에서 보면 식민사학의 논리가 얼마나 어설픈 것인지 보여 줄 기회가 될 수도 있다. 이런 맥락에서 볼 때, 한국 고대사학계에 침투해 있는 식민사학의 논리를 살펴보는 데 있어서 그나마 체계를 따져 볼 수 있는 문제부터 따져 보아야 할 것이다. 그중 하나로 맨 앞에서 언급했던 한국 고대국가의 성립과 그와 관련된 초기 기록의 신빙성 문제부터 다루어 보기로 한다. 이는 우리 교과서에 써 놓은 내용을 두고 외국에다가는 왜곡했다고 펄펄 뛰어 놓은 사례가 있으니 문제 삼기도 편해진 것 같다.

이 문제는 아예 한국 고대사를 보는 시각 자체를 결정해 버릴 수 있을 만큼 중요하다. 한국과 일본 고대국가의 세력관계가 걸리기 때문이다. '고대(古代)'라고 구분되는 시대에 한반도와 일본열도에 있던 나라들 중 누가 국제관계를 주도했느냐는 문제는 한국과 일본 양국 고대사를 보는 시각으로 발전하는 것이다.

고대 한일관계사가 세계의 다른 어느 역사보다 논쟁이 뜨거운 이유도 여기에 있다. 웬만한 역사에서는 어떤 세력이 우위에 있었느냐는 기본적인 구도에서부터 논란이 되는 경우가 별로 없다. 고대 한일관계사는 바로 이런 기본적인 문제조차 해석이 엇갈리는 것이다. 이 문제가 한국 고대국가의 성립이나 초기 기록의 신빙성과 어떤 관계를 가지고 있는지는 잠시 접어 두고, 식민사학이 어떤 논지를 내세우고 있는지부터 먼저 살펴보자.

식민사학적인 시각에서는 두말할 필요도 없이 한반도에 있던 나라들을 우습게 보려 한다. 한국 사람에게 역사를 통하여 열등감을 느끼게 하려면 당연한 발상이다. 뒤에서 다루겠지만, 통일을 이룬 신라조차 일본에 저자세를 취할 수밖에 없었다는 주장도 같은 발상에서 나온 것이다. 이런 의도가 숨어 있기 때문에 당시의 국제관계를 보는 시각이 단순한 과거의 문제로 끝나지 않는다는 것이다.

여기서 유일하게 예외를 둔다면 고구려이다. 물론《일본서기》에서는 이 고구려조차도 일본에 조공을 바치며 비굴하게 굴었던 나라로 묘사했다. 일부 꼴통들이 이를 그대로 믿으려 하기는 하지만, 그들을 제외한 대부분의 학자는 차마 이런 소리까지는 못한다. 그렇지만 나머지 나라들을 우습게 보려는 태도는 여전한 경향이 있다.

그런데 바로 이런 풍조가 대한민국 고대사학계에서는 초창기부터 나타난다. 이를 확인하기 위하여 대한민국 고대사의 기틀을 잡았던 원로 학자들의 생각을 인용해 보자. 자기 논지에 맞는 부분만 골라 편집하여 원로 학자의 논지를 왜곡시키는 것 아니냐는 모략을 피하기 위해 지루하더라도 중요 부분 전체를 인용하기로 한다.

북방의 고구려가 신흥(新興)의 신라·백제에 비할 수 없는 강대국인 것은 물론이려니와 일본사 측에 의하면 왜세력(倭勢力)이 4~5세기에 걸쳐서 한반도의 낙동강 유역, 즉 변진지역(弁辰地域)에 어떠한 형태로써 부식되어 이른바 임나가야(任那伽倻)의 존재를 주장하고 있다. 《일본서기(日本書紀)》에서 서술된 임나문제는 물론 나라왕조(奈良王朝)의 국가적 입장에서 과장된 점도 다분히 있을 것은 명료하지마는 덮어놓고 말살할 수는 없는 것이다. 문제를 조선사 측으로 생각한다 하더라도 백제·신라 양국이 낙동강 유역을 완전히 분할 확보한 것은 신라의 진흥왕, 백제의 성명왕대의 일이며 여기 왜 세력이라는 장애물이 집요하게 작용된 것은 대체로 인정치 않을 수 없다. 예부터 한 지역의 독립적 성장을 방해하는 존재는 언제나 외적 세력의 개입이다. 마한·진한에서는 분산적 부락국가에서 차차 통합적 고대국가를 형성하여 가지만 변한지역에서는 그것이 이루어지지 못하였다는 것은 이미 《위지(魏志)》 한전(韓傳)에서 보는 바와 같이 그 중심지인 구야한국(狗邪韓國)이 각 지방 세력이 모여드는 국제적 지방이었으며, 후에 왜 세력이 특히 간섭하게 된 데 관련되었을 것이다. 현재 고대 사료의 결여로 말미암아 왜 세력이 이 지대에 미치게 된 연유를 직접 밝히지는 못하나 일본은 기술(旣述)한 전 단계에 있어서 같이 받아들인 대륙의 금속문화를 우리나라보다 순조롭게 소화 발달시킨 듯한 것은 고고학적 성과로 시사를 받게 되었다. 역사적 파악에 있어서 중요한 것은 높은 외래문화를 먼저 받은 것이 문제가 아니라 그것을 그 민족 사회에서 자력으로 어떻게 소화 발달시킬 수 있었느냐 하는 것을 살펴야 할 것이다. 이 점에 있어서 위치에서 오는 조건은 고대부터 일본은 우리나라보다 유리하며 그만큼 사회의 자주적 역량 – 생산 및 사회의 발달 – 을 창달(暢達)시킬 수 있었다. 근래 여기에 대하여서는 《위지(魏志)》의 양역전(兩域傳)을 비교 연구함으로써도 지적하게 되었다. 우리나라 일각에 높은 문화를 가진 낙랑·대방 양군(兩郡)이 있었다는 것은 그만큼 토착 사회에 대하여 정치적·수탈적 – 가압이 직접적이었으며, 따라서 민족 사회 자체의 발달에는 질곡(桎梏)이 되었다는 것을 이해하여야 할 것이다.

5세기 초의 형세를 전하는 고구려 광개토왕비문에서 이미 왜 세력의 반도 간섭을 볼 수 있으며 나제 양국을 사이에 두고 여왜(麗倭) 양 세력이 대치함을 알 수 있는데 그 원유에 대하여서는 깊이 생각할 바가 있는 것이다. 《삼국사기》신라본기의 지증왕대까지 빈번히 나타나는 왜의 침략 기사가 다 역사적 반영이라고 볼 수는 있을 것이다. 이와 같이 볼 때에 《일본서기》의 신공기(神功紀)의 신라내침(新羅來侵)의 설화를 역사적 사실로 믿지 않는 진전(津田) 박사도 이후 누차 나타나는 신라내공(新羅來攻)의 기사와 아울러 왜가 반도에 빈번히 내침한 사실을 반영하는 설화라고 생각하고 있다.

고구려와 왜의 접촉은 실로 자라 나가려고 노력하는 신라를 매개하여 시작된 것 같다.[7]

정리해 보자면 결국 대륙의 금속문화를 순조롭게 소화·발전시켜 강력한 세력을 형성시킨 왜(일본) 세력 때문에 가야는 물론 백제나 신라 같은 나라들도 발전에 방해를 받았다는 뜻이 된다. 특히 왜에 비해 발전이 늦었던 신라는 왜의 침략에 시달렸다고까지 보았다.

지금의 인식으로는 좀 우스운 생각이다. 일본은 6세기 부근까지 독자적인 철 생산을 못했던 것으로 알려지고 있다. 한반도에서는 남부 지역에서만 해도 철을 마구 생산해서 돈처럼 사용하던 시기가 3세기인데도 말이다.

그런 일본이 대륙의 금속문명을 한반도 고대국가들보다 더 잘 소화해서 강력한 세력을 형성했다? 이해가 가지 않는 이런 논리에 근거를 설명해 주지도 않았다. 명색이 전공서적임에도 불구하고 여기에 대해서는 설명은 물론 그 흔한 주(註) 하나 붙어 있지 않다. 별다른 근거도 없이 당시 식민사학자들이 퍼뜨린 내용을 그냥 믿었다는 이야기이다.

결국 발상이 나온 배경에서부터 문제이다. 역사적 사실을 확인하기보다는 일제 식민사학자들이 필요한 대로 만들어 낸 논리를 아무 생각 없이 받아들이는 데 급급했다는 뜻이 되기 때문이다.

되풀이되는 이야기지만, 식민사학자들이 필요했던 논리는 역사적으로 일본이 한국에 비해 우위에 있었다는 점이다. 그러니까 한반도에 세워졌던 고대국가들도 전통 없고 허약했던 나라라고 주장하고 싶어 한다. 그런데 바로 그런 논리가 한국 고대사에 대한 초기 연구

---

7) 이홍직(李弘稙), 《한국고대사(韓國古代史)의 연구(研究)》, 신구문화사(新丘文化社), 1971. 127~128쪽.

를 주도했던 원로 학자의 글에 별 근거도 없이 그대로 반영되어 있는 것이다.

그리고 이런 논리는 몇몇 원로 학자 개인의 주장에서 그치지 않는다. 앞으로 대한민국을 이끌어 갈 새싹들이 피할 길도 없이 배워야 했던 국사(國史)책에까지 그대로 스며들어갔다. 아래에 나오는 내용은 1956년 발행되었던 《중등국사》 17쪽에 나오는 내용이다.

그러나 아직 나라다운 강력한 체제는 갖추지 못하였다. 이렇게 삼한시대는 부족국가의 상태를 벗어나지 못하였다.

백제의 완전한 건국은 온조 때에 된 것이 아니고, 그의 8대 되는 고이왕(古爾王) 때에 된 것이니 이야말로 백제의 태조이었다.

원시 신라가 나라라는 강력한 정치를 하기 시작한 것은 김씨 계통의 임금인 내물왕(奈勿王) 때부터였다. (중략) 그런데 이때 신라의 영토는 아직 낙동강 방면의 기타 제국(諸國)을 아우르기에는 이르지 못하였다.

이 교과서로 배웠던 사람들이 지금 대한민국 사회의 중진에서 원로급이 된 계층이다. 중학교 교과서에서 이렇게 배웠다고 해서 전부 이런 논리를 받아들이는 것이야 아니겠지만, 그래도 상당수의 사람들이 이때 배운 역사의 영향을 받을 수밖에 없을 것이다.

말살된 초기 기록

한반도의 고대국가 발전이 늦었고, 그 원인도 지금의 중국이나 일본 지역에 자리 잡은 세력의 영향 때문이라는 시각이 심각하게 영향을 끼친 문제는 한두 개가 아니다. 그중의 하나가 한국 고대사 초기 기록을 믿을 수 없는 것으로 몰아가는 문제이다. 여기에 대해서는 이미 좋은 내용의 연구가 많이 나와 있음에도 불구하고 부담을 무릅쓰고 또다시 언급할 수밖에 없는 이유도 있다.

앞서 나온 연구 성과에서는 각각의 주제에 치중하느라고 왜 이 문제가 식민사학의 유산과 연결되는지 좀 더 세밀하게 다루지 못한 감도 있다. 그래서 여기서 몇 가지 사례를 추가하면서 이것이 식민사학의 논리와 어떻게 연결되는지 조금 더 구체적으로 따져 보고 싶다.

뿐만 아니라 이 문제는 후속 세대의 연구를 틀어막는 효과까지 있다. 이에 대해서는 다음 장에서 간단히 언급해 두기로 하겠지만, 어쨌든 초기 기록을 믿느냐 마느냐는 문제가 이렇게 파급 효과가 큰 것이라는 점만 확실히 해 둔다.

이 문제의 배경을 이해하려면, 일본이 초기 문명 발달 문제에 엄청나게 집착한다는 점부터 알아야 한다. 여기서 몇 년 전 한국과 일본 사회를 떠들썩하게 했던 일본의 '구석기 유물 조작 사건'을 상기해 본다면 그 점을 이해하는 데에는 별 어려움이 없을 것이다.

사건의 개요는 간단하다. 일본의 한 아마추어 고고학자가 70만 년 전의 것이라는 구석기를 발견했다. 그 내용은 교과서에까지 실렸고, 그 사람은 단번에 유명 인사가 되었다. 그런데 알고 보니 그게 사기였다. 일본 기자의 추적으로 70만 년 전의 것이라던 그 석기는 발견했다던 장본인이 조작해 낸 것이었다는 점이 밝혀진 것이 사건의 전말이다.

들통이 나고 보니, "어째 이상했었다."는 말이 사방에서 튀어나왔다. 유물이 나올 지층이나 상황이 아니었다는 것이다. 그런데 일본 고고학 전문가들을 어떻게 속인 것일까?

보통사람들은 구석기와 그냥 돌 조각을 구별할 수 없을지 몰라도, 웬만한 전문가는 쉽게 구별해 낸다. 더욱이 70만 년 쯤 전의 구석기라면 티가 나도 한참 난다. 이렇게 티가 나는 물건을 엉터리로 만들어서 전문가를 속이기는 쉽지 않다. 그런데 어떻게 기자가 추적해서 현장을 잡기 전까지 일본 사회에 이런 사기가 통할 수 있었을까?

이건 한 마디로 말해서 속은 것이 아니라 속아 준 것이라는 편이 더 정확할 것이다. 그만큼 일본 사회는 고대 문명의 발전에 집착한다. 이유는 뻔하다. 그래야 옛날부터 일본이 한반도 국가에 비해 발전이 빨랐고, 그래서 우위를 유지해 왔다는 식민사학의 논리에 일관성을 유지할 수 있을 테니까.

그렇지만 일본에게는 불행히도, 그동안 일본열도에서는 구석기 유물이 잘 나타나지 않았던 것이다. 어떻게 해서든지 한반도 지역보다 일본열도의 문명이 앞섰다는 논리를 만들어 내려다 보니 유물을 조작해 내는 짓까지 방조하게 된 것이다.

초기 문명에 대해 이렇게까지 콤플렉스를 가지고 있는 일본에 악재가 또 있다. 유물에서뿐 아니라 기록에서까지 고대국가의 발전이 한반도에 비해 뒤진다는 점이다.

물론 기록에 나타나는 상황 자체가 꼭 그렇지는 않다. 일본 역사는 이른바 신대(神代)라는 시기부터 시작된다. 쉽게 옮기자면 '신들이 지배하는 시대' 정도가 될 것이다. 《일본서기》는 이것도 역사라고 써놓았을 테니, 이대로라면 일본은 고구려·백제·신라보다 훨씬 이전에 천황이 생기고 국가가 세워진 셈이 된다.

하지만 역사 전문가들은 이런 시대를 웬만해서는 '역사'로 쳐주지 않는다. 보통은 '신화(神話)'에 가깝다고 여긴다. 당연히 실제로 있었던 사실로 인정해 주지 않는 것이다. 이런 시대를 빼면 실제로 인정받는 이른바 '고대국가'가 생겨난 시기가 한참 늦춰진다.

여기에 더하여 기본적인 기록을 만드는 데 있어서도 사기를 쳤다는 사실이 자꾸 드러나다 보니, 일부 학자들 사이에서는 일본 고대사 기록에 나타나는 사실까지도 액면 그대로 믿어 주지 않는 경향이 생겨났다. 덕분에 일본 학자들조차도 일본의 고대국가 성립 시기를 5~6세기까지도 늦춰서 보는 경우가 많아졌다.

여기서 고민이 생긴 것이다. 상당수 일본 학자들은 자기들 입으로 일본에는 초기 문명의 흔적이 잘 나타나지 않고, 일본 고대사의 초기 기록도 못 믿을 것이니 고대국가가 나타난 시기도 중국 같은 선진 지역에 비해 한참 뒤처졌다고 인정했다.

이래 놓고 《삼국사기》 기록을 인정한다면? 《삼국사기》에 의하면 고구려·백제·신라는 예수가 태어날 때 즈음 세워진 나라이다. 실질적으로 일본에 고대국가가 세워졌다고 인정받는 시기보다 무려 500년 정도는 앞서는 셈이다.

'고대국가의 성립'이라는 것은 역사를 모르는 사람들이 대충 생각하는 것처럼, 고구려·백제·신라 같은 나라들이 세워졌다는 단순한 사실로서의 의미만 가지는 것이 아니다. 그런 나라들이 세워질 만큼 사람들을 통제하고 조직을 갖출 수 있는 노하우를 갖추었다는 뜻이다.

이런 노하우를 갖추지 못한 나라와는 국가의 파워에서도 한참 차이가 난다. 현대국가만 하더라도 땅 넓고, 사람 많아 다른 나라보다 훨씬 유리한 조건을 가지고도 후진국에서 벗어나지 못한 나라가 제법 있다. 즉 조건만 좋다고 선진국이 되는 것은 아니라는 뜻이다.

바꾸어 말하자면, 현대에도 국가를 운영하는 노하우가 축적되지 않으면 아무리 넓은 영토와 인구를 가지고 있어도 후진성을 면하기 어렵다는 말이다. 이런 요소는 고대국가에도 그대로 적용된다.

그래서 초기 문명에서의 국가 발전 척도를 고대국가 체제를 세워 운영했는가를 많이 따지게 된다. 이는 곧 고대국가를 일찍부터 세워서 운영하고 있던 나라들은 그에 걸맞은 국가적 파워를 가지고 있었다는 뜻이 되기 때문이다. 뒤집어 말하면 국가 체제조차 갖추지 못한 나라가 이미 체제를 갖춘 나라에 대해 침략을 하고 발전을 막았다는 논리가 성립하기 어렵다는 의미를 가지게 된다는 것이다.

식민사학의 논리체계에서는 용납하지 못할 일이다. 그 꼴을 보기 싫다고 생각해 낸 묘안 하나가 《삼국사기》 초기 기록까지 물귀신처럼 못 믿을 것으로 끌고 들어가자는 작전이다.[8] 이 물귀신 작전 덕분에 한국 고대사 연구에 있어서 초기 기록을 가지고 장난을 치는 별

---

8) 이에 대한 내용은 필자의 책, 《거짓과 오만의 역사》, 117~119쪽에서도 다룬 바 있으니 궁금하신 분은 참조하시기 바란다.

해괴한 학설들이 나오게 되는 것이다. 이른바 '초기 기록 불신론'이나 말만 바꾼 '수정론'이라는 것이 바로 여기에 장단을 맞추어 주는 행각이다.

후유증

원로 학자들이 이런 생각을 했고, 이를 교과서에까지 썼다고 해서 이것만 가지고 그들을 용서받지 못할 식민사학 추종자로 몰자는 뜻은 아니다. 결과적으로는 해방된 대한민국 국민들에게까지 일제 식민사학자들이 원하는 대로 생각하게끔 하는 역할을 했다 할지라도 그들의 입장에서는 일부러 식민사학을 심겠다고 한 짓이 아닐 수 있다.

앞서 예를 든 사례처럼 일본이 6세기까지 철 생산을 제대로 해내지 못할 정도의 후진국이었다는 사실도 연구 성과가 많이 축적되고 공개된 최근의 시점에서 명확해진 것이다. 원로 학자들이 활동하던 당시에 널리 알려진 사실도 아닌데, 이런 점을 모른 상태에서 제대로 된 판단을 해야 했다고 말하는 것에도 무리가 있을지 모른다. 따라서 원로 학자 개인에 대해 비난을 퍼붓기 전에 이러한 상황을 감안해 주어야 한다는 점에 대해서는 귀를 기울일 측면도 있다.

하지만 그렇다고 해서 대한민국의 다음 세대에까지 식민사학자들이 원하는 대로 역사를 인식하게 만들었다는 사실이 없어지는 것은 아니다. 이 점을 인정하느냐 마느냐는 것은 완전히 다른 차원이다.

식민사학자들이 원하는 대로 역사를 인식하게끔 만든 영향이 실제로 있다면 그 영향은 다른 분야보다도 역사를 연구하는 다음 세대 연구자들에게 가장 심각하게 작용한다. 원로 학자들부터가 자기 연구만 하는 데 그치는 것이 아니라 다음 세대 연구자들을 길러 내는 역할을 하기 때문이다.

즉 다음 세대 연구자들이 원로들의 영향을 받으며 자라나고 그들이 또 그 다음 세대의 연구자를 길러 낸다는 것이다. 그리고 각 세대마다 자기 세대에 식민사학을 심게 된다. 결국 끊임없는 악순환이 계속되며 대한민국이라는 나라 자체가 식민사학의 마수에서 빠져 나오지 못하게 된다. 이미 심각한 수준이라고 느끼는 사람이 많다.

특히 위에서 다룬 고대국가의 성립 시기, 과정 또 이들 사이의 국제관계는 그게 그렇게 되었다는 자체로 끝나는 지엽말단적인 문제가 아니다. 한국과 일본 고대사를 인식하는 기본적인 전제가 되는 문제인 것이다.

이렇게 기본적인 문제를 식민사학자들이 원하는 틀대로 생각하게 된다면 그 다음 단계에서는 아무리 철저하게 연구를 하고 검증을 하려 해도 애초에 잘못 끼워진 단추 때문에 계속 틀어지게 될 수밖에 없다는 것이다. 지금 도처에서 그런 효과가 나타나고 있다.

뒤에 좀 더 구체적으로 다루겠지만, 어렸을 때부터 사람에게 뿌리박힌 인식은 잘 바뀌지 않는다. 그래서 어렸을 때 박힌 인식은 편견으로 자리 잡히기 쉽다. 역사에 대한 인식의 변화는 다른 분야에 비하여 더하면 더했지 덜하지는 않은 분야에 속한다. 심지어 역사를 전문으로 연구하는 사람에게조차 이런 편견이 작용하는 것이다.

고대사만 하더라도 그 편견이 집요하게 작용하는 경향이 있다. 황국사관으로 조작된 것이 뻔한 일본 고대사 기록을 의심 한 번 해보지 않고 그대로 이용하는 것이 아예 버릇이 들려 있는 것이다. 어떻게 이런 버릇이 생기게 되었는지에 대해서는 조금 뒤에 더 많은 지면을 할애해서 살펴보기로 하겠다.

여기서 너무 욕심을 부리면 이야기가 엉뚱한 방향으로 흐를 수 있을 것 같기 때문에, 이번 장에서는 위에서 보여 주었던 고대국가의 발전 과정과 그로 인한 역학관계에 대한 바로 그 편견이 고대사를 연구하고 복원하는 데에 어떻게 작용했느냐는 사례들에 집중하기로 한다. 여기서는 비전문가들이 구별하기 어려운 미묘한 차이를 이용해서 교묘하게 왜곡을 시도하고 있음을 보여 줄 수 있다.

트집 잡기

한반도에 세워졌던 초기국가의 성립 시기를 늦추려는 노력에 놀아났던 한국 고대사학계의 행각을 적나라하게 보여 주는 사례가 있다. 다른 것도 아닌,《한일역사공동연구보고서》에서 바로 그 사례가 튀어나온다.

역사에 관심이 있는 사람이라면 다 알고 있듯이, 한일역사공동연구는 일본과 역사인식의 공감대를 만들어 보고자 마련했던 사업이다. 이런 사업에서 식민사학자들이 원했던 그림을, 그것도 한국 측 학자의 손으로 써 가지고 버젓이 발표했다.

물론 납득이 갈 만한 근거라도 있으면, 학자로서 소신껏 연구했다고 쳐줄 수도 있을 것이다. 그런데 과연 그런 근거가 있을까? 그 내용을 한번 보자.

중국 동북부 및 한반도 지역에서는 무질서하던 열국(列國)이 상호 통합되어 고구려·백제·신라·가야의 4국이 정립되었다. 그중에서도 가장 북쪽에 자리 잡고 있던 고구려는 3세기 후반 서천왕 때에 이르러 각 지역에 온존하던 고유각부(固有各部)를 일소함으로써 연방제적인 초기 고대국가를 벗어나 왕과 중앙귀족에 의한 중앙집권적 통치체제를 완비하였다.

한강 유역 백제의 정세는 어떠하였을까?《삼국사기》백제본기에 의하면 고이왕 27년(260)조에 6좌평 및 16관등제 등의 중앙집권적 관료제를 완비했다고 나오나, 이는 후세 백제인들의 고이왕 중시 관념에 의하여 조작된 것이다. 이 시기 백제의 발전 정도는 좀 더 낮추어 보아야 할 것이다. 유적 분포를 살펴보면 3세기 후반부터 백제의 왕성(王城)인 서울 강동구의 몽촌토성과 풍납토성이 축조되었으며, 3세기 후반부터 4세기 전반의 시기에 백제 강역이 충남 이북까지 설정되고 그 지역의 일부 주요 세력들에게 백제의 위세품(威勢品)이 건네진 것을 알 수 있다. 그렇다면 3세기 후반에 해당하는 고이왕 후기에 백제는 한 군현의 간섭과 마한소국연맹체의 테두리를 벗어나 독자적으로 부체제(部體制)를 시행하는 초기 고대국가로 성장했다고 보는 것이 옳다.

결국 신라는 4세기 후반 나물이사금 때 고구려의 지원을 받아 초기 고대국가를 이룩할 단서를 잡았으나 고구려의 간섭 속에 이루지 못하고 5세기 전반 눌지마립간 때에 와서 단위 정치체인 6부를 왕권에 종속적으로 연합하여 초기 고대국가를 형성하였다.[9]

굳이 말을 덧붙일 필요도 없이, 원로 학자께서 해 놓은 내용보다 식민사학이 원했던 내용에 더 가까우면 가까웠지 나아진 것은 거의 없다. 더 걸작인 것은 이 내용의 근거랍시고 달아 놓은 주석(註釋)이다. 주(註)에 나와 있는 근거를 그대로 옮겨 본다.

일단 맨 앞에 인용한 고구려의 국가발전에 대한 주석은 이렇게 달려 있다.

노태돈(盧泰敦),《고구려사연구》, 사계절, 1999. 167~168쪽.

여호규(余昊奎),〈고구려 초기 정치체제의 성격과 성립 기반〉,《한국고대사연구국고대사연구(韓國古代史研究)》17, 한국고대사학회(韓國古代史學會), 2002. 157쪽.

김태식(金泰植),〈초기고대국가론(初期 古代國家論)〉,《강좌 한국고대사》제2권, 가락국사적개발연구원, 서울, 2003. 44~47쪽.

임기환(林起煥),〈고구려 정치사 연구》, 한나래, 서울, 2004. 104~105쪽.

---

9) 한일역사공동위원회,《한일역사공동연구서보고서》제1권, 2005. 58~59, 64쪽.

고대사학계를 잘 아는 사람에게는 뻔히 보인다. 여기서 소개되는 것들은 자신과 자신의 지도교수, 그리고 동문 선후배들이 쓴 책과 논문이다. 쉽게 말해서 자기 동문들의 주장이 바로 근거인 것이다.

물론 그 연구 성과들이 철저한 근거와 논리를 갖추고 있어서 더 이상 검토하고 자시고 할 것도 없이 확실한 내용이라면 굳이 트집을 잡을 필요는 없다. 그렇다면 과연 그런 내용이 있는지, 그 주석에 쓰여 있는 내용을 일일이 찾아서 한번 살펴보자.

고구려 트집 잡기

우선 고구려에 대한 트집부터 시작한다. 여기에 대해서는 맨 앞에 인용된 노태돈의 책에 나와 있는 내용부터 황당하다. 내용의 근거와 논리를 따져 볼 건더기조차 없다. 적어도 여기에 인용되어 있는 페이지에는 고구려가 나라 같은 나라 모양을 갖춘 시기를 왜 이렇게 늦추어 보아야 하는지에 대한 내용 자체가 거의 없는 것이다.

있는 내용이라고 해 봐야, 이른바 그가 주장하는 '부(部)체제'라는 것이 어떻게 성립해서 언제·어떻게 소멸했느냐는 것 정도에 불과하다. 혹시나 해서 앞의 내용을 찾아보아도 마찬가지이다. 이 책 자체가 주로 이른바 '부(部)체제'라는 것을 설명하는 데에 치중하고 있다. 그러다 보니 고구려의 국가성립 시기를 늦추어 보아야 한다는 점에 대해 구체적인 근거가 제시된 것은 별로 없다.

물론 그 의도는 짐작이 간다. 이른바 '부(部)체제'는 중앙집권적인 고대국가체제가 성립하기 이전에 존재했던 체제이다. 그러니 나라가 '부(部)체제'로 돌아가던 시기에는 당연히 고대국가체제가 아니었다는 뜻이다. 따라서 "이때는 '부(部)체제'였다."라는 말만 해 놓으면 굳이 "국가체제를 갖추고 있지 못했다."라는 말을 쓸데없이 덧붙일 필요가 없다고 할지 모른다.

하지만 주장과 근거는 별개의 문제이다. 자기 자신이야 남들이 있었다고 인정하든 말든 무조건 '부(部)체제'였다고 주장하면 그만일지 몰라도, 학문적인 인정을 받으려면 원칙적으로 그렇게 보아야 하는 근거를 제시해야 한다. 그것도 자기들끼리 믿겠다는 신앙 차원이 아니라 남들이 납득할 만한 근거여야 한다는 것이다.

그러려면 당연히 직접적이고 구체적으로 납득할 수 있는 근거를 설명해 주는 것이 당연하다. 이 책에서 빠져 있는 내용이 바로 그것이다. "나는 이때 고구려가 부체제의 수준에서 벗어나지 못했다고 보니까 그런 줄 알아라." 하는 식의 내용은 일방적인 주장일 뿐, 직접적이고 구체적인 근거는 아니다.

가장 가까운 근거라고 해봐야 고구려도 아닌 "신라 지방 세력의 무덤 규모가 중앙정부의 통제를 받았다고 보기에는 지나치게 크다."라는 정도이다. 근거라고 하기에는 짜증이 날 만한 내용이다.

신라 이야기를 무엇 때문에 고구려에 갖다 붙여야 하는지 그 이유부터 이해하기가 쉽지 않다. 만에 하나 신라가 그랬다고 쳐도 그게 고구려에 왜 적용되어야 하는지 당연히 문제가 된다. 이 책에서도 굳이 신라의 경우를 끌어다 붙인 이유가 '피복속 집단을 예속시키는' 과정을 추측하면서 사례로 들었던 것뿐이다.

물론 이런 근거가 그렇게 설득력을 가지는 것도 아니다. 나중에 이 책에서도 조금 더 다루기는 하겠지만, 고고학을 팔아 역사를 제멋대로 해석하는 사례를 들자면 책이 몇 권 나와도 모자란다. 또 어차피 조금 있다가 신라에 대한 트집 잡기에도 비슷한 근거를 달았으니, 거기서 좀 더 다루어야 할 것이다. 따라서 여기서는 잠시 보류하기로 한다.

　아무튼 아무리 좋게 봐주어도 이런 내용이 직접적이고 구체적인 근거라고 볼 수는 없을 것이다. 결국 이렇게 흐리멍덩한 근거로 고구려의 국가 성립 시기를 늦춰 놓은 것 아니냐는 데 대해서는 별다른 반론을 제기하지 못한 셈이다.

　다음으로 여호규가 제시하는 근거를 살펴보기로 한다. 여기서도 《한일역사공동연구보고서》에 나와 있는 주(註)에서 말하는 페이지에서는 직접적인 근거가 없다.

　해당 논문의 장절(章節)에 해당하는 작은 제목부터가 '나부체제의 해체과정과 그 배경'이다. 고구려가 3세기쯤 되어야 나라 꼴을 갖추었다는 근거가 나올 만한 제목이 아니다. 내용 역시 노태돈과 비슷하게 나(那)와 부(部)라는 것이 어떻게 없어져 가는지 그 과정을 보여 주고 있을 뿐이다.

　혹시나 해서 앞뒤를 뒤져 보니, 훨씬 앞쪽 페이지이기는 하지만, 그래도 비슷한 내용이 나오기는 한다. 이른바 나(那)와 부(部)라는 것이 어떤 성격을 가지고 있었는지 설명하면서, 왕의 통제를 받지 않았던 존재였던 것처럼 써 놓은 부분이 있는 것이다. 해당 내용을 인용하면 다음과 같다.

나부는 다른 나(那)를 정복하거나, 왕도(王都)를 공격하고 왕이 이
끈 기내(畿內)병마(兵馬)에 대항할 정도의 군사력을 지니고 있었다.[10]

라는 것이다. 이 내용이 앞서 몇 번씩이나 강조했던 '직접적이고
구체적인 근거'인지는 애매하지만, 그래도 비슷한 내용이기는 하다.
이른바 나(那)와 부(部)가 벌이는 정복활동을 국왕도 통제할 수 없었
고, 심지어 왕을 상대로 전쟁을 벌일 수도 있는 존재였음을 시사할
수 있기 때문이다. 고구려가 실제로 이런 수준이었다면 통합된 나라
꼴은 아니었다고 생각할 법도 하다.

그런데 이런 주장을 하면서 근거로 삼은《삼국사기》기록들을 확
인해 보면 한숨밖에 안 나온다. 독자들께서도 의심나는 분들은 직접
확인해 보십사 하는 생각에 그가 제시한 기록을 소개한다.

봄 2월에 관나부(貫那部) 패자(沛者) 달가(達賈)를 보내 조나(藻那)
를 정벌하고, 그 왕을 사로잡았다. (하략) 《삼국사기》〈고구려본기〉 태조
왕 20년)

겨울 10월에 왕은 환나부(桓那部) 패자 설유(薛儒)를 보내 주나(朱
那)를 정벌하고, 그 왕자 을음(乙音)을 사로잡아 고추가로 삼았다. 《삼
국사기》〈고구려본기〉 태조왕 22년)

---

10) 여호규(余昊奎), 〈고구려 초기 정치체제의 성격과 성립 기반〉, 《한국고대사연구(韓國古
代史研究)》 17, 한국고대사학회(韓國古代史學會), 2000. 138쪽.

가을 9월에 서울에 눈이 여섯 자나 내렸다. 중외대부 패자 어비류(於卑留), 평자(評者) 좌가려(左可慮)가 모두 왕후의 친척으로서 나라의 권력을 잡고 있었는데, 그 자제들이 모두 세력을 믿고 교만하고 사치하였으며 남의 자녀와 전택을 빼앗았으므로, 나라 사람들이 원망하고 분하게 여겼다. 왕은 이것을 듣고 노하여 죽이려고 하니, 좌가려 등이 4연나와 더불어 반란을 꾀하였다. 《삼국사기》〈고구려본기〉 고국천왕 12년)

여름 4월에 좌가려 등이 무리를 모아 왕도를 공격하였다. 왕은 기내(畿內)의 군사를 동원하여 평정하고, 마침내 명령을 내렸다. (하략) 《삼국사기》〈고구려본기〉 고국천왕 13년)

내용을 보면 왜 한숨만 나오는지 이해할 수 있을 것이다. 위의 기록들을 도대체 어떻게 해석했기에 이런 결론을 내릴 수 있었는지가 궁금할 정도이다.

태조왕 때의 기록만 해도 그렇다. 이 기록들을 두고 이른바 "나(那)와 부(部)가 벌이는 정복활동을 국왕도 통제할 수 없었다."라는 식으로 해석을 했다. 하지만 막상 위 기록을 읽어 보면 정벌을 시킨 사람이 바로 국왕이라는 점이 명백하게 드러난다.

22년의 기록은 아예 왕이 환나부(桓那部) 패자 설유(薛儒)에게 정벌을 시켰다고 분명히 적혀 있으니 더 따질 것도 없다. 20년의 기록에는 주어가 생략되어 있기는 하지만, 왕을 중심으로 한 본기(本紀) 기록에 생략되어 있는 주어는 문맥상 당연히 국왕이다. 이렇게 국왕이 시킨 정벌을 두고 마치 나(那)와 부(部)가 독자적인 정복활동을 벌였던 것처럼 조작해서 소개한 것이다.

나(那)와 부(部)가 왕도(王都)를 공격하기도 했다는 주장도 그렇다. 이 기록들을 가지고도 마치 왕과 별개의 세력을 가지고 있던 세력이 왕에 대항한 것처럼 소개했다. 그런데 위 기록들을 잘 살펴보시라.

이때 왕도(王都)를 공격했던 세력은 왕후의 친척들이라고 똑똑히 쓰여 있다. 즉 이들이 고구려에서 횡포를 부릴 수 있었던 왕의 부인인 왕후를 등에 업고 있었기 때문이었다는 뜻이다. 왕이 이 꼴을 보다 못해 왕후의 친척들을 제거하려 하자, 그들이 반란을 일으켜 왕도(王都)를 공격해 온 사건이었다. 결국 이때의 분쟁은 왕실 내부의 분쟁인 셈이다.

이렇게 보면 이 기록은 반대로 해석할 여지가 더 크다. 중외대부 패자 어비류(於𢌙留), 평자(評者) 좌가려(左可慮) 등이 고구려 백성들의 원망을 살 정도로 횡포를 부린 배경이 왕후였다고 했다. 왕후의 권위는 당연히 왕의 부인이라는 배경에서 나오는 것이다.

이렇게 외척(外戚)들이 설치는 일은 오히려 왕을 중심으로 나라 체계가 잡혀 있는 나라에서 흔히 나타나는 일이다. 즉 이 당시의 고구려 역시 국왕을 중심으로 한 중앙집권제가 확립되어 있었다는 이야기가 된다는 말이다.

그럼에도 불구하고 의미를 조작해서까지 기록을 거꾸로 해석했다. 의도는 분명하다. 나(那)와 부(部)가 독자적인 세력을 가지고 있었다는 주장을 하기 위해 기록을 왜곡시켜 소개한 것이다.

《한일역사공동연구보고서》에 이런 내용을 쓴 장본인이 자신의 글을 주(註)로 달아 놓은 내용은 더 볼 필요를 느끼지 못할 정도이다. 원래 고구려사 전공이 아니라서 그렇겠지만, 그 내용 자체가 자신의 지도교수가 했던 추측을 그대로 답습한 데에 지나지 않는다. 중요한 내용마다 "아닌가 한다.", "하였을 것이다."라고 한 것뿐만 아니라 기껏 분명히 써봤자 "볼 수 있다."식의 추측성 멘트를 남발하고 있는 점을 보면 자기도 추측 이상의 자신이 없었다는 점을 잘 보여 준다. 그러니 더 이상 언급할 필요가 없을 것이다.

마지막 임기환의 책이라고 별로 나을 것은 없다. 여기서도 해당 페이지에는 '직접적이고 구체적인 근거'라고 할 만한 내용이 없다. 앞사람들이 그랬듯이 부(部)체제의 형성과 해체에 대해 언급하고 있을 뿐이다. 특히 해당 내용이 있는 장절(章節) 자체의 내용이 기본적인 내용, 즉 고구려에서 부(部)라는 것이 어떻게 형성되어 운영되다가 해체되었는가에 초점을 맞추고 있다는 측면에서는 노태돈의 것과 별차이가 없다.

이런 성향은 여기서 소개된 글들에서 공통적으로 나타나고 있다. 고구려 초기에 나(那)와 부(部)라는 것이 형성되어 부(部)체제라는 방식으로 나라의 틀을 갖추었으니, 중앙집권적인 고대국가체제는 아닌 줄 알라는 식이다.

왜 고구려가 자신들이 주장하는 대로 3세기까지 나라 꼴을 갖추지 못했다고 보아야 하느냐는 근본적인 물음에 대해서는 '직접적이고 구체적인 근거와 설명' 같은 것을 해 줄 생각조차 하지 않는다. 여기서 소개된 책과 논문을 아무리 뒤져 보아도 그런 내용이 있을 만한 곳이 없다. 아무리 좋게 생각해 주려 해도 근거가 될 만한 내용을 소개조차 해 주지 않았다는 점은 분명하다. 그럼에도 불구하고 결론은 명백하게 지어 버린 것이다.

나중에도 이 꼴이 반복되니, 아예 미리 못을 박아 놓는 편이 좋겠다. 이들의 근거라는 것이 그렇다. 선생이나 선배가 스스로도 인정하는 억측을 통해 가설을 세워 놓으면, 제자와 후배들은 그것을 확실한 정설로 만들어 버린다. 뿐만 아니라 이렇게 제멋대로 만들어 놓은 정설을 전제로 놓고 다음 논지를 전개시킨다.

'구렁이 담 넘어가듯이' 억측이 정설로 둔갑해 버리는 것이다. 이런 식으로 만들어진 정설이 하나둘이 아니다. 여기서는 하필 그 내용이 한반도 초기 국가의 성립 시기를 늦춰 놓는 식민사학의 잔재였을 뿐이다.

백제 트집 잡기

이제 백제에 대해서는 어떻게 트집을 잡았는지 살펴볼 차례이다. 《한일역사공동연구보고서》에서 소개된 내용만 보자면 후반부는 3세기 후반부터는 백제가 불완전하나마 초기 고대국가로 성장했다는 내용인 것처럼 보인다.

하지만 이것은 착각하기 쉬운 말일 뿐이다. 여기서 초기 고대국가라 함은 '부(部)체제를 시행하는 국가체제'라는 뜻이다. 중앙집권적인 고대국가체제를 말하는 것이 아니다. 이렇게 되면 실제로 제대로 된 나라 꼴을 갖춘 시기는 원로 학자의 주장보다도 더 늦어진다.

그렇다면 이렇게까지 백제의 국가 성립 시기를 늦추어 놓은 근거는 확실할까? 그 근거라고 달아 놓은 주(註)는 이렇다.

노태돈(盧泰敦), 〈삼국시대(三國時代)의 '부(部)'에 관(關)한 연구〉, 《한국사론(韓國史論)》2, 서울대학교 국사학과, 서울, 1975. 14쪽.
노중국(盧重國), 《백제정치사연구(百濟政治史研究)》, 일조각(一潮閣), 1988. 98쪽.[11]

우선 먼저 소개된 노태돈의 논문부터 살펴보자. 여기서 소개된 해당 페이지에는 고이왕 때 좌평제도를 정비했다는 기록을 믿을 수 없다는 내용 이외에는 이렇다 할 만한 것이 없다. 보다 구체적인 내용은 다음 두 페이지에 걸쳐 간략하게 나온다.

여기서 핵심적인 근거는 고이왕 이후에는, 이전과 달리 중요한 사람의 이름에 부(部)의 이름이 붙지 않는다는 것이다. 예를 들면 다음과 같은 것이다.

41년(서기 23) 봄 정월에 우보(右輔) 을음(乙音)이 죽자 북부의 해루(解婁)를 우보로 삼았다.: 四十一年春正月, 右輔乙音卒, 拜北部解婁爲右輔. (《삼국사기》〈백제본기〉 온조왕 41년)

라는 식으로 나오던 것이

---

11) 위세품(威勢品)운운 하는 얘기는 직접적인 근거와는 조금 거리가 있으니 여기서는 언급을 생략하기로 한다.

진의(眞義)를 내신좌평으로 삼았다.: 拜眞義爲內臣佐平 《삼국사기》

〈백제본기〉 비류왕 30년)[12]

라는 식으로 나온다.

　얼핏 보기에는 별 차이가 없는 것 같지만, 사람 이름 앞에 어느 부(部) 사람이라는 소개가 빠진다는 점이 중요하다는 뜻이다. 이를 두고 사람 이름 위에 부(部)의 이름을 같이 써 둔 이유는 당사자가 부(部)와 중앙정부에 이중으로 소속이 되었다는 뜻으로 해석했다. 그만큼 자기가 속한 부(部)에 많은 영향을 받았음을 반영한다는 것이다. 이런 식이라면 부(部)라는 것이 중앙정부 못지않은 영향력을 가지고 있다는 뜻이 된다.

　그런데 이게 정말 납득할 만한 근거인지는 의심스럽지 않을 수 없다. 지금도 정부의 중요 인사가 있을 때 그 사람이 어디 출신인지 소개하는 경우가 있다. 주요 인사의 임명 소식을 알리면서 출신 지역이 소개되면 그 지역이 대한민국 정부의 통제를 받지 않는다는 증거가 되나?

　백제인들이라고 정부 요직에 앉는 사람의 출신 지역을 중요하게 생각하지 않았을 리는 없다. 오히려 그 시대에는 지금보다 출신 지역을 더 따지면 따졌지 덜 따지는 시대는 아니었다.

12) 여기서 노태돈의 논문에는 주(註)가 조금 잘못되었음을 지적해 둔다. 분서왕(汾西王) 30년으로 되어 있는데, 분서왕은 7년까지밖에 왕위에 있지 못했다. 소개된 기록은 분서왕이 아니라 비류왕 30년의 기록인 것이다. 굳이 지적을 하지 않으면 기록을 확인할 때에 필자처럼 헤매는 사람이 생길 것 같아 바로 잡아 두는 것뿐, 이 자체가 심각한 오류라는 뜻은 아니다.

그리고 이름 앞에 부(部)를 밝히는 것도 임명할 때 한 번 밝히는 것으로 끝나지 항상 그러는 것도 아니다. 이 점은 위에서 소개한 온조 때의 기록만 봐도 나타난다. 이후에도 비슷한 패턴이 나타난다는 정도면 독자들께는 굳이 그런 기록을 다 보여 줄 필요도 없을 것이다. 그렇게 부(部)의 영향을 강조하고 싶었으면 그 사람 이름 등장할 때마다 따라다녀야 정상이지, 무엇 때문에 임명될 때에만 딱 한 번 나오고 마는지 모르겠다.

물론 고이왕 이후에 부(部)에 대한 표시가 사라진다는 차이가 있다고 할지는 모른다. 하지만 그렇다고 해서 이것이 부(部)체제가 해체되었기 때문이라고만 해석해야 하는 것은 아니다. 사회 분위기의 변화나 행정체제 개편 같은 단순한 변화도 얼마든지 이유가 될 수 있다.

지금 대한민국 사회도 비슷한 변화가 있었다. 어떤 때에는 개각이 있을 때마다 당사자의 출신지를 꼬박꼬박 밝혀 주다가, 나중에는 그런 것 가지고 패거리 갈리는 꼴이 보기 싫어 그런지 소개를 하지 않는 경우도 있다.

백제라고 해서 고이왕 이후로 비슷한 변화가 일어나지 말라는 법은 없다. 그러니 굳이 부(部)의 이름을 붙이지 않았다는 이유만으로 고이왕 이전은 부(部)체제, 이후로는 그 체제의 해체 시기라는 식으로 단언할 수가 없는 것이다.

장본인도 그런 점을 의식했는지, 심한 억측임은 인정하는 차원에서 논지를 전개했다.[13] 단지 이왕 억측이라도 해 놓은 것, 이 억측을

---

13) 이 점은 노태돈의 같은 논문 16쪽을 보면 확인할 수 있다.

전제를 하면 고이왕 27년을 기점으로 한 변화는 추측해 볼 수 있다는 뜻이다. 즉 장본인의 표현을 그대로 따르자면, 부(部)가 해체되면서 사람 이름 앞에 부(部)의 이름을 써 놓지 않는 변화가 일어날 만큼 인식의 변화가 있었음은 '억측'해 보는 차원이었던 것이다.

이렇게 보면 이런 근거는 몇 번 강조해 왔듯이, '직접적이고 구체적인' 것은 아니다. 더욱이 확실한 사실을 바탕으로 불확실한 사실들을 복원(復元)·구성해 나아가는 것이 역사학에 있어서 정상적인 방법이라 한다면, 여기서는 거꾸로 가고 있음을 알 수 있다. 즉 얼마든지 다른 해석이 나올 수 있는 기록들을, 자기들 멋대로 해석해 놓고 그런 전제 위에서 가장 기초적인 사실들을 믿지 못하겠다고 바꾸어 버린 꼴이라는 것이다.

두 번째로 소개된 노중국의 책에서도 이보다 나은 근거가 발견되지는 않는 것 같다. 무엇보다도 처음부터 문제를 삼아야 하는 점, 3세기 이전에는 무엇 때문에 백제가 나라 꼴을 갖추지 못했다고 보느냐는 점에 대해서는 직접적인 언급이 없기는 마찬가지라는 것이다.

여기서 근거라고 달아 놓은 단 한 가지 내용은 "《삼국사기》 백제본기에 의하면 고이왕 27(260)조에 6좌평 및 16관등제 등의 중앙집권적 관료제를 완비했다고 나오나, 이는 후세 백제인들의 고이왕 중시 관념에 의하여 조작"되었다는 것이다.[14]

이 내용은 앞서 노태돈이 별다른 근거를 달지 않고 주장했던 내용에 대해 그나마 근거를 찾아 보충하는 것이라고 볼 수 있다. 그렇다

---

14) 이 내용은 위에서 소개한 노중국의 같은 책 217쪽에 나온다.

면 백제인들이 기록을 '조작'했다는 근거는 확실한 것일까?

그 점을 확인하려면 여기서 주(註)라고 달아 놓은 노중국의 책을 확인해야 할 것이다. 보고서에서 소개된 해당 페이지인 217쪽 주변에 제시된 근거를 보자.

> 첫째, 고이왕 때 16관등의 관품(官品)과 관등(官等) 이름이 《주서(周書)》와 일치하고 있다.
>
> 둘째, 고이왕 때 좌평의 분설(分設)(6좌평)과 원수(員數) 및 그 소임(所任)에 관한 내용이 《구당서(舊唐書)》의 그것과 합치한다.

라는 것이다. 쉽게 말해서 고이왕 때 설치되었다고 하는 이른바 '16관등' 제도가 6~7세기에 해당하는 주(周)나라·당(唐)나라 제도와 비슷하니, 백제인들이 고이왕 때에는 있지도 않았던 제도를 조작해 놓았다고 보아야 한다는 뜻이다.

이 정도만 해도 백제인들이 마음먹고 역사를 조작했던 고대 일본의 대화(大和) 정권 뺨칠 정도로 파렴치한 역사 조작을 감행했다는 뜻이 된다. 물론 백제인들이 무엇 때문에 이런 짓을 했는지 보여 주는 근거는 전혀 없다.

하다못해 백제인들이 왜 하필 고이왕을 지목해서 역사를 조작하려 했는지에 대한 설명조차 없다. 그래서 장본인 스스로도 "이 문제를 설명해 주는 구체적인 자료는 없다."라고 인정했다.

따지고 보면 백제의 이른바 '16관등' 제도가 주(周)나라·당(唐)나라 제도와 비슷하다는 사실이 기록을 조작했다는 근거가 되지는 못한다. 달리 해석할 여지가 없지 않기 때문이다.

예를 들어 보자. 대부분 주변 국가들이 중국의 제도를 참고하는 것이 보통이기는 하다. 그렇다고 중원(中原)에 있던 나라들이 백제 같은 나라의 제도를 참고하지 말라는 법도 있나?

또 이 자체가 백제의 국가 성립과정 전체를 해석하는 데 결정적인 근거가 되는 것도 아니다. 만에 하나, 이유도 모르겠지만, 백제인들이 미친 듯이 고이왕을 그리워하여 그가 만들지도 않은 제도를 만들었다고 조작했다 치자. 그러니까 고이왕 이전에 백제가 나라를 세워 일어났던 모든 사건도 모조리 조작이라는 논리가 성립해야 하나?

결국 고이왕 때 설치되었다고 하는 '16관등' 제도가 주(周)나라, 당(唐)나라 제도와 비슷하다는 것만으로는 백제인들이 역사를 조작했다는 근거로서도 확실하지 않다. 더 나아가 《삼국사기》 백제본기에 나와 있는 기록이 모조리 조작되었으니 백제가 나라 꼴을 갖춘 시기도 늦추어 보아야 한다는 주장까지 연결되는 것은 추측도 보통 추측이 아니다. 사실 억측이라고 하는 편이 좀 더 정확할 것 같다.

그런데 이것을 빼 놓으면 《한일역사공동연구보고서》에서는 근거라고 할 만한 것이 더 이상 제시되지 않는다. 적어도 《한일역사공동연구보고서》에서는 별 근거도 없이 결론을 내려 버렸다고 해도 할 말이 없을 것이다. 이런 정도의 근거로 백제의 국가 발전 정도를 식민사학자들 뺨치게 늦추어 놓아야 한다고 주장한 셈이다.

신라 트집 잡기

신라에 대한 것은 더욱 간단하게 처리해 버렸다. 주(註)라고 달려 있는 것이 시민을 위한 '강좌용' 책에 실려 있는 자신의 글이 전부이다. 그래서 이름도 《강좌 한국고대사》이다. 자기가 지목한 페이지에 실려 있는 내용을 살펴보면 지도교수인 노태돈이 1975년에 낸 학설에 가담하겠다는 내용으로 요약된다. 5세기 전반 눌지마립간 때에 이르러서야 "단위 정치체인 6부를 왕권에 종속적으로 연합하여 초기 고대국가를 형성하였다."라는 것이다.[15]

그런데 막상 근거가 된 내용인 노태돈의 논문을 찾아보면 별다른 근거가 있는 것 같지 않다. 그 점을 확인하기 위하여 노태돈의 논문에 나와 있는 내용을 확인해 보자.

그의 논문에서 근거라고 제시된 것은 눌지 때에 와서 대수장(大首長)을 의미하는 칭호인 마립간(麻立干)을 쓰게 되었다는 점이 첫 번째이다. 두 번째 근거는 눌지 때에 석씨 계열인 실성(實聖)을 중심으로 한 세력을 제거했다는 것이다. 여기에 세 번째 근거로 붙는 것이 대외적으로 고구려, 왜(倭) 세력을 물리치는 상황을 보면 강력한 왕권을 바탕으로 연맹체 구성원으로 부(部)를 확립시켰다고 볼 수 있다는 것이다.

이 정도가 확실한 근거라고 할 수 있을까? 우선 칭호 문제부터 살펴보자. 여기서 근거로 삼은 것은 마립간이라는 칭호가 눌지 때부터

---

15) 실수였겠지만, 이 내용에 대해서는 페이지도 소개해 놓지 않았다. 이 내용이 실려 있는 정확한 페이지는 17~19쪽에 걸쳐 있다.

쓰이기 시작했다는 것이다. 이 칭호가 대수장(大首長)을 의미하기 때문에 마립간이 부(部)의 세력을 어느 정도라도 통제하는 정치체가 출현하는 단계로 보겠다는 뜻이다.[16]

그렇다면 왜 굳이 마립간이라는 칭호에 집착해야 하는지 의문을 달 수 있다. 거서간(居西干)이나 니사금(尼師今)은 대수장(大首長)의 의미가 전혀 없었다고 단언할 수 있나? 거서간이나 니사금, 심지어 차차웅(次次雄)도 신라의 대표격으로 내세운 사람에 대한 명칭이다. 갖다 붙이자면 이런 칭호도 대수장의 의미가 있었다고 할 수 있다. 이렇게 해도 반대 증거를 제시하기는 어렵다.

또 그렇게 칭호가 중요하다면 아예 정식으로 왕(王)을 쓴 시기부터 고대국가로 쳐야 하는 것 아닌가? 마립간이라는 칭호를 쓴 신라 왕은 고작 4대에 불과하다. 왜 하필 마립간 시기를 지목해야 하는가? 쉽게 떠오를 수 있는 이런 의문에 대해서는 전혀 언급이 없다.

눌지 때 와서야 석씨 계열을 제거했고, 대외적으로 고구려, 왜(倭) 세력을 물리치고 강력한 왕권을 확립했으니, 왕권 통제 아래에서 연맹체 구성원으로 부(部)가 확실히 성립했다는 주장도 이상하다. 정치적으로 석씨 세력이 이후 잘 나타나지 않는다는 의미는 있을지 모른다.

하지만 박씨 계열 같은 경우는 이후에도 왕비를 중심으로 많이 등장한다. 한참 이후이기는 하지만, 나중에는 다시 박씨 왕도 등장한다.

16) 여기에도 전제조건이 있다. 눌지 때부터 마립간을 썼다고 되어 있는 기록은《삼국사기》쪽이다.《삼국유사》에는 이와는 조금 달리 내물부터라고 되어 있다. 별다른 설명을 붙이지 않은 채,《삼국사기》기록을 채택한 것이다. 약간은 일방적인 측면이 없지 않다는 점만 밝히고 일단 넘어가기로 한다.

그만큼 무시할 수 없는 세력을 가지고 있었다는 뜻이다. 이런데도 석씨만 제거한 것으로 일사불란하게 김씨 왕 중심의 체제가 확립되었다고 할 수 있나?

신라시대에는 성(姓)에 대한 개념이 지금과는 완전히 다르다는 말도 있다. 신라 때 인물을 보면 아버지가 박씨인데 아들은 김씨인 경우까지 나타난다. 당장 눌지 때 인질을 구출해 왔던 1등 공신만 해도 박제상이라고도 하고 김제상이라고도 한다. 지금은 "성(姓)을 간다."라고 하면 치욕일지 몰라도, 신라 때에는 그렇지 않았다는 뜻이다. 박씨건 심지어 석씨건, 다 제거되어서 그런 것이 아니라 지금처럼 성(姓)에 집착할 필요가 없이 아예 성(姓) 자체를 바꿔 버린 사람도 만만치 않게 많다는 뜻이 될 수 있다.

정치적 대립과 분쟁은 굳이 실성과 눌지 사이에서만 있었던 것은 아니다. 그 이전에도 수많은 대립과 분쟁을 겪어 가면서 신라라는 나라가 성립했다. 김씨가 완전히 왕위를 장악한 후대(後代)에도 정치적 분쟁이 있기는 마찬가지였다. 그런데 굳이 이때의 분쟁만 부각시켜 김씨가 석씨를 제거했으니 국가체제 자체가 변화했다고 보아야 할 근거가 되나?

고구려나 왜(倭) 같은 외세(外勢)를 물리쳤다는 것도 별다른 근거가 될 수 없다. 이 세력들이 신라 건국 이래 지속적으로 신라에 간섭해온 상황을 눌지 때가 되어서야 벗어났다면 혹시 그런 의미를 가질는지 모르겠다.

하지만 고구려의 간섭은 눌지의 아버지인 내물왕 때 왜의 침략이 심해지자 일시적으로 끌어들였던 데에서 시작된 사태에 불과하다.

그러다가 이후로 고구려의 간섭이 심해지자, 거기서 벗어나려 했을 뿐이다.

방법만 해도 그렇다. 인질을 구출해 왔다는 정도이지, 신라 쪽에서 고구려와 왜에 강경하게 맞서서 간섭을 벗어났다고 하기도 어렵다. 장수왕 때 하슬라 성주가 고구려 변방 장수를 살해한 사건만 하더라도 신라 쪽에서 간곡하게 사과해서 분쟁을 해결했지, 고구려와 싸워 이겨서 격퇴한 것은 아니다.

왜(倭)에게도 마찬가지이다. 신라 쪽에서는 주로 화친을 시도해서 분쟁을 해결하려 했지, 왜(倭)와 싸워 이겨서 물리치려는 시도는 별로 없다. 오히려 화친을 맺고도 왜(倭)가 쳐들어오니까 어쩔 수 없이 맞서 싸웠을 뿐이다. 나중에는 백제와도 화친을 맺었고 이것이 고구려의 간섭에서 벗어나는 데에 결정적인 계기가 되었다.

이러한 사태의 흐름을 보면 신라 내부의 체제가 왕을 중심으로 하는 구심점이 확립되어 고구려와 왜(倭)를 물리쳤다는 식으로 볼 만큼 납득할 만한 근거는 아니다. 즉 신라가 국제 정세의 변화에 따라 대응했다는 사실을 인정할 수 있을 뿐이지, 이 사건들이 무슨 국내 체제의 변화를 반영한다는 근거가 될 수는 없다는 것이다.

뒤에 또 다른 근거가 꼬리처럼 붙어 있는 것도 있다. 소지왕(炤知王) 때에,

> 6월에 동양(東陽)에서 눈이 여섯 개인 거북을 바쳤는데, 배 밑에 글자가 쓰여 있었다.
> 《삼국사기》 신라본기 소지왕(炤知王) 10년)

라는 기록을 두고 "당대에 이미 6부족(部族)이 단일통합정부하(單一統合政府下)에 연맹체의 구성원인 육부(六部)로 성립되어 있음을 상징적으로 설화(說話)한 것이라고 본다."라는 학설을 인용했다.

쉽게 말해서 거북이 눈이 하필 6개라는 것이 6부족을 상징하는데, 이것을 왕에게 바쳤다니 통일된 정부 밑으로 들어왔다는 뜻으로 해석하겠다는 뜻이다. 그러나 이는 굳이 설명을 더 붙이지 않더라도 심한 억측임을 알 수 있을 것이다.

여기서 더 추가되는 내용이 있기는 하다. 그렇다고 해봐야, "신라 지방 세력의 무덤 규모가 중앙정부의 통제를 받았다고 보기에는 지나치게 크다."라는 바로 그것이다. 제법 그럴 듯한 근거라고 생각하는 사람이 있을지 모르겠지만, 이것도 직접적인 근거는 아니다.

무덤의 규모라는 것을 두고 이렇게 해석하는 수도 있겠지만, 다르게 해석할 여지도 크기 때문이다. 쉽게 말해서 어떻게 갖다 붙여도 되는 문제이기 때문에 근거가 될 수 없다는 이야기이다. 이런 근거로는 해석하는 방법이 수백 가지도 더 나올 수 있다.

이 경우에도 정말 신라 중앙정부가 지방 세력을 통제하지 못해서 그들의 무덤이 큰 것인지, 아니면 무덤 같은 것을 어떻게 만들든지 신경을 쓰지 않는 풍조여서 그런지 지금으로서는 확인할 수 있는 길이 없다. 그러니 여러 가능성 중 하나를 선택한 것뿐이지, 그러니까 "신라는 나라 꼴도 갖추지 못하고 있었다."라고 확인할 수 있는 근거가 아니라는 것이다.

여기에 반증이 될 수 있는 내용도 나온다. 자신의 책에도 "소국 수장의 큰 무덤에서는 경주에서 나오는 것과 비슷한 형식의 이른바 위신재(威信財)가 나온다. 특히 신라의 금관(金冠)과 비슷한 금동관을 그 지역 수장이 착용하였다는 것은 신라 조정과 긴밀한, 그러나 한 등급 낮은 지위에서의 관계를 맺었음을 상징한다."라고 써 놓았다.

쉽게 말하자면, 소국의 수장들이 자기 지역을 통치하는 데에 신라 왕실의 권위를 등에 업었다는 뜻이다. 이것을 후국(侯國)이라고 부르건 말건, 예속의 정도를 어떻게 평가하건 적어도 신라에 복속되어 있었다는 뜻이 된다는 것이다.

물론 복속의 정도가 어떤 수준이었는지 측정하기는 곤란하다. 조공-책봉 관계처럼 사실상 독립국가이면서 형식적으로만 복속이 된 것인지, 아니면 실제로 하나의 지방 역할을 하고 있었는지 알기가 어렵다는 것이다. 그렇다 보니 당사자까지도 신라 중앙정부와 지방 세력이 어떤 관계였는지 헷갈리는 듯한 태도를 보이고 있다. 그 내용을 한번 보자.

《삼국사기》신라본기에서는 이른 시기부터 신라가 사량벌국, 소문국, 이서국 등등의 소국(小國)을 정복하고 '군현(郡縣)'으로 삼았다는 기사가 보인다. 그 기년을 그대로 따르기 어렵다는 것을 전제하더라도, 이들 기사는 시사하는 바가 있다. 일찍이 신라에 복속되었다는 이들 소국이 있었던 지역에는 5세기까지도 큰 고분이 조영되었다. 그 지역 토착 수장의 무덤을 그 정도로 크게 조영할 수 있으려면, 그 수장은 상당한 권력을 장악하고 있었다고 보아야 한다. 만약 군현으로 편성되어 중앙에서 파견한 지방관이 직접 그 지역을 지배하였다면, 그렇게 큰 고분을 조영할 수 없다. 소국 수장의 큰 무덤에서는 (중략)

경주에서 출토되는 것과 유사한 형식의 금동관과 금은제의 장신구 등 이른바 위신재(威信材)가 출토되는 것을 볼 수 있다. 특히 신라의 금관과 흡사한 양식의 금동관을 그 지역 수장이 착용하였다는 것은 곧 신라 조정과의 긴밀한, 그러나 한 등급 낮은 지위에서의 관계를 맺었음을 상징한다. 이는 곧 이들 수장이 신라에 귀속된 뒤에도 그 지역에 자신의 세력을 유지하고 있었다는, 경우에 따라 신라 조정의 지원을 받으면서 그 지역 내의 경쟁자들을 누르고 세력을 확대하였다는 것을 의미한다. 이런 집단은 신라의 후국(侯國)과 같은 존재였다고 보아도 좋을 것이다. 실제 경주의 신라가 세력을 확대하여 원근의 여러 집단을 복속시켜 나아갈 때, 피복속 집단이 신라 조정에 예속된 형태는 다양하였을 것이다. 정벌하여 그 집단을 완전히 해체시켜 노예로 분배하거나, 또는 타지로 강제 이주시켜 버린 경우도 있고 읍락 단위로 집단예민화한 경우도 있을 것이다. 그리고 다른 한 경우는 일종의 하위 동맹국이나 종속국과 같은 형태로 상하관계를 맺어, 그 소국이 신라의 종주권을 인정하여 일정한 공납을 하며 때로는 군사적 조력을 하는 형태이다. 그 대신 신라 조정은 그 소국이 지녀왔던 기존의 자치권과 집단예민에 대한 지배권을 인정하며, 필요할 경우 군사·정치적 지원을 해 주어 다른 소국으로부터의 위협에 대응할 수 있게 하였을 것이다. 또 때로는 소국 내의 여러 집단들 간의 갈등에서 그 수장이 우위를 지키는 데 도움을 주었을 수도 있다. 즉 신라 조정은 소국의 수장에 대한 지원을 축으로 삼아 그 지역 일대에 대한 통제력을 뻗어 나갔으며, 소국의 수장은 신라 조정의 지원을 등에 업고 그 지역 사회의 강자로 군림할 수 있게 되었던 것이다.

구체적인 각 소국과 신라 조정과의 관계 및 그에 따른 각 소국의 예속 정도와 위상은 해당 소국의 세력 정도나 신라 조정과 상하관계를 맺을 때의 과정 등에 따라 차이가 있었을 것이다. 아무튼 5세기 무렵까지 소백산맥 이남의 신라 세력권 내의 각지에서 큰 고분이 조영되고 있었고, 경우에 따라 한 지역 내에서 여러 곳에 고분군이 있다가 그중 하나가 규모나 유물의 질적인 면에서 으뜸가는 위치를 점하게 되었고 그 고분군에서 경주의 그것과 유사한 위신재들이 다수 출토된다는 사실은 그러한 상정을 가능케 한다. 신라본기에서 신라가 일찍부터 이들 소국을, 뒷날 중앙집권적인 영역국가 체제에서 지방관을 보내 직접 통치하던 단계에 가서야 설치되었을 '군현(郡縣)'이란 형태로 지배하였다고 서술한 것의 실제적인 의미는 후국화(侯國化)로 이해하여야 하겠다. 이를 군현화로 기술한 것은 6세기 중반이나 그 뒤 시기에 사서를 편찬할 당시의 상황과 기준에 따라 그렇게 표현한 것으로 보인다.[17]

이 내용을 보면 큰 무덤을 만든 수장들이 신라의 통제를 받았다는 이야기인지, 독립적인 세력으로서의 지위를 유지하고 있었다는 뜻인지, 구별하기가 어려울 것이다. 일부러 그렇게 써 놓았다는 의심을 하지 않을 수가 없다. 심지어 자기 자신은 구별하고 있는지까지도 의심스럽다. 나중에 기회가 닿으면 변명을 한번 듣고 싶다.

앞에서는 그저 주변의 작은 나라가 신라에 복속되어 가는 과정에서 이런 형태도 있고 저런 형태도 있을 수 있다는 가능성만 늘어놓았

---

17) 노태돈, 앞책, 129~131쪽.

을 뿐이다. 그러고 나서는 나중에 직접 지배를 뜻하는 군현(郡縣)이라는 의미를 후국화(侯國化)라고 이해해야 한다고 결론을 지어 버렸다. 헛갈리는 말만 실컷 늘어놓아 정신을 빼놓고는 제멋대로 결론을 내려 버린 것이다.

거기에 여기서 제기된 유물이라는 근거만 가지고서는 예속의 정도를 측정할 방법도 없다. 유물이 보여 줄 수 있는 것은, 비교가 되는 지역의 문화가 얼마나 비슷했고 어떤 영향을 받았는지 정도에 불과하다. 정치적으로 어떤 수준으로 예속되어 있었는지는 말해 줄 수가 없다. 구체적인 기록이 없는 한, 유물만 가지고는 추정밖에 할 수 없는 것이다.

고구려·백제·신라가 나라 꼴을 갖춘 시기가 늦었다는 근거라는 것이 대체로 이렇다. 아무리 좋게 생각해 주어도 이 정도로는 몇 번 강조했듯이, '직접적이고 구체적인 근거'로서는 부족하다. 필자가 쉽게 제기할 수 있는 수준의 반론만 이 정도 나오는 것만 보아도 이들이 제기하는 근거가 얼마나 얼치기인지 알아보기 어렵지 않을 것이다.

자기들끼리는 검증이 끝났다고 주장할지 모르나, 아직도 반론이 제기되고 있다는 사실은 뒤집힐 여지가 남아 있다는 뜻도 된다. 따라서 이들의 주장은 아무리 좋게 해석해 주어도 그들 학파의 '학설'에 불과하다. 그렇다면 앞으로도 여기에 동의하지 않는 학자들과 많은 논쟁을 거쳐서 인정받아야 하는 험난한 과정을 겪어야 한다.

필자가 아는 한 이 과정은 끝났다고 할 수가 없다. 좀 더 심하게 말하자면 시작하지도 않았다. 《한일역사공동연구보고서》 자체나 거기에 인용된 책에서 반론이 있다는 사실부터 철저하게 침묵으로 일관하는 꼴을 보면 검증을 시도할 의지조차 없음을 알 수 있다. 그래 놓고 결론을 내 버린다? 이 자체가 무슨 뜻인지 알아보기 어렵지 않다.

다른 것은 다 그만두고라도 한일역사공동위원회가 무엇 때문에 만들어졌는지 상기해 보자. 여기에서 활동했다는 뜻은 대한민국 대표 학자라는 의미를 가지게 된다. 적어도 일본 측에서는 당연히 그의 주장을 한국학계의 대표적 주장으로 간주할 수밖에 없다. 여기에 대해 장본인이 뭐라고 생각하건 상관없이 세상은 그렇게 보게 된다.

그런 내용을 동문들의 억측으로 짜서 제출했다. 그리고 그 내용은 보여드렸다시피 식민사학의 논리에 뿌리를 두고 있다. 대한민국의 고대사를 식민사학의 논리로 짜서 일본에 팔아먹었다고 하면 지나친 말이 될까?

들리는 말로는, 한일역사공동위원회 분과 중에서 가장 화기애애하고 협조가 잘 되는 분과가 바로 고대사 분과였다고 한다. 그래서 공동 답사도 많이 다녔다고 한다.

근대사 분과 같은 곳에서 그렇게 얼굴을 붉히는 동안, 무엇 때문에 유독 고대사 분과의 분위기가 좋은지 의아해 하는 사람도 있었다. 하지만 연구 성과라고 내놓은 꼴을 보면 왜 그렇게 분위기가 좋았는지 짐작이 갈 것이다.

《삼국사기》 트집 잡기

초기 기록을 가지고 장난치는 학설을 하나하나 따지자면 책이 몇 권 나와도 모자랄 것이다. 그러니 식민사학의 영향을 심하게 받는 것 몇 가지만 소개하기로 한다. 그중에서도 걸작을 고르라면 아예《삼국사기》연표까지《일본서기》빰치게 조작되었다고 주장하는 학설을 추천하고 싶다.

물론 이러한 주장이 얼마나 황당한 논리인지에 대해서는 이전에 냈던 책에서 자세하게 소개했으니[18] 구체적인 내용은 생략하기로 한다.

하지만 거기서 미처 못 했던 이야기가 있다. 전에는 이것이 얼마나 엉터리인지 증명하는 데 정신이 팔려서 식민사학과 어떻게 연결되어 있는지에 대해서는 제대로 보여 주지 못했던 것이다. 이제 그 이야기를 여기서 해 보고자 한다.

우선 연표를 통째로 바꾸어야 한다는 발상부터가 그렇다.《일본서기》의 경우에는 실제로 연표를 조작했고, 또 그 점이 명백히 드러났다. 연표를 조정해야 한다는 사정을 충분히 납득할 수 있는 상황인 것이다.

하지만《삼국사기》는 무슨 근거로?《일본서기》만큼《삼국사기》연표를 조작했다는 명백한 증거 따위는 제시된 바가 없다. 기껏 근거로 댄다는 것이 사실이라고 믿기 어려운 기록이 나타난다는 정도이다.

예를 들어 탈해니사금(脫解尼師今)이 태어나기도 전에 수로와 술법 대결을 벌였고, 여기서 지는 바람에 신라로 망명해 왔다는 식의 기록이 나온다. 도저히 말이 안 되는 기록이라는 점을 굳이 설명드릴 필

---

18) 필자의 책,《거짓과 오만의 역사》, 119~153쪽.

요 없을 것이다.

또 호공(瓠公)이라는 사람도 기원전 20년에 혁거세의 사신 자격으로 마한에 갔던 적이 있다. 그런데 이 사람이 서기 65년에 해당하는 탈해니사금 9년에 알지(閼智)의 탄생과 관련된 사건에도 나온다. 임무를 가진 사신으로 갈 정도면 적어도 20세는 되었을 것이라고 보면 그는 탈해니사금 때까지 최소한 105년 정도 살았던 셈이 된다. 그것도 왕의 심부름을 다니고 정치에 참여할 수 있을 정도로 정정하게 살았던 것이다.

왕 자신이나 그의 선조·자손들의 수명에 도저히 납득하기 어려운 경우들이 발생하는 경우도 있다. 내물왕(奈勿王)의 할아버지라고 하는 구도(仇道)라는 인물이 내물왕보다 200년이나 앞선 2세기 후반에 활동했다는 식의 기록이 나오기도 한다.

이렇게 사실이라고 믿기 어려운 기록만 딱 떼어 놓고 보면《삼국사기》를 액면 그대로 믿어서는 안 된다는 주장이 설득력을 가질 수 있다. 사실 그 말은 맞는 말이다. 필자 역시《삼국사기》기록을 액면 그대로 믿자고 주장한 적은 없다.

그런데 대한민국 고대사학계를 뒤흔드는 '수정론'이라는 것 대부분이 이런 점을 지적하는 차원이 아니다. 생각보다 이 점을 오해하는 사람이 엄청나게 많다는 사실이 필자 같은 사람에게는 오히려 충격이다.

여기서 본격적으로 다루는 학설만 해도 그렇다. 믿을 수 없는 기록이 나온다는 점을 빌미로 잡아,《삼국사기》기록의 연표를《일본서기》뺨치는 수준으로 싹 뜯어 고쳐야 한다는 주장인 것이다.

'수정론'이라는 것 대부분이 이런 식이라는 것을 알면 《삼국사기》에 대해서는 동정을 할 만하다. 위에서 예를 든 정도의 사례는 《삼국사기》뿐 아니라 다른 고대사 기록에도 얼마든지 나타난다. 심지어 사건을 본 사람들이 시퍼렇게 살아 있는 현대사 기록에서도 앞뒤가 맞지 않고 믿지 못할 기록은 수도 없이 많다. 그렇다고 모조리 연표를 뜯어고쳐야 한다고 달려들면 무사히 남아날 역사가 없을 것이다.

또 내막을 들여다보면 후세의 역사가들이 친절하게 미주알고주알 설명해 주지 않고 퍼즐처럼 나타나는 당시의 기록을 오해하는 경우도 있다. 신라 왕의 계보에 혼선이 생기는 이유가 바로 이에 해당한다.

신라라는 나라가 유지되던 때는 지금처럼 아버지 중심으로만 족보를 짜는 시대가 아니었다. 또 극단적인 근친혼이 이루어지고 자유로운 성관계 속에서 아이를 낳던 시대였다. 그러니 그런 시대 사람들의 계보를 지금의 족보처럼 이해하려고 하면 헛갈릴 수밖에 없다.

《삼국사기》를 펴내던 고려시대 사람만 해도 헛갈리기 쉽다. 자신들이 알고 있는 계보와 완전히 개념이 다른 신라시대 계보를 정리하다 보면 인척관계를 제멋대로 만들어 놓기 쉽다. 거기서 생기는 오해 때문에 마치 할아버지와 손자 사이에 200년의 격차가 있는 것처럼 기록될 수 있는 것이다.

최근 연구에서조차 이러한 점을 철저하게 무시하려는 경향이 있다. 물론 이런 점들을 무시해야 《삼국사기》 기록을 못 믿을 것으로 몰아갈 수 있기 때문이라는 점이 작용하고 있다.

이렇게 보면 《삼국사기》만 트집을 잡으려고 안달하는 티가 확연히 드러난다. 왜 이러는지에 대한 해답은 이제 굳이 되풀이할 필요가 없을 것이다.

　다시 한 번 강조하지만, 그렇다고 해서 무조건 《삼국사기》를 믿자고 주장하자는 뜻은 아니다. 《삼국사기》라고 해서 잘못된 내용이 없을 수는 없다. 역사책으로서 《삼국사기》의 최대 약점은 사건이 일어난 당시에 기록된 내용이 아니라 수백 년이 지난 이후에 이런저런 기록을 모아서 써냈다는 데에 있다.

　제대로 된 기록이 다 남아 있기도 어려웠고, 그렇다 보면 기록을 주로 남긴 신라의 입장에 치우쳐 쓰기도 하고, 기록에 대해 오해를 하기 쉽다. 또 책을 편찬하는 사람들의 입장 때문에 일부러 왜곡을 하는 경우도 없다고 못 한다.

　그래서 어떤 경우에는 《일본서기》 기록이 더 신빙성을 가질 수 있는 때도 있다는 점을 필자 스스로도 주장한 바 있다. 이 정도 설명이면 《삼국사기》를 믿지 않으니까 식민사학자라고 몰자는 뜻이 아님은 분명해졌을 것이다.

　사실 기록의 신빙성을 제대로 평가하려면, 이 책은 믿을 만하니까 처음부터 끝까지 무조건 믿어야 하고, 저 책은 못 믿겠으니 모조리 엉터리로 처리하자는 태도를 가져서는 안 된다. 이런 태도는 거짓말쟁이는 처음부터 끝까지 거짓말만 하는 사람이고, 정직한 사람은 거짓말을 한 번도 하지 않는 사람이니, 누구 말은 무조건 믿지 말고 누구 말이면 무조건 믿어야 한다는 논리와 다르지 않다.

　이런 것이 얼마나 우스운 태도인지는 "세상에 최고의 거짓말이, 나는 살면서 거짓말을 한 번도 안 해 봤다는 말"이라는 유머(?)에서도 알 수 있다. 그러니까 기록의 신빙성을 제대로 평가하려면 하나하나의 기록을 면밀하게 분석하고 나서 결론을 내리는 것이 정상이다.

여기서 문제 삼고자 하는 점이 바로 이것이다.《삼국사기》초기 기록에 대하여 못 믿을 것으로 모는 데 있어서 그런 면밀한 분석 같은 것이 보이지 않는다는 것이다.

뒤바뀐 신뢰성

제대로 된 분석이나 검토 없이 제멋대로《삼국사기》를 못 믿을 것으로 몰아 버리는 사례를 보면 그것이 어떤 의미를 갖는 행각인지 이해할 수 있을 것이다. 그 첫 번째 사례로《삼국사기》를 깎아 내리기 위해서라면 차라리 황국사관으로 찌든《일본서기》기록을 인정하겠다는 경우부터 살펴보자.

보통은《일본서기》보다《삼국사기》를 더 믿는다.《일본서기》는 세계 역사상 유례를 찾기 어려울 정도로 마음먹고 역사를 조작했다는 점이 여러 군데에서 드러난다. 반면《삼국사기》는 그 정도는 아니다.

그러니《삼국사기》와《일본서기》양쪽에 같은 사건을 다르게 써놓은 내용이 나타나면《삼국사기》쪽을 믿어 주는 편이 역사의 진실에 가까이 갈 확률이 높다. 물론 그렇다고《삼국사기》를 무조건 믿자는 뜻이 아님은 이미 밝혔다.

진짜 문제는 별다른 이유도 없이, 또는 납득할 수 없는 이유만으로 한쪽을 무조건 믿어야 한다고 주장하는 경우이다. 그런데 대한민국 고대사학계에서는《삼국사기》에 트집을 잡다 잡다 못해 해괴한 이유로《일본서기》의 손을 들어 주는 현상까지 생긴다.

심지어《삼국사기》가 조작되어 있다는 근거로, 명백히 황국사관으로 찌들어 있다고 정평이 나 있는《일본서기》기록을 이용하는 것이다. 이런 태도는 학자적인 고민과는 아무 상관이 없다.《삼국사기》초기 기록을 못 믿겠다는 데에 바로 이런 생각이 심심치 않게 나타난다. 그 사례 중 하나가《삼국사기》연표를 가지고 장난치는 과정에서 나온다.

한국과 일본 고대사에 있어서 역사 왜곡 문제의 중심에 서 있는 신공황후(神功皇后)가 이번 문제에도 등장한다. 발단은 신라 왕자이자 첨해(沾解)니사금의 아버지라고 하는 석우로가 죽는 사건에서 시작된다.

《삼국사기》와《삼국유사》에는 석우로가 첨해니사금 때인 3세기 전반에 활동하다가, 왜와의 외교분쟁에 말려들어 살해당했다고 기록되어 있다. 그런데 이와 비슷한 내용이《일본서기》중 신공황후가 집권했던 시기에도 나타난다.

여기서 당장 의문이 생긴다. 신공황후는 4세기 중반에 활동한 인물로 본다.[19] 그런데 어떻게 3세기 전반에 죽은 석우로가 4세기 중반인 신공황후의 활동 상황 속에 나타날 수 있느냐는 것이다.

이 주장 역시 뿌리가 깊다. 그 뿌리를 확인해 줄 만한 원로 학자의 글을 인용해 보자.

---

19) 왜 이렇게 보는지에 대해서는 벌써 100년쯤 전부터 일본 학자들이 다 밝혀 놓았으니 구체적인 내용은 생략하기로 한다. 그래도 이 내용은 처음 접하는 독자들을 위해서 필자의 책,《거짓과 오만의 역사》, 99~103쪽에서 읽기 쉽게 정리해 놓은 부분을 참고하시라고 권하고 싶다.

진전 박사(津田 博士: 진전좌우길)는 실성왕(實聖王) 원년(402)에 미사흔(未斯欣)이 왜에 인질로 갔다는 것은 호태왕비(好太王碑)에서 보는 바와 같이 그 10년 경자(400)에 왜가 고구려군에게 신라에서 격퇴를 당하고 그 세위가 크게 떨어진 직후로서 신라에서 인질을 보낼 때가 아니라 의심스러운 일이라 아마 이것보다 좀 이전의 일일 것이며, 우로(于老) 관계 설화는 3세기 중엽의 왕으로 된 첨해왕(沾解王) 때로 되어 있으나 이 시기는 왜와 신라가 아직 접촉이 없는 때라 이것도 그보다는 뒤의 어느 때 일로 생각하여야겠다고 말하면서 대체로 4세기 후반 어느 때에 왜가 신라에 대하여 무력적 위압을 준 것을 사실로 인정하고 있다. 그리고 이것을 좀 더 구체적으로 그의 〈三國史記の新羅本紀について〉라는 논문 중에서 내물왕(奈勿王: 356~402) 시대에 왜군이 신라를 위압하였다고 추측을 가하고 있는 것은 대세론에 의하여 일반으로 인정되지마는 여기서는 동시에 신라를 중간에 두고 고구려와 왜와의 대립이 심각하였다는 사실이 종래 그다지 강조되어 있지 않은 감이 있다.《삼국사기》에서 조분왕(助賁王: 230~247) 시대에 고구려가 신라의 북변을 침략하여 우로가 출격하였으며, 다음 첨해왕 2년에 결화하였다는 것에 대하여 진전 박사는 아직 고구려와 신라가 교섭이 생길 때가 아니라 이 기사를 허구라고 부인하고 있는 것은 이 기사를《삼국사기》의 기년대로 생각할 때에 그렇게 말할 수 있을 것이지마는 우로에 관한 기사를 상기의《일본서기》의 기사와 관련시켜서 생각할 때에는 신라가 여왜양국 간(麗倭兩國間)에 끼여서 접촉하는 이보다 후시대의 활약 인물로 내리 잡아 생각할 수 있으면 문제는 좀

달리 이해할 수 있을 것이다.[20)]

역시 뿌리가 진전좌우길로 연결된다는 점을 알 수 있을 것이다. 이 내용을 비호하기 위하여 한국의 학자들이 대를 이어 충성을 한다. 원로 학자가 한 번 지지해 주고 끝나는 것이 아니라, 시대상으로는 전혀 식민사학의 영향을 받지 않았을 것 같은 지금의 현역 교수까지도 그렇다. 한 술 더 떠서 이보다 더한 논리도 내세운다.

《삼국사기》가 조작되었으니, 신라는 3세기에 세워진 나라이고 신라 역사에 나타났던 사건의 연표도 모조리 그 이후로 밀어 놓아야 한다는 주장을 하는 사람이 여기서도 활약을 했다. 그의 해석은 이렇다. 《삼국사기》와《삼국유사》에서 석우로의 활동 시기를 조작했다는 것이다. 매우 간단명료한 결론이다.

결론은 간단하지만, 그 근거는 매우 의미심장하다. 여기서 굳이 《일본서기》를 믿어야 하는 이유가 걸작인 것이다. 우로와 관련된 "신공황후 때의 '신라왕의 항복과 피살' 이야기는 이른바 신공황후의 신라정벌 사건과 직접적으로 관련되기" 때문에 "이 전승(傳承)은 신공황후에 관한 기록의 가장 '핵심적'인 것"이고 따라서 "고대 일본인들의 뇌리에 깊숙이 자리 잡고 있었을 이 사건을 신공황후의 시기와 떼어 놓고 이해한다는 것은 난센스"라는 것이 바로 그 이유이다.

쉽게 말해서 신공황후가 신라를 정벌해서 신라 왕의 항복을 받고, 그것도 모자라서 신라 왕을 고문하고 죽인 사건이 '고대 일본인의 뇌

20) 이홍직(李弘稙),《한국고대사(韓國古代史)의 연구(硏究)》, 신구문화사(新丘文化社), 1971. 129~130쪽.

리에 깊숙이 자리 잡고 있는' 사실이라는 뜻이다. 즉 고대 일본인들이 이런 영광스러운(?) 사건이 일어난 시기를 제대로 기억하고 있지 못했을 리 없으니, 이 사건이 4세기 중반인 신공황후 때에 일어났다는 점을 의심할 수 없다는 주장인 것이다.

이런 주장을 하면서, 신공황후의 정벌 기록이 고구려·백제까지 싸워 보지도 않고 항복해서 번국(藩國: 속국이라고 이해하면 큰 무리가 없다.)이 되겠다는 맹세를 했다고 기록할 정도로 과장되어 있음은 애써 무시한다. 이 부분은《일본서기》기록 중에서도 황국사관으로 심하게 찌들어 있다고 꼽히는 기록인 것이다.

더 나아가,《일본서기》의 연표 조작이 신공황후를 중심으로 이루어졌다는 점은 물론, 심지어 자기 스스로 4세기 중반이라고 했던 신공황후의 활동 시기가《일본서기》에는 3세기 전반이라고 되어 있다는 점은 언급하려고도 하지 않는다.

예전에도 몇 번 언급했듯이,《일본서기》에 3세기 전반에 활동했다고 되어 있는 신공황후를 4세기 중반 사람으로 치는 이유는《삼국사기》연표가 더 정확하다는 전제 아래《일본서기》연표를 조정했기 때문이다. 그런 것을 뻔히 알면서도, 여기서는 그렇게 조정된 신공황후의 활동 시기에 맞추어 다시《삼국사기》를 조정해 버리는 어처구니없는 짓을 한 것이다. 이 정도면 황국사관에 대한 추종이 거의 조건반사 수준이다.

설마 대한민국에서 교수까지 하는 사람이 망해 버린 일본제국에 대한 충성심 때문에 이런 소리를 하지는 않을 것이다. 그렇다면 원인은 간단하다.《삼국사기》에 대해 알레르기 반응을 일으키는 습관이 이렇게까지 발전했다고 보면 된다.

그리고 이런 학설이 동문들의 열화와 같은 노력으로 이제 정설처럼 자리 잡고 있다. 혹시라도 필자가 쓸데없이 과장한다고 생각하는 사람이 있다면 최근에 발표되는 고대사학회의 논문을 살펴보라고 권하고 싶다. 이런 학설을 아예 전제로 놓고 쓴 논문이 많다.

심지어 대한민국의 공식적인 국사편찬기관인 국사편찬위원회의 《한국사》에서도 이런 학설을 상당히 비중 있게 다루어 주고 있다. 당사자도 승승장구를 거듭하여 얼마 전에는 우리 아이들이 보는 수학능력시험의 국사 부분을 출제하기도 했다. 앞으로 이런 사람의 비위를 거스르면 대학에 가기도 어려워질 것 같다.

이유 없는 타임워프

영문도 모르고 미래로 시간여행을 한 사건은 이것 말고도 많다. 일일이 다 다룰 수는 없으니 한 가지만 더 취급해 보기로 하자. 식민사학 추종자들의 시간여행 쇼에 도매금으로 딸려 들어간 사건 중 하나가 이른바 '포상팔국(浦上八國)의 난'이다.

사건의 개요는 간단하다. 가야 세력권 안에 있던 8개의 나라가 작당을 해서 그동안 맹주 노릇을 했던 가라국(보통 금관가야로 추정한다.)에 반기를 들고 나섰다. 이 사태를 혼자 힘으로 해결할 수 없다고 판단했던 가라국에서는 사이가 좋지 않았던 신라에 구원을 요청해서 사태를 진압했다.

물론 국제관계에 공짜는 없다. 신라가 그동안 전쟁까지 여러 차례 벌였던 가라를 굳이 도와준 이유는 뻔하다. 도와준 대가로 앞으로는 찍소리 말고 신라에 협조하라는 뜻이다. 실제로 가라국에서는 왕자가 인질로 신라에 가는 상황이 벌어졌다. 그리고 신라와 분쟁을 벌이는 일도 당분간 나타나지 않는다.

얼핏 단순해 보이는 사건이지만 그 의미까지 작지는 않다. 이 사건은 신라가 가야 세력을 누르고 낙동강 지역을 장악했다는 의미가 있는 것이다. 즉 신라가 주변 세력의 견제를 이겨 내고 나라를 기틀을 잡게 되는 시기와 연관이 된다는 뜻이다.

《삼국사기》와 《삼국유사》에는 이 사건이 3세기 전반에 해당하는 내해니사금(奈解尼師今) 때에 일어났던 것으로 기록되어 있다. 그런데 이 사건이 100년이나 뒤인 4세기 전반에야 일어났다는 주장도 있다.

바로 이 주장 때문에 이 사건이 일어난 시점이 문제가 되기 시작한 셈이다. 사건이 일어난 시기에서 문제가 생기는 의미는 이렇다.

이 시기를 《삼국사기》·《삼국유사》에 나타나는 대로 3세기 전반임을 인정한다면, 신라라는 나라가 이쯤에서는 가야 정도의 세력이 넘보기 어려울 만큼 강력한 파워를 가진 나라로 자리 잡았다고 보게 된다. 그게 아니라 4세기 전반에 이 사건이 일어났다면 신라는 그제서야 겨우 낙동강을 장악할 세력을 키웠다는 뜻이 된다.

그런데 왜 멀쩡하게 3세기 전반에 일어났다고 기록되어 있는 사건에 대해 시비를 걸고 나올까? 이른바 '포상팔국의 난'이 4세기 초반에 일어났다고 주장한 장본인이 그 유명한 식민사학자 말송보화라는 점을 알고 나면 감이 잡힐 것이다.

4세기가 한국이나 일본 고대사 해석에 있어서 결정적인 역할을 하는 시기라는 점은 필자만 해도 여러 차례 강조한 바 있다. 그렇게 중요한 시기에 한반도와 일본열도에 있던 세력들이 얼마만큼 세력을 키워서 어떠한 움직임을 보이고 있었느냐는 한국과 일본의 고대사 해석에 결정적인 영향을 줄 수밖에 없다.

그냥 겉으로 드러난 사건만 보아 가지고서는 전문가 아닌 사람들이 이런 의미를 찾기 어려울 것이다. 하지만 숨겨진 이런 의미를 알고 나면 말송보화 같은 자가 무엇 때문에 이 사건이 일어난 시기를 악착같이 4세기 전반으로 옮겨 놓으려는지 짐작하기 어렵지 않다. 대한민국의 추종자들은 아무 생각 없이 말송보화 같은 식민사학자의 논리를 따라 가는지 모르겠지만, 정작 식민사학자들이 아무 생각 없이 이런 장난을 치지는 않는다.

여기서 한 번 더 확인하고 넘어가자. 사건이 일어난 시기를 옮겨야 할 만한 확실한 근거가 있다면 식민사학 운운하며 욕을 할 필요가 없다는 점 말이다. 아무리 기분 나쁜 내용이라도 사실이라면 인정하는 것이 도리니까.

그런데 이 문제에 있어서는 근거라는 것이 좀 우습다. 제일 먼저 제시되었다고 알고 있는 근거가 "4세기 초 낙랑군·대방군의 소멸과 그에 따른 선진문물 교역의 단절 때문"이라는 것이다. 좀 어려운 말을 쓰면서 알아듣기 어렵게 만들어 놓은 말을 쉽게 풀어 주면 이렇다. 중국의 선진문명을 한반도로 공급하던 낙랑군·대방군이 없어지니까, 가야 세력이 자기들끼리 치고받는 사태가 터졌다는 뜻이다.

머리가 나빠서 그런지는 몰라도 필자의 눈에는 "까마귀가 날면 배가 떨어져야 한다."라는 논리로밖에 보이지 않는다. 낙랑군·대방군이 없어지는 사태가 가야 세력들끼리 서로 치고 받고 해야 할 필연적인 이유가 되는가?

옆에는 그동안의 경쟁 상대였던 신라가 시퍼렇게 날을 세우고 있었다. 이런 사태를 맞는 사람들의 심리라면 얼른 다른 루트를 개척하려고 애쓰는 것이 보통일 것이다. 자기들끼리 치고받고 할 여유가 있었는지 의심스럽다.

또 그런 논리라면 신라에서는 왜 내분이 생기지 않았다고 하는지 궁금하다. 설마 가야 사람들만 성질 더러워서 밖에서 생긴 문제 가지고 서로 화풀이했다는 소리는 아닐 것이다.

아무리 좋게 생각하려 해도 사건이 일어난 시기를 100년이나 미루어야 한다는 이유치고는 애매하다. 그런데 이렇게 흐리멍덩한 이유를 대놓고, 신라라는 나라의 발전에 대한 평가가 나와 버리는 것이다.

이런 논리를 대한민국 고대사학계에서 여러 사람이 쫓아가고 있다. 심지어 자타가 공인하는(?) 가야사 연구의 1인자라는 사람은 그 흔한 주(註) 하나 붙여 놓지 않고 박사학위논문에서부터 말송보화의 논리를 인용하고 있다.[21]

연구 성과를 제품에 비유하자면, 여기에 들어가는 주요 주장은 상당히 중요한 핵심 부품에 해당한다. 바로 이렇게 중요한 핵심 부품을

---

21) 학문적으로 까다로운 나라라면 당장 표절로 몰릴 일이지만, 대한민국에서는 이 정도 내용은 문제를 삼지 않는 것이 관행이다. 좀 더 정확하게 말하자면 대한민국에서는, 적어도 고대사학계에서는 이런 걸 지적하는 놈을 더 나쁜 놈으로 치는 관행이 있다. 힘없는 필자가 어찌 할 수 없는 관행이니 일단 그냥 넘어가기로 한다. 단 이런 관행이 어떻게 해서 생겨나게 되었는지는 뒤에서 좀 더 다루어 볼 것이다.

말송보화 같은 식민사학자가 제공하는 대로 써서 제품을 만드는 셈이다.

제품의 질이 어떻게 될지는 뻔하다. 일본의 냄새를 풀풀 풍기는 제품을 만들게 된다는 점을 의식해서인지 보다 적극적으로 나서는 경우도 있다. 앞서 말한 말송보화의 주장을 자기 박사학위논문에 주(註)도 없이 이용한 당사자가 그에 해당한다.

남의 것을 베껴왔던 것이 찜찜했는지 아니면 하도 말송보화의 논리에 심취해서 그랬는지, 고고학까지 동원하여 말송보화 감싸기에 나섰다. 그 내용은 이렇다.

경남 지역에 대한 해당 시기의 발굴 성과가 충분치 못한 상태이므로 추후의 진전을 더욱 지켜보아야 하겠지만, 김해를 중심으로 한 주변 지역에서 3세기 이전의 유적이 다수 발견되었음에 비하여 골포(骨浦: 지금의 마산)·고사포(古史浦: 지금의 고성)·사물국(史勿國: 지금의 사천) 등 마산 이서(以西)의 경남 해안지대에는 당시 유적이 질·량 면에서 훨씬 부족한 것은 위에서 언급한 우열의 차이가 반영된 것이 아닐까 한다. 그러므로 3세기 전반의 그러한 상태라면 서부 경남의 포상팔국은 가야국을 공격할 만한 이유도 실력도 없었던 것이라고 하겠다.[22)

이 내용도 전문가들 아닌 사람들이 보기에는 다소 어렵지만 쉽게

---

22) 김태식(金泰植), 《가야연맹사(加耶聯盟史)》, 일조각(一潮閣), 1993. 82쪽.

풀어 주면 별것이 없다. 유물이 발견되는 사정으로 보아, 포상팔국에 속했던 나라들은 별로 힘이 없는 나라들이었던 것 같다는 뜻이다. 그러니 가야국에 대들 힘도 없었을 것이고, 그 주제에 실제로 난리를 일으켰을 리가 없다는 이야기이다.

그런데 가만히 뜯어 보면 논리가 좀 이상하다. 포상팔국이 힘없는 나라들이었다는 근거부터 그렇다. 자기 말로도 "발굴 성과가 충분하지 못한 상태"이다. 그러면 그 나라들이 실제로 힘이 없었는지, 아니면 아직도 발굴되지 못한 유물이나 유적이 많아서 그렇게 보이는지 구별할 수조차 없는 상태이다.

그보다 먼저, 발굴 성과로 힘이 있었는지 없었는지 따지려면 그 나라들의 정확한 위치부터 알아야 할 것이다. 그런데 스스로도 그 나라들이 지금의 어디에 붙어 있었는지를 제대로 짚어 내지 못한다.

어디 붙어 있었는지 알지도 못하는 나라들의 국력을, 지금 전부 나왔는지조차 모르는 유물의 상태로 판단해서 결론을 짓겠다? 이런 논리가 성립할 수 있는지 의심스럽다.

거기에 백 번을 양보해서 포상팔국에 속한 나라들이 힘이 없었다고 치자. 그렇다고 반항도 못했어야 한다는 논리는 도대체 뭔지 모르겠다. 혼자서는 힘이 없으니까 8개나 되는 나라들이 뭉쳐서 가야국에 대들었던 것 아닌가? 그리고 여럿 합쳐서 힘이 안 된다고 해도 견디기 어려울 정도로 압력을 넣는 힘센 나라에 대드는 일은 없어야 하나? 지금도 이런 일은 많이 일어나는데 왜 굳이 가야가 있던 시대에는 안 된다고 하는지 이해하기가 어렵다.

가만히 보면 이런 말 같지 않은 논리가 나온 이유가 어떻게 해서든지 말송보화의 논리를 변명해 주는 결과밖에 되지 않는다. 그런데 대한민국에서 제일 좋은 대학에서 받은 박사학위논문에서 바로 이런 논리를 펴고 있는 것이다.

이렇게까지 말송보화의 논리를 정당화하려 애쓰는 모습은 정말 눈물겹다. 뼈를 깎는 것처럼 힘들게 찾아내는 이런 근거들이 어떠한 발상에서 나오는 것임을 알아보기 어렵지 않다.

자기들이 원하는 역사를 만들어 내기 위해서는 사건이 일어난 시점을 옮겨 놓는 심각한 문제에 대해서도 이렇게 근거 같지 않은 근거면 충분하다고 생각하는 것이 식민사학자들과 그 추종자들의 태도이다. 근거 같은 것은 필요 없다는 것이 그들의 솔직한 심정일지도 모른다. 그리고 이것이 바로 식민사학의 영향을 받은 자들의 '이론과 체제'라는 것이다.

2. 뒤바뀐 힘의 균형과 임나일본부

4세기, 신공황후, 그리고 백제

한반도에 고대국가가 세워졌던 시기를 늦추고, 이를 위해 사건이 일어난 시점까지 제멋대로 뒤로 밀어 놓았던 근본적인 이유는 고대 일본의 대화(大和) 정권이 한반도에 있던 나라보다 강력한 힘을 가지고 영향력을 행사했다는 말을 하기 위해서라고 할 수 있다. 말송보화의 이른바 '임나일본부설'이라는 것도 따지고 보면 이런 주장을 나름대로는 체계적으로 정리한답시고 만들어 낸 학설이다. 전형적인 식민사학의 논리가 바로 이런 것이니 되풀이하는 것 자체가 잔소리가 될지 모르겠다.

물론 이 학설이 얼마나 엉터리였는지는 여러 사람이 다루었으니 굳이 또다시 언급할 필요는 없을 것이다. 하지만 아직도 대한민국 고대사 학자라는 사람들 중에서는 이 체계에 대해서도 은근히 추종하는 사람이 많다. 물론 말송보화가 주장했던 그대로는 아니지만, 대화

(大和) 왜가 한반도 국가보다 우위에 서서 영향력을 행사했다는 구도는 지금도 따라가는 사람이 많다는 것이다. 그 시발점은 역시 원로학자들에게서부터 시작된다.

"왜인의 무력은 이들(가야) 제국(諸國)의 후원거리"23)라는 몇 마디가 식민사학자들이 그려 놓은 고대 동아시아 국제정세의 틀을 그대로 쫓아가고 있음을 보여 준다. 왜의 무력을 배경으로 해서 간신히 세력을 보존하고 있었다는 가야는 말할 것도 없고, 왜 때문에 가야를 건드리지 못한 꼴이 되어 버리는 백제·신라도 형편없는 나라가 되기는 마찬가지이다. 물론 대한민국에서는 이런 구도가 아니었다고 믿는 사람이 많다. 그래서 아직도 논란이 벌어지고 있는 것이다. 이 논란에 결정적인 역할을 하는 것이 4세기의 국제정세이다.

몇 번 강조한 바 있듯이, 4세기는 동아시아 국제정세를 이해하는데 있어서 중요한 시기이다. 고구려를 중심으로 형성된 강력한 세력과 이에 대항하는 백제·가야·왜 세력의 충돌이 본격적으로 벌어지는시기가 4세기 말에서 5세기 초이다. 이러한 세력 판도가 만들어지는시기가 바로 4세기이다. 따라서 이 시기를 어떻게 해석하느냐에 따라한국과 일본의 고대사가 완전히 다르게 그려지는 것이다.

여기서 주목되는 세력이 백제와 왜이다. 반대편 세력이 강력한 고구려를 중심으로 형성되어 있었다는 점에 대해서는 누구도 군소리를 하지 않는다. 문제는 그 고구려에 저항하는 반대편의 연합세력이 있었음은 분명한데, 그 세력의 중심이 누구였느냐에 대해 아직도 말이

---

23) 이병도(李丙燾),《한국고대사연구(韓國古代史硏究)》, 박영사, 1976. 383쪽.

많다는 점이다.

이 상황 파악에 중요한 열쇠로 작용하는 사건이 《일본서기》에 나타나는 신공황후 49년(369)에 일어났다고 되어 있는 마한과 가야 정벌에 대한 기록이다. 《일본서기》의 특성상, 기록 자체는 신공황후가 가야는 물론 마한까지 정복했던 것으로 나타난다. 하지만 워낙 이상한 점이 많이 드러나는 기록이라 액면 그대로 믿는 사람은 그리 많지 않다.

물론 그래도 믿겠다는 사람이 없는 것은 아니어서 학설이 크게 세 가지로 나뉜다. 첫째는 《일본서기》에 나오는 대로 신공황후가 가야·마한 등을 정벌했다고 믿겠다는 것이다. 둘째는 애써 정복한 땅을 백제에게 거저 주어 버렸다든가, 나중에 백제 성왕(聖王) 때에 자꾸 근초고왕·근구수왕 때에 가야와 특별한 관계가 맺어졌음을 강조한다든가 하는 등의 사실을 근거로 백제가 사실상 이 정벌을 주도했다고 보는 학설이 있다. 《일본서기》를 편찬하면서 대화(大和) 정권이 마치 이 정벌 사업을 자신들이 주도했던 것처럼 조작해 넣었다는 것이다. 세 번째는 아예 이런 정복 사업 자체가 4세기 중반에는 있지도 않았다는 학설이 있다.

여기서 지루하게 어느 학설에 더 타당성이 있는지 따질 필요는 없을 것이다. 그런 이야기라면 이전에 책에서 충분히 다루었으며,[24] 반론이 제기되면 언제든지 응할 용의가 있다. 그러니 쓸데없이 논점을 흐트러뜨리기보다, 이 책에서 따지려는 요점에 집중하기로 한다.

---

24) 이에 대한 학설사 정리는 이희진(李熙眞), 《가야정치사연구(加耶政治史硏究)》, 학연문화사, 1998. 38~63쪽 참조.

여기서 눈여겨보아 두어야 할 점은 얼핏 보기에 세 번째 학설이 제일 공평해 보인다는 것이다. 그래서인지 한국과 일본의 많은 학자들이 이 학설을 지지한다. 그런데 주의할 점이 있다. 이 학설을 주장했던 원조(元祖)가 바로 진전좌우길이라는 사실이다.

진전좌우길이 황국사관을 강조하고 의식했음을 잊지 않고 이 학설을 주장한 의도를 생각해 보면 껍데기만 보는 것과는 완전히 다른 측면이 보인다. 겉으로 보기에는 상당히 공평해 보이는 이 학설을 좀 더 파헤쳐 보면 결국 식민사학자들에게 유리한 상황을 제공하게 된다는 것이다. 이 점을 알아보는 사람이 별로 없다.

4세기 지우기

무엇 때문에 식민사학자들에게 유리한지는 조금 복잡하다. 그 점을 설명하려면 한국과 일본 고대사에 있어서 식민사학적 논리에 결정적인 역할을 했던 기록들부터 시작해야 한다. 바로 위에서 제시한 《일본서기》신공황후 49년의 기록과 광개토왕비 신묘년조의 기록, 그리고 역시 광개토왕비 영락 14년의 기록이다.

신공황후 49년의 기록이 식민사학자들의 논리에 중요한 역할을 했다는 점을 더 설명할 필요가 없을 것이다. 그 자체가 대화(大和) 정권의 영광스러운 정복의 역사이니까.

하지만 아무리 식민사학자라 하더라도 이것만 집중적으로 강조하지는 않는다. 어차피 이 기록은 자체적으로도 이상한 점이 많고, 이미 드러날 만큼 드러난《일본서기》의 속셈을 감안하면 여기에 이렇게 나오니 그대로 믿으라는 말을 하기가 곤란하다. 사실 이 기록 하나만 있었다면 "별 헛소리를 역사랍시고 써 놓았다."며 그냥 웃고 지나가 버렸을지도 모른다.

그렇게 되지 않고 아직도 논란이 벌어지는 이유는 이걸 뒷받침하는 것처럼 보이는 기록들이 나타났기 때문이다. 엉뚱하게도 광개토왕비가 바로 그 역할을 해 버린 것이다. 문제의 기록 중 첫 번째가 바로 그 유명한 신묘년조(辛卯年條) 기록이다. 여기에 고구려의 속민(屬民)으로 있던 백제·신라 등을 왜가 정복해 버렸다는 기록이 나온다.

여기에 그치지 않고, 영락 14년에는 왜 때문에 거의 망해간다는 말이 나올 정도로 신라가 압박을 받았다는 기록이 나온다. 이 때문에 광개토왕이 당시로서는 대단한 병력인 5만의 보병·기병을 보내 신라를 구원했다고 되어 있다.

식민사학자들의 입장에서는 그야말로 신이 날 내용이다. "우리 조상의 기록은 조작했다고 몰아 버릴 수 있겠지만, 너희 조상의 기록에까지 그렇게 나오는 것은 어쩔 거냐?"라는 논리가 성립한 것이다. 그래서 지금까지도 백제·신라 같은 나라들이 일본에 휘둘리면서 명맥을 유지했다고 믿는 사람이 제법 많다.

광개토왕비는 한국 사람들이 끔찍이 좋아하는 고구려의, 그것도 최고의 전성기를 이루었다는 광개토왕의 업적을 기리는 비석이다. 여기에 신공황후의 정복활동을 뒷받침하는 듯한 기록이 나타나《일본서기》기록과 절묘하게 조합되어 버린 꼴이다.

물론 이는 거의 착시(錯視)현상에 불과하다. 왜 착시라는 말까지 하는지는 앞에서 소개한 책에서 이미 정리를 해 놓았고 여기서 다루기는 너무 복잡하므로 일단 생략한다. 하지만 이런 그림이 허구라는 점을 보여 주는 요소가 바로 백제의 존재라는 점을 확실히 해 두고 싶다. 이때 고구려의 남쪽에서 가장 강력한 라이벌이 백제였다는 점이 식민사학자들이 그려 내려 했던 역사적 상황을 뒤엎어 버린다는 것이다. 광개토왕비 신묘년조도 바로 이런 점에 주목하여 뒤집혀 해석된다. 왜는 액션영화에 즐겨 등장하는 트릭스터(trickster) 역할에 불과했다는 학설이 유력하게 등장해서 많은 학자들이 이 학설을 지지한다.[25]

또한 《삼국사기》 고구려본기에는 왜를 입에 올렸던 기록이 하나도 없다. 정말로 왜가 고구려의 중요한 라이벌이었다면 이렇게까지 언급이 없었을 리가 없다. 한두 개 기록에 의지해서 이런 결론이 나오는 것이 아니라, 수백 개에 달하는 기록들의 흐름이 그렇게 나오는 것이다. 고구려에게 그런 취급밖에 받지 못했던 왜가 백제의 비중을 대치할 대상이 되지 못한다. 식민사학자들이 제공한 그림을 깨는 데 난감한 문제였던 영락 14년의 신라 구원 문제 역시 백제의 역할을 감안해 보면 간단히 풀릴 수 있다.[26]

물론 이런 그림을 식민사학자들이 용납할 수는 없었다. 그래서 은근히 '백제 깎아 내리기'에 나서게 된다. 그 방법이 바로 '4세기 지우

---

25) 이에 대해서는 이미 소개한 이성시 책의 같은 부분을 참조하면 된다.

26) 지금도 백제군이 이 전쟁에 나타나지 않았다는 점을 트집 잡는 경우가 있기는 하지만 설명될 수 없는 문제는 아니다. 이에 대해서는 [이희진(李熙眞), 《전쟁의 발견》, 동아시아, 2004. 95~132쪽]과 [《가야정치사연구(加耶政治史研究)》, 학연문화사, 1998. 108~125쪽]을 참조해 주시기 바란다.

기'이다. 4세기에 벌어진 상황을 지워 버리는 것이 당시 국제정세에서 백제의 역할까지 없애 버리게 되는 이유는 이렇다.

백제가 4세기부터 5세기 초반은 물론 6세기까지 동아시아 국제정세에 상당한 역할을 했다는 근거는 결국 4세기 중반 근초고왕의 활약에서 찾게 된다. 6세기에 이르러서도 성왕이 '임나재건'을 외치면서 계속 팔아먹어야 했을 만큼 백제에 있어서는 중요한 사건이었다. 이런 사건을 "없었던 일로 해주세요."해 버리면 어떤 결과가 날지 뻔하다. 뒤이어 벌어지는 중요한 사건들을 백제와 연결 지어 해석할 수 있는 연결고리 자체가 없어져 버리는 것이다. 진전좌우길을 비롯한 일본 학자들이 악착같이 이 사건을 '없었던 일'로 만들려는 의도는 바로 이런 뜻이다.

식민사학의 희생자, 매장된 천재 천관우

진전좌우길과 그 추종자들의 놀음에 밀려 생매장 당해 버리다시피 한 학설이 있다. 바로 두 번째, 천관우(千寬宇)가 제기한 학설이다. 이 학설의 의미는 식민사학이 제공해 준 고대사의 구도를 깨는 데 기본적인 아이디어를 주었다는 것이다. 4세기 중반부터 백제가 고구려에 대항하는 연합체를 만들어 나아간 계기도 역으로《일본서기》에서 찾게 해주었다.

한마디로 요약한 이 학설의 핵심은 4세기 중반 마한과 가야 등의 지역을 정복했던 세력을 백제로 본다는 것이다. 학설이 발전해 나아가는 과정을 감안해 볼 때 획기적인 '발상의 전환'이다. 남들은《일본서기》기록에 나타나는 글자와 내용에만 집착해 헛소리인 게 뻔한 대화(大和) 정권의 정복을 인정하든가, 기껏 비판을 한다는 것이 "없었던 일로 하자." 정도였던 데에 비해 이 학설에서는 정복의 주체 세력을 바꾸어 보았다.

단순히 남들과 다른 생각을 했다고 중요한 학설이라는 것이 아니다. 근거 없는 헛소리라 하더라도 '발상의 전환'을 했다고 할 수는 있다. 북한에서 제기된 이른바 '분국설(分國說)' 같은 경우, 남들과 다른 발상을 했다는 자체는 인정받는다. 하지만 자기 자신의 학설에 앞뒤가 맞지 않는 근본적 모순을 해결하지 못했다.

물론 이 학설 자체에 약점이 없다는 뜻은 아니다. 임나일본부를 이른바 '백제의 군(軍)사령부'로 해석했던 데에서 많은 모순이 튀어 나왔다. 여기서 구체적으로 다 소개하기는 곤란하겠지만, 그래도 간단하게 중요한 것만 몇 가지 소개해 보자면 이렇다.

우선 임나일본부가 백제 군대의 사령부 역할을 했다고 하면, 당연히 임나일본부 요원들은 백제인이어야 한다. 하지만 그들의 이름부터가 백제식 이름이 아니다. 일본(당시 왜)식 이름을 가지고 있었던 것이다. 이름이 그렇다는 이야기는 이들이 백제인이 아니라는 뜻이다. 임나일본부가 백제 군사령부였다면 거기에 무엇 때문에 백제인은 없고 왜(倭)인이 득실거리느냐는 의문이 나올 수밖에 없는 것이다.

단순히 이름이 일본식이라는 것만 문제가 아니다. 이들이 백제 군사령부 요원이라면 당연히 백제의 명령을 따라야 한다. 그런데 이들이 하는 짓을 살펴보면 여러 사건에서 백제의 명령은 듣는 시늉도 하지 않는다. 심지어 548년 경에는 안라와 짜고 고구려를 끌어들여 백제를 치게 했다는 혐의까지 받는다.

그런데도 백제가 처벌조차 하지 못했다. 당장 사형을 시켜도 시원치 않을 자들에게 백제 측에서 기껏 할 수 있는 일이라고는 일본 천황에게 "데려가라."고 요구하는 정도였다. 임나일본부 요원들이 백제의 군사령부 요원이었다면 있을 수가 없는 일이다. 이런 문제가 지적되어 왔기 때문에 중요한 학설이 거의 매장당하다시피 했던 것이다.

비판의 근거들을 보면 나름대로 설득력이 있는 것들이라 더 이상 학설로서의 가치를 잃어버리는 것처럼 보일 수 있다. 발상은 좋지만 분국설과 별 차이가 없지 않느냐는 말도 나올 법하다.

하지만 여기서 끝이 아니다. 분국설과 비교해 보자. 분국설은 기본적으로 임나(任那)나 일본부가 일본열도에 있었다는 전제조건이 성립되어야 하는 학설이다. 뒤집어 말하자면, 임나·일본부가 한반도에 있었다는 사실이 확인되는 순간, 근본적으로 학설로서 성립할 여지가 없어지는 것이다.

천관우의 학설은 조금 다르다. 그에 대한 비판이 어디에 집중되어 있는지를 보면 알 수 있다. 그의 학설이 집중적으로 몰매를 맞은 점은 임나일본부가 '백제의 군사령부'였다는 결론일 뿐이다. 사실 이 결론이 좀 심했다는 점은 필자 자신도 수긍할 수 있다. 하지만 이 학설의 가치는 결론이 아니라 다른 데에서 찾을 수 있다.

임나일본부가 '백제의 군사령부'는 아니었다고 해서, 백제가 4세기 중엽 마한·가야 지역을 정복했던 주체가 아니었다는 점을 증명한 것은 아니다. 즉 천관우는 임나일본부의 실체를 밝혀내는 데에 실패했을 뿐이지, 4~6세기의 국제정세를 보는 발상의 전환 자체가 잘못되었다는 뜻이 될 수 없다는 말이다.

이 점은 상당히 큰 의미를 가진다. 의미 있는 학설이란, 이전의 학설에서 해결하지 못했던 문제에 대한 열쇠를 제공하는 것이다. 천관우의 학설은 바로 그런 역할을 할 수 있다.

예를 들어 보자. 여러 사건에서 고구려의 반대편 연합체에서 왜(倭)의 역할이 부각되는 것처럼 보인다. 그러나 막상 고구려 쪽에서는 왜에 대해 별 언급조차 없는 현상이 나타난다. 왜를 중심으로 4~6세기 동아시아 국제정세를 분석하는 학설에서는 풀리지 않는 미스터리였다.

천관우의 학설은 이런 모순을 가볍게 해결해 준다. 기록을 조작해서 백제가 했던 일을 마치 대화(大和) 정권이 한 것처럼 써 놓았기 때문에 후세 사람들이 오해했다고 해석할 수 있는 것이다. 이 발상이 잘못되었다면 이에 대한 비판이 나와야 한다. 하지만 필자가 아는 한, 여기에 대해서는 수긍할 만큼 설득력 있는 비판이 나온 적 없다.

학문은 결론 자체보다 결론을 찾아 나아가는 과정이 더 중요하다는 말도 있다. 이 말 자체는 좀 극단적인 측면이 있다 하더라도 그만큼 발상과 거기서 나오는 가능성을 중요하게 보는 것이다. 그럼에도 불구하고 이 학설은 정설로 인정을 받지 못하는 것은 말할 필요도 없고, 거의 매장당하다시피 되고 있다. 약점만 집중적으로 부각시키고 가능성은 덮어 버린 탓이다.

따지고 보면 학설뿐 아니라, 이 학설을 낸 당사자까지도 '왕따'당하기는 마찬가지였다. 돌아가시고 나서는 동문들 사이에서도 천재

소리를 듣고 있지만, 그런 천재를 왜 살아 있을 때 그 좋은 직장인 대학에서 한번 모실 생각조차 하지 않았는지 미스터리(?)이다. 어떤 기자가 정리한 학맥에서도 이 양반은 이렇게 소개되어 있다. "일정한 사관에 입각한 연구를 하지 못하고, 단편적인 문제에 대한 탁월한 해명에 그친 것은 저널리스트로서의 한계"라고 말이다. 그 양반도 스스로 '비(非)아카데미 사학도(史學徒)', '겸연쩍은 역사학도'라고 했던 모양이다.[27]

그런데 왜 이런 평가가 나와야 할까? 한번 따져 보자. 천관우와 비교되는 식민사학의 추종자들을 '실증사학자'라고 부르는 경우가 많은 모양이다. 하지만 앞에서 여러 사례를 들었듯이, 그들은 중요한 주장마다 별다른 근거를 붙이지 않는다. 그저 자기들 주장을 정당화하기 위한 논리를, 생각나는 대로 아무 말이나 갖다 붙일 뿐이다.

원로 학자들은 물론, 그 후계자들까지 '실증'에는 별 관심이 없는 것이다. 이들에 대해 '실증'의 역사철학적 의미를 논하며 '학문적 오류'를 지적하려는 사람도 많다. 하지만 이들의 수준을 보면 그렇게 어려운 학문적 논리를 따질 필요가 있는지 의문이 든다.

개인적인 경험으로 보면 그들은 역사를 팔아서 얻을 수 있는 이익에 관심이 있을 뿐이지, 역사학 자체에는 별 관심이 없다. 그런 천박한 수준을 고상한 학문적 논리로 설명하는 것 자체가 낭비일 것이다.

이런 것이 '일정한 사관에 입각한 연구'일까? 결국 별로 나을 것도 없는 사람들과 비교가 되어 천재 소리를 듣던 연구자만 '단편적인 문

---

27) 이한우, 《우리의 학맥과 학풍》, 문예출판사, 1995. 161쪽 참조.

제'에나 매달렸던 별것 아닌 사람으로 전락한 셈이다.

그런데도 천관우 같은 사람과 식민사학 추종자들 사이에는 현실적으로 엄청난 차이가 난다. 그것이 바로 대학에 몸을 담아 제자를 키워 냈느냐 아니냐는 점이다. '학설을 살리는 것이 제자들'이라는 말이 있다. 후속 세대 연구자들이 부지런히 약점을 보완해 주고 홍보(?)해 주지 않으면 아무리 가능성 있는 학설이라도 매장당하기 쉽다. 반면 정말 헛소리에 불과한 학설도 제자들이 띄워 줘서 정설로 만드는 경우가 많기 때문에 나오는 소리이다.

천관우의 학설이 가능성만큼의 대접을 못 받고 있는 것도 그 때문이라고 할 수 있다. 대학에 몸담지 못했으니 제자를 키워 내지도 못했다. 신도(信徒)를 길러 내는 교육을 받고 키워진 후속 세대 연구자가, 필자처럼 얼굴 한 번 본 적 없는 선학(先學)의 학설을 이어받아 보완하겠다고 나서기가 쉽지 않은 것이다.

물론 그의 학설은 대한민국의 고대 한일관계사 분야에서 일본의 영향을 받지 않은 참신한 학설이었기 때문에 그동안 아무도 거들떠보지 않은 것은 아니다. 하지만 임나일본부를 백제의 군사령부가 아닌 '왜인(倭人)을 기용한 백제 기관'으로 해석하는 설에 약점이 드러난 이후, 필자를 제외하고는, 거의 20년 동안 이 학설을 보완해 보려는 시도의 명맥이 끊겨 있는 실정이다.

물론 천관우의 설을 보완하려는 시도 자체를 인정하지 않고 매장시켜 버리는 풍조의 탓이 크다.《한일역사공동연구보고서》부터도 이에 대한 학설사를 언급하면서 그러한 시도에 대한 구체적인 내용은 제대로 소개조차 하지 않고 있다.[28]

고고학 팔아 식민사학 비호하기

  적어도 백제에 있어서, 4세기를 별 볼 일 없었던 시기로 만들어 놓는 작업은《한일역사공동연구보고서》에서 못을 박아 놓는 단계에 이르렀다. 그렇다면 그렇게 몰아야 할 근거는 정말 확실한 것일까? 앞서 필자는 그럴 만큼 납득할 만한 근거가 제시되지 않았다고 했다.

  그것은 전혀 근거가 제시되지 않았다는 뜻이 아니다. 하나의 학설을 매장시키는 작업에 전혀 근거가 제시되지 않을 수는 없다. 그래서 여러 가지 근거가 제시되기는 했다. 그럼에도 불구하고 설득력 있는 비판이 제기되지 않았다고 한 이유 중 하나가, 비판 같지 않은 비판이 쏟아지는 것은 비판으로 쳐줄 필요가 없다는 생각 때문이다. 물론 그런 근거 대부분이 그야말로 별 볼 일 없는 것이라는 점에 대해 설명해야겠지만, 이 역시 이전에 몇 번 정리했던 바도 있고 재미없는 이야기이니 여기서는 일단 생략하기로 한다.

  단지 대한민국 학자라는 사람이 제시한 황당한 근거 하나 정도는 다루어야 할 것 같다. 하나의 사례만 제대로 들어 주어도, 나머지의 양상이 어떤 것인지 충분히 짐작할 수 있을 것이다. 그것이 바로 고고학의 성과를 얼치기로 해석해서 근거 같지도 않은 근거를 만들어 낸 것이다. 그 근거라는 것을 대충 요약해 보면 이렇다.

  (왜이건 백제이건 외부 세력이) 가야 지역을 200년 동안이나 군사 지

---

28)《한일역사공동연구서보고서》제1권, 22~27쪽. 참조.

배하였다면 그 지역에 외부 문화유물의 영향도 강하게 나타나야 한다. 그러나 가야 지역 고분 발굴 자료들에 의하면 3~4세기의 유물문화가 5~6세기까지도 연속적으로 계승되는 양상이 나타난다.[29]

쉽게 말하자면, 외부 세력이 가야 지역을, 4세기 중엽 이후 6세기 중엽까지 200년씩이나 지배를 했다면, 가야 지역의 유물도 지배 세력의 영향을 받아 변했어야 한다는 뜻이다. 그런데 가야 지역에서 나오는 유물을 보면 백제나 왜의 영향을 받아 변화했다고 보기 어렵다는 것이다. 그러니 가야 지역이 외부 세력에 의하여 지배당하였다고 보지 말아야 한다는 주장이다.

이런 논리를 그럴듯하게 생각하는 사람들이 의외로 많은 것 같다. 방송에까지 나와서 이대로 말하는 것을 보면, "자신이 있어서 그런가 보다."라고 생각하기 쉽다. 하지만 알고 보면 이런 논리는 거의 헛소리에 가깝다. 몇 번씩이나 강조하듯이, 유물은 역사의 모든 것을 이야기해 줄 수가 없다. 그래서 고고학이 역사에 정확한 해답을 줄 수 있는 부분에 한계가 뚜렷하다. 이런 주장을 한 사람은 무식하다기보다 양심불량이라고 하는 편이 더 적절한 표현일 것이다.

고고학을 가지고 사기 치는 경우가 워낙 많으니 여기서 아예 고고학의 한계부터 확실하게 짚고 넘어가자. 고고학이나 역사학의 기본적인 생리를 모르는 사람은 속기 쉽겠지만, 두 개의 분야는 기본적으로 다른 학문이라고 보아야 한다. 그만큼 고고학이 역사 해석에 도움

---

29) 김태식(金泰植), 앞책, 4~7쪽.

을 주는 경우가 생각보다 많지 않다. 고고학은 오랜 시간에 걸친 문화적 흐름을 보여 주는 데에 적합한 학문이지, 짧은 시간 안에 일어나는 정치적 변화를 보여 주기에는 적합하지 않은 것이다. 결정적인 도움을 주는 일부 사례를 가지고, 대부분의 경우가 도움이 되는 것처럼 많은 사람들을 착각하게 만들고 있을 뿐이다.

이번 경우에는 바로 이런 고고학의 한계가 여실히 드러난다. 천관우의 논리를 계승하는 사람들은 대체로 백제가 200년 동안이나 직접적으로, 또 강력하게 군사적으로 지배했다는 주장을 하지는 않는다. 200년 동안이나 직접지배 운운하는 논리는 말송보화의 철 지난 논리나 임나일본부를 '백제의 군사령부'로 보았던 천관우의 실수에 대한 쓸데없는 비판일 뿐이다.

또한 이 시대 자체가 근대 이후처럼 총독부를 설치하고 우악스럽게 직접지배를 하겠다고 나서는 시대가 아니다. 그러려고 해도 사정이 허락하지 않는다. 여러 가지 이유가 있겠지만, 무엇보다도 교통과 통신이 요즘처럼 발달되지 않았기 때문에, 본국에서 파견된 관리가 사소한 문제까지 시시콜콜 간섭하기가 지금보다도 훨씬 어렵다.

지금 시대를 보아도 그렇다. 같은 나라 안에서도 '지방자치' 운운해가며 중앙정부의 간섭을 받기 싫어하는데, 옛날에는 더하면 더했지 덜 하지는 않았다. 그것도 생판 다른 문화를 가진 세력에 쉽게 동화(同化)되지는 않는다. 공연히 그 시대에 조공-책봉 해가며 사실상의 독립을 허용해 주는 체제를 유지하는 게 아닌 것이다.

심지어 지독하게 직접 지배를 했더라도 쉽게 바뀌지 않을 수 있는 것이 문화이다. 한국 사람들은 일본에 그렇게 지독한 식민통치를 받왔건만, 36년 정도 되는 식민지 시대가 끝나고 보니 일본식으로 바뀐 생활양식이 그렇게 많지가 않다. 무덤 쓰는 것, 밥 해 먹는 방식, 해방된 시점에서 보아도 일본과는 많이 달랐고 지금까지도 다르다. 오히려 직접 지배를 받지 않은 미국의 문화가 더 많이 퍼졌다.

정치의 영향과 문화의 영향은 이렇게 다르다. 심지어 정치적으로는 적국이거나 감정적으로는 적대감을 느끼는 나라더라도 "그 나라 문화가 편하고 좋더라."라는 인식이 퍼지면 쫓아갈 수 있는 것이 문화이다. 냉전시대 소련에 코카콜라가 들어가고, 한국에 대한 감정이 좋지 않은 베트남에 이른바 '한류(韓流) 열풍'이 부는 것만 보아도 알 수 있을 것이다.

이런 것들도 나중에 유물로 남게 될 것이다. 앞에서 해석을 하는 식이라면, 냉전시대 소련이 미국의 지배 아래 있었다고 해석하는 작자가 나올지도 모른다. 그러니 나오는 유물 가지고, 정치적으로 지배를 받았던 근거니 어쩌니 따지려는 행각 자체가 웃기는 짓이라는 것이다.

하물며 직접 지배를 잘 하지 않던 시대에 가야인들이 무덤을 어떻게 만들건, 어떤 그릇을 쓰건 정복자가 신경 쓸 리가 없다. 가야인들 입장에서도 마찬가지이다. 설령 백제 같은 외부 세력의 밑으로 들어갔다고 치자. 그러니 가야인들이 "이제부터는 지금까지 써오던 그릇 다 없애 버리고 백제식 그릇을 쓰자. 무덤도 백제식으로 만들자."라는 식으로 나올 턱이 없다.

그저 지금까지 잘 써와서 생활에 익숙한 물건을 쓰고, 사람이 죽으면 만들던 대로 무덤을 만드는 것이 당연하다. 그러니까 가야 지역의 문화에 큰 변화가 보이지 않더라도 이상할 것이 없다. 사건이 있었는지 없었는지, 또 실제로 백제가 주도한 정벌인지 왜가 주도한 정벌인지에 상관없이 고고학이 끼어 들 틈이 없는 것이다. 그럼에도 불구하고 유물에 변화가 어쩌니 하는 논리로 백제의 정복활동 자체를 없었던 일로 만드는 근거로 삼아 버렸다.

도미노

고고학까지 팔아 4세기를 별일 없었던 시기로 만들어 놓은 덕분에, 그 다음 세기까지도 백제의 영향력은 폭삭 주저앉았다. 5세기 광개토왕-장수왕으로 이어지는 전성기의 고구려에 당해서 실제로 영향력을 잃어버려 그렇겠지만, 재기에 성공한 5세기 말~6세기까지도 백제를 별 볼 일 없는 나라로 만든 점은 문제가 다르다. 그 도미노에 말려들어간 사건이 이른바 '임나재건'이다.

《일본서기》에만 기록이 남아 있는 이 사건도 기록 자체만 보아서는 별것 아닌 것처럼 보인다. 6세기 중엽, 일본 천황이 백제 성왕에게 "임나를 재건하라."고 지시했고, 성왕이 충실하게 임무를 수행했다고 되어 있다. 그러나 결과는 좋지 않았다. 성왕의 노력에도 불구하고 별다른 성과를 거두지 못했던 것이다.

성과도 없던 사건 가지고 뭘 그렇게 집착하느냐고 할지 모르지만, 당시에 성과가 없었다고 지금의 역사적 의미까지 없어지는 것은 아니다. 이 사건에 관한 기록을 잘 살펴보면《일본서기》에서 나름대로 감추어 놓느라고 애썼던 백제의 영향력이 드러나는 것이다.

백제 성왕조차 일본 천황의 명령을 받아 임무를 수행했다는 기록을 가지고 거꾸로 백제의 영향력을 말하니, 뜬금없는 소리처럼 들릴 수 있다. 하지만 그렇게 자신 있게 말할 수 있는 근거가 있다. 바로 그 유명한 '임나일본부'가 관련되어 벌어지는 사태에서 기록이 조작되어 있다는 사실이 드러나는 것이다.

단서는 《일본서기》 자체에서 제공해 준다. 《일본서기》에는 백제·가야·일본부가 "임나를 재건하라."는 천황의 명령을 받고 한참 실랑이를 벌였다고 기록되어 있다. 여기서 정상적인 외교상식으로는 도저히 이해할 수 없는 장면이 연출된다. 일본 천황이 일본부에게 천황의 명령인 조칙(詔勅)을 "백제에 가서 들으라."고 지시하고 있는 것이다. 이 내용은 이전에 냈던 책에서 잠깐 다룬 적이 있으나, 너무 간략하게 다루고 말아 버린 감이 있어 여기서 좀 더 자세히 보기로 한다.[30]

정치와 외교적인 사건에 익숙하지 않은 사람은 이게 무슨 뜻인지 이해하기 어려울 수 있으니 조금 더 설명이 필요할 것 같다. 국제관계라는 것은 한 패거리가 되어 협조하는 나라끼리도 그 안에서 조금이라도 더 챙기겠다고 악다구니를 치는 속성을 가지고 있다. 그래서 앞으로는 '우방(友邦)'이라며 등을 두드려 주는 나라들끼리도 돌아서서는 자기 속셈 감추고 상대를 속이느라고 별짓을 다 한다.

중요한 이권이 걸린 외교현안에 대한 자기 정부의 방침을 다른 나

---

30) 필자의 책, 《거짓과 오만의 역사》, 73~75쪽 참조.

라가 알아채는 것은 이래서 위험한 일이다. 그런 상황에서 자기 속을 훤히 보여 준다면 어떤 결과가 나올지 뻔하다. 이쪽 속셈을 훤히 알고 있는 상대가 그에 맞춘 대책을 세워 나올 테니까. 공연히 안 당해도 될 일까지 당할 수 있다.

지금도 외교문제에 대한 방침인 본국의 외교훈령이 기밀로 분류되는 것은 이 때문이다. 자기네 외교관이 있는 나라의 정부가 이 훈령을 가로채기라도 할까 봐, 지금도 훈령 등이 담긴 외교행랑은 관례적으로 다른 나라 정부가 건드릴 수 없는 특별취급을 받는다.

그런데 임나재건 문제에 대한 천황의 생각과 일본부의 대처 방침에 대해 백제에 다 말해 주고, 정작 자신의 직속기관인 일본부에게는 "백제에 가서 그 말을 전해 들으라."고 했다는 꼴이 된다. 지금 식으로 말하자면 미국 대통령이 주한 미국대사에게 "청와대에 가서 내 지시를 얻어 들으라."고 명령했다는 식이다. 천황을 비롯한 당시 일본의 집권층이 바보가 아닌 한, 실제로 이런 짓을 했을 리가 없다.

그럼에도 이런 기록이 나타나는 이유는 무엇일까? 바로 '천황'이라는 존재 때문이다. 천황은 천자와 같은 개념으로, 천하의 꼭대기에서 명령을 내리는 존재라고 설정되어 있다. 실제로 그렇지 않았더라도 《일본서기》 같은 일본계 역사에서는 그렇게 쓰게 되어 있다. 그러니 주변 세력과의 관계 속에서 벌어지는 외교적 사건들도 모두 천황의 지시와 허락을 통해 이루어진 것처럼 서술할 수밖에 없었던 것이다.

그렇게 해도 사건의 전말을 통째로 바꿀 수는 없었다. 그 결과 말이 되지 않는 형태로 기록이 남게 된 셈이다. 뒤집어 보면, 바로 여기서 백제의 역할이 드러나는 것이다. 당시 일본은 이런 조작을 해야 체면이 유지될 만큼 백제의 요구를 함부로 무시하지 못하는 나라였다는 뜻이 된다.

이런 사실을 일본의 역사학자들이 인정하고 싶을 리가 없다. 그래서 앞뒤가 맞지 않는 사실을 끌어안고 이후에 벌어졌던 역사도 끼어맞추려 한다. 임나재건이 무엇을 의미하는지, 일본부의 행동이 무엇 때문에 이상하게 보이는지에 대해 일본 측에서 악착같이 해괴한 해석을 시도하는 속사정도 여기에 있다.

여기에서는 그중에서 두 가지 정도만 다루어 보려 한다. 하나는 일본 천황이 "임나를 재건하라."고 명령했다는데, 천황의 직속기관인 일본부는 그 사업에 대해 훼방을 놓았다는 사실이다. 또 하나는 '임나재건'을 신라에 귀순해 버린 금관가야, 탁순 같은 나라들을 다시 독립시키자는 시도였다고 해석하려는 것이다.

무능한 일본부, 감싸는 천황

이상하게 보일 만한 일 중에서 첫 번째 것부터 살펴보자. 일본부가 천황이 시킨 일을 훼방하였다는 사실 말이다. 오죽했으면 임나재건을 적극적으로 추진하던 성왕이 진저리가 나서 "이런 놈들하고 일을 못 하겠으니 데려가라."고 일본 천황에게 요구했을까.

성왕이 그렇게까지 나왔을 정도이면 일본부의 행위는 이상해도 한참 이상한 짓이다. 성왕에게는 그렇다 치더라도, 자신들의 천황이 시키는 일을 앞장서서 훼방을 놓았다?

일본부는 무슨 사정이 있어서 천황이 시킨 일을 망쳐 놓으려 했다고 치자. 그러면 천황의 반응은 또 뭐 하자는 짓이었는지 이해하기가 어렵다. 자기가 시킨 일을 훼방 놓은 자들이라면 당장 요절을 내도 시원치 않을 것이다. 그런데 이 작자들을 일본으로 데려가서 처벌한 흔적이 없다. 이런 미스터리(?)를 두고 여러 해석이 분분했다. 특히 일본 학계에서 어떻게 해서든지 자기네 체계에 맞게 끼워 맞추어 해석해 보려 했던 시도는 애처로울 정도이다. 우선 그 사례들부터 살펴보자.

이런 일에 식민사학의 거장(巨匠) 말송보화가 빠질 수 없다. 그가 이걸 해명한답시고 내놓은 해답이 '일본부가 무능해서'라는 것이다. 백제의 힘이 강해진 데다가 일본 사신이 무능하여 임나제국이 신라로 귀순하는 사태를 막아 보려는 시도를 백제에서 주도하게 되었다는 식으로 보는 것이다.[31]

여기서 백제의 힘이 강해졌다는 일에 너무 현혹되지 않기를 바란다. 말송보화의 뜻은 백제가 이전보다 강해졌다는 뜻이지, 왜를 능가하게 되었다는 뜻은 아니니까. 어쨌든 결론은 일본부의 요원이 하도 '무능'해서 백제에게 임나재건 문제를 해결하라고 시켰다는 뜻이 된다.

식민사학자들의 주장이 대개 그렇기는 하지만, 그래도 명색이 학자라는 사람의 머리에서 나왔다고 보기에는 유치한 수준이다. 실제로 그랬다면 대화(大和) 정권에는 동정을 해야 할지 멸시를 해야 할

31) 말송보화(末松保和), 《임나흥망사(任那興亡史)》, 길천홍문관(吉川弘文館), 1956. 152 쪽.

지 모르겠다.

그때 일본 천황은 무능한 부하를 잘라 버릴 생각도 못 했나보다. 나머지 부하 중에는 똑똑한 놈 하나 없어서. 일본에 유능한 자가 얼마나 없었으면, 믿지도 못하는 남의 나라에 자기들의 중요한 일을 맡겨야 했을까. 말송보화가 자기 나름대로는 천황을 감싸느라 그랬을지 모르겠지만, 이런 식으로 해석하면 당시 천황을 비롯한 일본 집권층의 얼굴에 똥칠하는 결과가 되는 것 같다.

일본부가 관리하던 지역이 일본 천황에게도 형식적으로만 복속되어 있던 자치구역이어서 그랬다는 정상수웅(井上秀雄)의 주장도 있기는 하다. 별 설득력을 얻고 있지는 못하다. 한반도에 왜인(倭人)의 자치구역이 있었다는 사실이 확인된 적도 없지만, 설령 그랬다 하더라도 이 사건에 나타나는 일본부의 행동을 납득하게 해 주지는 못하기 때문이다.

납득이 안 되는 이유는 간단하다. 그런 자치구역이 백제나 왜(倭)에 비해 힘이 있었을 리가 없다. 그렇다면 백제와 왜는 일본부를 의식할 것 없이 자기들 원하는 대로 임나 문제를 처리해 버리면 그만이다. 골치 아프게 구는 일본부를 끌어들여 말썽을 일으키게 할 필요가 없다. 그런데도 왜(倭)는 끝까지 일본부를 통해 일을 처리하려 했다. 그런 점을 보아서 '자치지역' 운운하는 것도 별 신통한 변명은 아닌 것 같다.

그래서 이런 시행착오를 겪으며 일본 학계에서 내놓은 해답이 남가라(금관가야를 말한다)·탁기탄(喙己呑) 등을 원상회복시키자는 해석이다. 이 해석에는 그래도 나름대로 내세우는 근거가 있다. 다음 기록이 그것이다.

　　이달 근강모야신(近江毛野臣)을 안라에 보내어 명령을 내려 신라에게 남가라(南加羅)·탁기탄(喙己呑)을 다시 세우도록 권하게 하였다. 백제는 장군 군군이(軍君尹)·마나갑배(麻那甲背)·마로(麻鹵) 등을 보내어 안라에 가서 조칙을 받게 하였다. 신라는 번국(蕃國)의 관가(官家)를 부순 것이 두려워 대인(大人)을 보내지 않고 부지내마례(夫智奈麻禮)·해내마례(奚奈麻禮) 등을 보내어 안라에 가서 조칙을 듣게 하였다. (《일본서기》 계체(繼體)천황 23년 3월)

　　천황의 명령을 받들어 신라에게 빼앗긴 나라인 남가라(南加羅)·탁기탄(喙己呑) 등을 취하여 본래대로 돌이켜 임나에 옮기고, 길이 부형의 나라가 되어 일본을 섬기려 한다. (《일본서기》 흠명(欽明)천황 2년 7월)

　위 기록의 내용은 천황이 신라에게 권하여 다시 남가라(南加羅: 금관가야를 말한다)와 탁기탄을 세웠다는 것과 천황의 조칙(詔勅)에 따라 신라에게 뺏긴 남가라, 탁기탄을 뺏아 그 전대로 임나에 옮기고 부형의 나라로 일본을 섬긴다는 것이다. 천황이 남가라와 탁기탄 등을 다시 세우라고 시켜서 그대로 되었다고 하니까, 그것이 "임나재건의 핵심적인 내용인가보다."라는 식으로 생각하는 것이다.
　액면 그대로만 기록을 해석한다면 그렇게 보일 수도 있다. 그렇지만 그런 이 기록의 앞뒤로 나타나는 상황을 완전히 무시하고 껍데기만 볼 때 나오는 이야기이다. 조금만 성의껏 기록을 살펴보아도 이상한 점은 금방 눈에 띈다.

우선 이 기록들에는 조작의 흔적이 있다. 무엇보다도 기록에는 남가라와 탁기탄 등이 다시 신라에서 떨어져 나와 임나 소속으로 복귀한 것처럼 써놓았지만, 실제로 이들은 통합된 이후 신라에서 분리된 적이 없다. 결국 있지도 않은 일을 가지고 마치 천황이 명령하니까 그대로 된 것처럼 헛소리를 해 놓은 것이다.

근본적으로 이런 헛소리가 나온 이유는 두말할 필요 없이, 천황이 가야·백제·신라 등에 조칙(詔勅)을 내려 명령하는 위치에 있었다고 하기 위해서이다. 그러니까 이런 말을 하기 위해 조작한 기록을 액면 그대로 받아들이는 것은 소갈머리 없는 짓이 될 수밖에 없다.

뿐만 아니라 내용 자체도 거의 코미디 수준이다. 계체(繼體)천황 23년부터 흠명(欽明)천황 2년까지 나오는 기록대로 하자면, 일본 천황이 근강모야신(近江毛野臣)이라는 사신을 보내 신라에게 "남가라와 탁기탄 같은 나라들을 다시 분리시켜라."라고 명령했다. 그러니까 신라는 찍소리 못하고 집어먹은 나라들을 다시 분리·독립시켜서 천황을 섬기게 해 주었다는 이야기가 된다.

이것이 사실이라면 신라는 참 웃기는 나라이다. 예나 지금이나 남의 나라 집어삼키려면 거기에 쏟아 붓는 정성이 하늘까지 뻗쳐야 한다. 그런 정성을 들여 집어먹은 나라를 천황이 토해 내라고 하니까 말없이 토해 놓았단다. 그렇게까지 천황의 눈치를 보아야 했다면 애초에 집어삼킬 생각조차 하지 말아야 했을 것이다.

물론 제 분수도 모르고 설치다가 국제사회에서 비슷한 꼴을 당하는 나라가 없다고 할 수는 없다. 국가 지도자라고 모자란 생각을 하지 말라는 법은 없으니까. 하지만 그런 경우에는 피를 보아서라도 끝까지 버티다가 뺏기는 것이 정상이지,《일본서기》에 기록된 신라처럼 말없이 내놓지는 않는다.

사실 이렇게 따질 필요도 없다. 앞서 말했듯이, 그 나라들은 통합된 이후로 신라에게서 분리된 적이 없으니까. 금관가야 같은 경우는 확인사살까지 해 준다. 금관가야 왕족은 신라 귀족으로 흡수되었고, 그 가문이 바로 유명한 김유신 가문이다.

이 정도면《일본서기》에 나오는 이 기록이 일단 사실과는 별 상관없다는 점이 확인될 것이다. 거기에 이 기록은 성왕의 말을 인용하는 형태로 되어 있다. 당시 성왕이 사실도 아닌 말을 했을 리도 없다. 이런 점을 감안하면, 결국 이 내용은《일본서기》를 편찬할 때 자기들 좋을 대로 내용을 편집할 때에 제멋대로 만들어져서 들어간 것이라고 보아야 한다.

이 학설은 근거를 찾는 데에서만 헛다리를 짚은 것이 아니다. 하긴 근거를 잘못 찾은 학설치고 제대로 된 학설이 있을 리 없다. 좋게 말해서 근거를 잘못 찾은 것이지, 고대 한일관계사를 제대로 연구하는 사람에게 남가라와 탁기탄 같은 나라들이 신라에게서 통합되었다가 분리된 적이 없다는 사실은 기본이다. 그럼에도 불구하고 그런 헛소리가 나오는 기록을 액면 그대로 이용해서 학설을 냈다는 점은 의도를 의심하기에 충분한 근거가 될 것이다.

어떻게 해서든지 천황이 주도권을 쥐고 임나재건을 추진했다고 보고 싶으니까 이런 현상이 나오는 것 아니냐는 것이다. 이 학설은 원

래 삼품창영(三品彰英)이라는 일본 학자의 이야기이다.[32] 이런 학설
을 많은 대한민국의 연구자들이 아무 생각 없이 쫓아가고 있다. 덕분
에 뒷이야기들이 꼬이게 되어 있다.

베껴 낸 논리에 대한 변명

말이 되지 않는 황국사관의 논리를 기본 틀로 삼아 놓으면, 제 딴
에는 식민사학의 논리를 비판하려는 의도를 가지고 있어도 자기 논
리의 앞뒤를 맞추기 어렵다. 이번에도 마찬가지이다. 대한민국 고대
사학계의 주류라 할 수 있는 사람들이 '임나재건'을 두고 "남가라와
탁기탄 같은 나라들을 다시 분리시키자."는 시도로 해석하는 논리를
쫓아가다 보니, 나중에는 자기 논리에 모순이 생긴다. 베껴 먹은 자의
숙명이라고 할 수 있다.

이번에는 그 사례중에서 대표적인 것을 한번 보자. 이 문제에 있어
서 한국 고대사학계의 대표 역할을 하고 있는 학설을 요약해 보면 이
렇게 된다.

백제와 신라는 433년 이래 서로 전쟁을 벌이는 일 없이, 고구려의
공격에 공동으로 대처하는 면모를 보여 왔다. 그 상태에서 가야 지역
을 둘러싼 암투를 벌였다. 서로 싸울 수는 없지만, 가야가 어느 한 쪽

---

32) 삼품창영(三品彰英),《일본서기조선관계기사고증(日本書紀朝鮮關係記事考證)》, 길천
　　홍문관(吉川弘文館), 1962. 165쪽.

의 수중에 들어간다면 다른 쪽이 곧바로 열세에 빠지는 상황이었다.

그렇기 때문에 백제 성왕은 전쟁 없이 가야 지역을 포섭하려 노력했고, 그 과정에서 왜를 내세워 이용했다. 백제는 가야연맹제국을 부용(附庸)으로 삼으려는 목적 외에, 신라에 빼앗긴 남가라와 탁기탄 같은 나라들을 다시 빼앗을 욕심이 있었다. 그 과정 중에 신라와의 직접적인 충돌을 회피하기 위하여 가야제국을 포섭하려 한 것이다.

왜의 입장에서 볼 때, 가야 지역을 한반도 교역의 지리적 이점이 있는 곳이므로, 이 지역이 신라나 백제에 의하여 멸망하면 전통적인 교역 중개기지가 훼손될 것을 우려했다. 하지만 여기 왜가 개입하는 것은 스스로 상상치도 못하고 있었다. 그래서 백제의 유도에 의하여 이용당하는 상황이었다.

가야연맹도 신라에게 가야의 독립보장과 탁기탄·남가라·탁순의 반환을 요구했으며, 그 반대급부로 백제와의 단절 또는 왜와의 교역 문제에 신라와의 협조를 제시하였다. 신라에게 그 요구가 거절당한 후, 백제에 가야의 독립보장과, 예상되는 신라의 공격에 대한 방비책을 요구하였다.

그렇지만 백제는 가야의 서남부 지역에 들어와 있던 백제의 요원들을 철수시켜 달라는 요구도 거절하고, 신라에 대해서도 "약한 나라이니 걱정할 것 없다."는 식으로 일관하여 가야의 불신을 샀다.

지지부진하던 교섭은 543년 11월 제3자인 왜의 사신이 중재안을 내면서 활발해졌다. 그 내용은 안라와 백제의 요구사항에 대한 답변의 성격으로서 "가야 남부 지역에 들어와 있는 백제 요원들을 일본부에 소속시키라."는 것과 "백제가 임나 건립을 서두르면 왜의 사신들은 알아서 물러날 것"이라는 두 가지였다.

하지만 백제는 가야 지역에서의 기득권을 포기할 생각이 없었다. 그래서 가야 지역에서 왜를 이용한 독자노선 추진집단을 몰아내면서도 가야 및 왜와의 대외적 협조관계를 해치지 않는 대응책을 마련했다. 그 방법이 왜를 끝까지 끌어들여 가야·신라와의 관계에 큰 영향을 주지 않으면서 약간의 실리를 손쉽게 얻어 내는 것이었다.

이에 가야는 백제의 회의 참여 요청을 천황을 핑계로 삼아 거절했다. 백제의 외교적 명분, 즉 "왜와의 협조 아래 백제가 임나를 도와주려 한다."는 전제조건의 약점을 공격하는 데 천황의 뜻이 훌륭한 핑계가 되었다는 것이다. 그러자 백제는 왜가 자신의 우방임을 가야에게 입증해 보여야 하는 입장이 되었다. 그래서 천황에게 요청한 내용이 일본부 요원들을 본처(本處)로 철수시키라는 것이었다. 여기에 왜가 대답도 하지 않았고, 백제는 다음 회의를 밀어붙였으나, 성과 없이 끝이 났다. [33]

요약하는 과정에서 많은 생략이 있었지만, 이렇게 정리해서 큰 무리는 없을 것이다. 이와 같이 정리된 내용은 기본적으로 '임나재건'을 신라에 귀순해 버린 금관가야, 탁순 같은 나라들을 다시 분리시키는 것이었다고 해석하는 삼품창영의 주장을 전제로 놓고 있음을 알 수 있다. 뒤에 이어지는 사건의 경과는 삼품창영의 주장을 변명해 주는 내용에 불과하다.

---

33) 김태식(金泰植), 앞책, 263~266쪽.

그래서 그런지, 일본 학설을 매우 비판적으로 보는 듯한 태도를 취하는 척하기는 한다. 임나재건을 추진하는 주체가 왜가 아닌 백제였다는 점을 강조한 것이다.

> 왜와 가야연맹제국(加耶聯盟諸國)과의 사이에 주종관계가 있다면, 왜가 "임나를 세우라."는 요청을 안라왜신관이나 가야연맹제국이 아닌 백제에게 할 까닭이 없다. 또한 왜와 가야연맹 제국 사이에는 주종관계가 없으나 왜와 백제와의 사이에만 주종관계가 있다면, 가야제국(加耶諸國) 한기(旱岐)들이 왜의 명령을 받들기 위하여 백제에 갈 필요가 없다. 그러므로 왜는 이 회의를 명령하거나 배후에서 조종하는 주체가 될 수 없다[34]거나 백제가 왜군을 요청하여 임나를 보호하려 한다는 계획으로 보아서, 당시의 가야 지역에는 왜군이 거의 없었음을 알 수 있고 그 군대의 군량을 백제가 지급한다는 것으로 보아, 당시의 가야 지역에는 왜의 행정력이 전혀 미치지 않고 있었다.[35]

라는 부분이 그에 해당한다.

상당히 통렬한 비판 같지만, 막상 뜯어보면 별것이 없다. 최근 들어서 왜가 가야나 백제를 주종(主從)관계라고 할 정도로 지배했다고 믿는 전문가는 별로 없다. 누가 뭐라지도 않는데 철 지난 말송보화의 논리를 확인사살하듯이 한 방 쏴 댄 것뿐이다.

---

34) 김태식(金泰植), 앞책, 263쪽. 사실 이 이야기는 영목영부(鈴木英夫), 〈가야 · 백제와 왜(加耶 · 百濟と倭) - '임나일본부론(任那日本府論)'〉, 《조선사연구회논문집(朝鮮史研究會論文集)》 24, 조선사연구회(朝鮮史研究會), 1987. 83쪽.에도 나오는 이야기이다.

35) 김태식(金泰植), 위책, 275쪽.

그래서 이런 주장은 진전좌우길의 학설에 가까운 삼품창영의 논리에는 근본적인 비판이 되지 않는다. 그렇다 보니 백제가 임나재건 문제를 주도하고 있었다고 하면서도, 전개되는 내용을 보면 은근히 백제가 왜 없이는 아무것도 못하는 나라였던 것처럼 흐른다.

우선 백제가 왜를 끌어들여야 했던 이유부터가 문제이다. 여기서는 백제가 자신의 '패권주의를 감추려고 왜를 이용하기 위해서'였다고 해석했다. 여기서부터가 석연치 않다. 가야인들이 완전히 머리가 빈 바보라고 하지 않는 바에야, 석연치 않은 정도가 아니라 말 같지 않은 이유라고 해야 할 것 같다.

왜가 이 문제에 끼어 든다고 도대체 어떻게 백제의 패권주의가 감추어질 수 있다는 것인지 발상을 이해하기조차 어렵다. 기본적으로 왜가 끼어들어서 백제에게 유리해질 것이 있는지 모르겠다.

무엇보다도 왜의 실무 부서라고 할 수 있는 일본부부터가 백제에 협조적이 아니다. 그런 일본부가 백제와 가야 사이에 끼어 들어 백제의 속셈을 감추어 주면서 일을 처리할 턱이 없다. 나중에 명백히 드러나지만, 임나재건 문제에 관한 한 가야와 일본부는 한통속이 되어 움직였다. 그런 상황이라면 일본부는 백제의 속셈을 감추어 주는 것이 아니라, 오히려 미주알고주알 일러바치는 것이 정상이다. 가야인들이 속아 주고 싶어도 속아 줄 수 없는 상황인 것이다.

그런데도 백제가 자신의 속셈을 감추려고 왜를 끌어들였다? 이런 것을 학설이라고 주장한 당사자는 머리가 그렇게밖에 돌아가지 않으니까 이런 식의 해석을 하는지 모르겠지만, 성왕 정도 되는 인물이 일본부가 어떻게 나올지 몰라 눈치도 없이 '패권주의를 감추려' 왜를 끌어들였을까?

거기다 백제는 이렇게 골치 아프게 나오는 왜를 가야에게 '우방'이라고 확인시켜야 했단다. 백제의 외교적 명분이 왜와의 협조 아래 백제가 임나를 도와주려고 한다는 것이어서 그렇단다. 그래서 가야도 이에 질세라 백제의 명분을 역이용하여 천황 핑계를 대며 요구를 거절했단다.

가만히 생각해 보면 이상하다. 백제에게 천황이 무엇이기에? 이 주장대로라면 왜를 끌어들여야 문제가 무리 없이 해결된다고 믿었을 만큼 백제조차도 왜의 국제적 비중을 인정하고 있었다는 뜻이 된다. 그렇기 때문에 백제를 믿지 못하는 가야가 백제의 요구를 거절하는 방법으로 천황 핑계를 댔다는 논리가 나온다. 백제 역시 가야의 반발을 무마하기 위해서는 "왜가 자신의 우방임을 확인시켜야 했다."라는 논리로 발전한 것이다.

결국 왜가 임나재건 문제에 결정적인 역할을 하고 있었다는 뜻이 되어 버린다. 백제가 임나재건 문제를 주도하고 있었다는 점을 강조하려고 왜가 이 문제를 주도했다는 논리를 비판해 놓고 나서, 곧바로 자신의 손으로 왜가 이 문제에 결정적인 역할을 맡고 있다는 점을 인정해 버린 꼴이다. 궁극적으로 왜의 역할을 부각시켜 버린 셈이다.

조상 바보 만들기

역사학자의 능력이 떨어지면 조상들을 자기 이상의 바보로 만들어

놓는 경향이 있다. 제 머리가 모자라니 조상들이 무슨 생각을 가지고 일을 처리했는지 읽어 낼 도리가 없다는 점이 근본적인 문제이다. 그러니 다른 사람들이 한 일을 자기 수준에서 해석한다. 그래서 "뭐 눈에는 뭐밖에 안 보인다."는 속담도 있다.

임나재건에 대한 해석이 이 경우에 해당하는지 아닌지 생각해 보시기 바란다. 적어도 여기서 하는 주장대로라면 당시 사람들은 대단히 모자라는 사람이 된다.

우선 신라에 귀순해 버린 금관가야, 탁순 같은 나라들을 다시 분리시키자는 의도로 '임나재건'을 추진했다면, 당시 사람들이 이것이 과연 외교 교섭의 대상이 될 수 있다고 생각해서 추진했겠느냐는 점부터 생각해 보자. 여기서 철저하게 무시하고 있는 점은, 금관가야, 탁순 같은 나라들이 제 발로 신라에 귀순해 버렸다는 사실이다. 기록의 여러 곳에 이 점을 확인해 주는 내용이 나타난다.[36]

한국이 일본의 식민지가 되었던 것처럼, 겉으로만 자발적이지 사실상 힘으로 다른 나라를 집어삼켰다면 주변에 있는 나라들이 집어삼킨 나라를 비난하면서 분리·독립을 위해 나서 줄 수 있다. 하지만 자기들끼리 좋아서 통합을 결정했다면, 다른 나라들이 "다시 갈라서라."라고 나서는 것이 어떤 의미가 될까?

예를 들어 남북한이 평화적으로 통일하자고 결정해서 합쳤다 치자. 이때 일본이나 중국에서 "우리 취향에 안 맞으니 다시 갈라서라."라고 나온다면, 남북한 사람들이 어떻게 받아들일지 생각해 보면 짐

---

36) 이에 대해서는《가야정치사연구(加耶政治史硏究)》, 165~167쪽. 참조.

작하기 어렵지 않을 것이다. 통합을 주도한 세력의 입장에서는 용납이 안 될 일이다.

백제를 비롯한 주변 국가들이 평화적으로 통합을 결정한 신라와 금관가야·탁기탄 같은 나라들에 대해 그런 짓을 하려 했다는 뜻이다. 그때 사람들이 바보가 아니고서는 이런 내용을 외교적으로 타협할 여지가 있다고 생각했을까?

그러고 보면 그때까지 독립국가로 남아 있던 나머지 가야국의 사람들도 참 웃기는 사람들이 되어 버린다. 그들이 신라에게 가야의 독립보장과 탁기탄·남가라·탁순의 반환을 요구했다면 웃기는 사람이 된다는 이야기이다. 이게 무슨 꼴이 될까?

가야의 독립을 보장하라면서, 정작 자기들 뜻으로 신라에 귀순한 나라들은 강제로 분리시켜 달란다. '독립'이라는 것이 무슨 뜻인지 새겨야 하나? 국어사전에 나오는 뜻을 말하는 것이 아니다. 국제정치에 있어서 독립은 자신들의 결정을 존중받는 것은 의미한다. 금관가야·탁기탄 같은 나라들이 자기들 손으로 신라에 통합되는 길을 선택했다면, 그 나라들은 독립국으로서 마지막 결정을 한 것이다. 그런데 그 나라들을 원상복귀시키라는 말은 금관가야·탁기탄 같은 나라들의 결정을 철저히 무시하라는 뜻밖에 되지 않는다. 그러고도 오랜 세월 그 나라들과 같은 연맹체 안에 있던 자기들이 결정하는 것은 존중해 달라고 할 수 있나? 오히려 "우리는 제대로 결정을 못하니 주변에서 우리 일을 처리해 주어야 한다."라고 떼를 쓰는 꼴이 되어 버린다.

또 당사자들은 이런 가야국의 태도를 고마워할까? "니들이 뭔데?" 라고 나오는 것이 정상이다. 그런 나라들 강제로 분리시켜 자기 연맹

소속으로 복귀시키면 협조가 잘도 되겠다. 가야 사람들이 이런 정도 생각도 못 했다는 뜻이 된다.

가야뿐 아니라 백제 사람들도 웃기는 사람이 되기는 마찬가지이다. 여기서는 백제가 '전쟁 없이 가야 지역을 포섭하려'했다는 점을 계속해서 강조했다. 그런데 '가야연맹제국을 부용(附庸)으로 삼으려는 목적 외에, 신라에 빼앗긴 남가라와 탁기탄 같은 나라들을 다시 빼앗을 욕심이 있었던' 백제가 '전쟁 없이' 이런 일이 가능하다고 생각했을까?

'부용(附庸)'이라는 뜻부터가 그렇다. 이건 다른 나라를 제 맘대로 부려먹겠다는 뜻이다. 가야인들은 자기 나라가 이런 꼴을 당하게 되는데, 저항 한 번 해 보지 않고 포섭되려 했을까? 또 힘들여 통합을 이룬 신라와 금관가야·탁기탄 등의 나라가 제 욕심 채우자고 강제로 자기들을 분리시키려는 백제에 '전쟁 한 번 없이' 고분고분 따라 주려 했을까? 실제로 신라와 가야는 물론, 왜까지도 소극적으로나마 백제의 의도를 무산시키려 엄청나게 노력했고, 나중에는 극단적인 방법까지 썼다. 김태식의 주장대로 하자면 백제가 다른 나라들이 이렇게 나올지 예측조차 하지 못하는 나라였다는 말이 된다.

그러고 보니 성왕이 임나를 재건하겠다고 취한 방법도 모자라는 짓만 골라서 한 꼴이 된다. 우선 '임나재건'을 추진하려는데, 가야에게 신라의 협조를 받아오라고 시켰다는 사실부터 그렇게 된다.

'임나재건'이 삼품창영 이래 주장해 왔던 대로, 신라에 귀순해 버린 금관가야, 탁순 같은 나라들을 다시 분리시키는 것이었다면 신라의 협조와 의사를 확인하려 할 필요가 있었을까? 신라의 입장에서는 어차피 용납하지 못할 일이다. 그렇다면 성왕은 뻔히 되지도 않을 일에 뻔한 대답 들으려고 가야인들을 신라에 보냈다는 이야기가 된다.

이는 공연히 쓸데없는 짓을 했다는 차원에서 끝날 문제가 아니다. 개인적인 모임에서도 "화장실 가기가 무섭다."라는 말이 나올 정도로 자리에 없는 사람에 대해서는 험한 소리 해대는 생리가 있다. 하물며 국가적인 생존과 이익이 걸린 자리에서는 말할 필요가 없다. 그래서 대부분의 나라들은 이권이 걸려 있는데도, 자기 나라가 참석하지 못하는 회담 자체를 싫어한다.

그런데 성왕은 가야에게 신라와 접촉할 것을 재촉했다. 도대체 뭘 기대하고? 성왕이 '황제병'에 걸려도 단단히 걸리지 않은 바에야, 자기들끼리 만나서 백제의 덕을 칭송하며 협조를 다짐하는 자리가 되리라고 기대했을까?

이 주장을 한 당사자부터가 가야에서는 신라에게 '백제와의 단절 또는 왜와의 교역문제에 신라와의 협조를 제시하였을' 것이라고 했다. 백제가 없는 자리에서 회담이 이런 식으로 진행되었으리라는 생각은 당연하다. 하지만 백제의 입장에서는 결코 기분 좋을 일이 아니다. 성왕은 이런 일이 벌어지도록 가야의 등을 떼민 꼴이 되고 만다.

왜를 끌어들인 이유는 이보다 한술 더 뜬다. 김태식의 주장에 따르자면, 백제가 임나재건을 추진하면서 끝까지 왜를 끌어들이려 했던 이유가 '가야·신라와의 관계에 큰 영향을 주지 않으려'는 것이었다고 했다. 왜를 가야·신라와의 사이에 완충 역할로 이용하려 했다는 뜻이다.

그런데 왜를 끌어들인다고 완충 역할을 해 줄까? 세 살배기 어린아이도 아닌 독자들에게, 국제관계라는 것은 서로 조금이라도 더 이권을 챙기려고 악다구니치는 속성이 있다는 뻔한 소리를 자꾸 되풀이하게 만든다. 성왕이 그런 어린아이 수준밖에 안 되는 인물이 아니라면, 다른 나라를 끌어들였을 때 그 나라가 제 욕심 챙기려고 골치 아프게 굴 것이라는 점을 몰랐을까?

실제로 왜는 골치 아프게 구는 정도가 아니라, 아예 일을 훼방 놓는 수준이었다. 성왕이 소집하는 회의에 참석하지 않도록 앞장을 서지 않나, 가야에 파견된 백제 요원을 자기들이 관리하겠다고 나오지 않나, 백제의 입장에서는 속에서 열불이 날 지경이었다. 앞서도 말했듯이, 나중에 오죽했으면 성왕 자신이 "그 놈들 소환하라."고 요구했을까. 그런데도 분쟁을 피하려고 왜를 끌어들였다는 말이 나올까?

성왕이 이런 수준으로 일을 처리했을 리는 없다. 결국 이 역시 일본 학계에서 이끄는 대로 임나재건 문제를 끼어 맞추어 해석하려다 보니, 성왕을 비롯한 당시 사람들이 바보짓을 한 것처럼 만들어 놓은 논리일 뿐이라는 것이다.

3. 신라가 일본에 저자세 외교[37]를 했다?

일본에 대한 신라의 저자세(?)가 가지는 의미

한국 사람이라면 제목처럼 신라가 일본에 저자세를 취했다는 말 자체가 매우 자존심을 건드리는 일로 여길 수 있다. 하지만 필자가 편협한 국수주의자들처럼 '우리나라 사람들 자존심 상하는 주장을 하는 작자가 바로 식민사학자'라고 말하려는 것은 아니다.

거듭 강조하지만, 학문이란 불리한 사실도 받아들이는 것이 원칙이다. 자존심 상하는 일이라고 무조건 거짓으로 몰거나, 더 나아가 믿기 싫은 사실을 주장하는 사람은 식민사학자로 매도하는 행위는 식민사학을 심는 행위 못지않게 파렴치한 짓이라고 생각한다. 그러니까 '자존심 상하게 하는 주장이니 식민사학'이라 말하려는 것이 아님

---

37) 이 내용은 필자의 글 (〈신라(新羅)의 대일 저자세(對日 低姿勢) 외교의 허구〉, 《일본학 (日本學)》23, 2004)에서 한번 다룬 적이 있다. 하지만 그 내용은 역사 전문가를 위한 학술논문 형태로 되어 있어 비전문가들이 보기에는 적절하지 못한 측면이 있다. 이 때문에 여기서 쉽게 풀어 다시 한 번 다루려는 것이다.

은 분명히 해 둔다.

그럼에도 불구하고 이 주제를 식민사학의 침투와 관련 짓는 이유가 있다. 결론도 결론이지만, 이런 결론을 유도한 과정이 전형적인 식민사학의 수법을 사용하고 있기 때문이다. 필자가 보기에는 식민사학으로 왜곡된 주제 중에서도 심히 노골적인 축에 들어간다. 그렇기 때문에 이 주제만 제대로 살펴보아도 식민사학이라는 것이 무엇을 가지고 어떻게 만들어지는지 이해하기 어렵지 않을 것 같다.

신라의 저자세 외교와 식민사학이 무슨 연관이 있는지는, 식민사학자들이 그리려던 역사 퍼즐의 기본적 윤곽을 떠올려 보면 쉽게 알아볼 수 있다.

고대 한일관계사에 있어서 그들의 논리는 기본적으로 강력한 대화(大和) 정권이 상대적으로 허약한 한반도 남부의 국가들에 영향력을 행사해 왔다는 것이다. 이러한 그림이 단순한 상상도가 아닌 역사적 실체로 인정받으려면 당연히 한반도 남부에 있던 나라들에 대한 대화(大和) 세력의 우위가 입증되어야 한다.

특히 한반도의 고대국가 중에서 전통적으로 일본과 가장 사이가 좋지 않았던 신라에 대한 우위는 기본적으로 나타나야 한다. 더욱이 신라가 이른바 '삼국통일'을 이루고 난 이후에도 일본에 비해 허약했다면 그야말로 금상첨화이다. 통일을 이룬 신라가 일본에 비해 허약했다면 그 이전 분열되어 있던 때에는 더 말할 것도 없다.

통일 이전의 신라뿐 아니라, 통일을 이룬 신라의 일부였던 백제나 가야라고 일본보다 강력했을 리가 없다. 식민사학자들이 원하는 부분 그림 한 조각이 멋들어지게 완성되는 것이다.

물론 이 모든 것이 사실이라면 식민사학자들이 원하던 그림이라고 무조건 악의적인 상상도라고 몰아 버릴 수는 없다. 그렇지만 아무리 봐도 그랬던 것 같지가 않으니 문제라는 것이다.

저자세 외교의 근거

물론 그랬던 것 같지 않다는 점만 강조하면 이 역시 제멋대로 남을 비난하는 꼴이 될 수 있으니, 무엇 때문에 그러는지 밝혀야 할 것이다. 이를 위해 우선 신라가 일본에 저자세 외교를 했다는 논리와 근거부터 살펴보자.

석모전정(石母田正), 영목정민(鈴木靖民) 등 일본 학자와 윤선태, 서영교 같은 한국 연구자들은 이른바 '삼국통일'을 전후한 시기에도 일본이 신라에 대해 우월한 지위를 가지고 있었다고 본다. 여기에는 신라가 일본에 조공을 바쳤다는 것이 중요한 근거가 된다. 이렇게 한 덕분에 일본과의 관계가 안정될 수 있었다는 것이다. 윤선태, 서영교는 한 술 더 떠서 신라가 일본에 저자세 외교로 일관했다고까지 주장한다.

여기서 '저자세 외교'라는 노골적인 표현이 대한민국 국적을 가진 연구자에게서 나왔다는 점이 재미있다. 일본 문화가 원래 과격한 표현 좋아하지 않는 데다가, 우악스런 군국주의 시대 식민사학자도 아닌 요즘 일본 학자들은 상대를 자극할 만한 표현은 잘 쓰지 않는다. 결국 일본 학자에 비해 말을 잘 가리지 않는 대한민국의 학자가 그들이 노골적으로 하고 싶었던 말을 대신해 준 셈이다.

이렇게 신라가 '저자세 외교'를 한 이유는 막강한 일본의 군사력에 심각한 위협을 느꼈기 때문이라고 본다. 당(唐)나라와 전쟁을 치르고 있던 신라가 배후의 안전을 확보하려 했던 것도 중요한 이유였지만, 일본 자체의 위협도 만만치 않았다고 한다.

윤선태의 경우에는 이른바 '안사(安史)의 난'이 터져 당나라가 신라 같은 외국에 신경을 쓰지 못하는 동안에도 일본에 대한 신라의 저자세 외교가 지속되었다고 보기 때문이다. 당의 위협을 걱정할 필요가 없던 시기에도 일본이 신라정벌 계획을 세우자 신라는 이전보다 더욱 저자세를 취했다는 것이다.

한국계 고대사 기록에도 신라가 일본의 위협을 심하게 느끼고 있었다는 점이 반영되어 있다고 주장한다. 신라의 문무왕이 일본에 얼마나 심한 강박관념을 가지고 있었는지 보여 주는 《삼국유사》 기록이 있다는 것이다. 아래에 나오는 기록이 바로 그것이다.

왕은 나라를 다스린 지 21년 만인 영륭(永隆) 2년(681)에 죽으면서 동해 가운데 큰 바위 위에 장사하라고 유언하였다. 왕은 평상시 지의 법사에게 말하기를 내가 죽은 뒤에는 원컨대 나라를 수호하는 큰 용이 되어 불교를 받들고 국가를 보위하리라. 《삼국유사》 권 2 문무왕)

《사중기(寺中記)》가 전하는 바에 따르면 문무왕이 왜병을 진압하기 위해 일부러 이 절을 짓다가 다 끝내지 못하고 죽어 용이 되었으니, 그의 아들 신문왕이 즉위하여 개요(開耀) 2년(682)에 내부 장치를 마쳤다. 이 절의 금당(金堂) 아래 동쪽으로 향하여 구멍이 나 있는 바, 그 것은 용이 들어와 서리게 하기 위한 것이다. (《삼국유사》권 2 만파식적)

이 기록들을 통하여 문무왕이 얼마나 일본의 위협을 심하게 느꼈 는지 알 수 있다고 한다. 여기에 황룡사 9층탑에 대한 기록도 근거로 추가된다. 그 내용도 한번 살펴보자.

> 또 우리나라의 이름난 학자 안홍이 지은 《동도성립기(東都成立記)》 에는 "신라 제27대는 여왕으로 임금을 삼으매 비록 원칙은 세웠다고 할 수 있으나 위엄이 없으므로 9한이 침노를 하매 만약 용궁 남쪽 황 룡사에 9층탑을 세우면 이웃 나라의 침범을 진압할 수 있을 것이니 제1층은 일본이요 제2층은 중화(中華)요 제3층은 오월(吳越)이요 제4 층은 탁라(托羅)요 제5층은 응유(鷹遊)요 제6층은 말갈(靺鞨)이요 제7 층은 단국(丹國)이요 제8층은 여적(女狄)이요 제9층은 예맥(濊貊)이 라" 하였다. (《삼국유사》권 2 황룡사)

이 기록들을 액면 그대로 보자면, 신라는 허약한 나라가 되어서 허 구한 날 외국의 침략에 시달렸고 그래서 황룡사에 9층탑이라도 세워 서 침략을 막아 보려 했다고 생각하게 된다. 특히 황룡사 9층탑과 연 관된 이야기에 있어서는, 하필 일본이 1층이다. 굳이 의미를 부여하 자면 신라가 일본은 1층에 놓을 정도로 위협적인 세력으로 생각했다 는 뜻으로 해석할 수 있다.

여기에 신라의 사신 파견까지 일본에 저자세 외교를 했다는 구체적 근거로 활용된다. 《일본서기》와 《속일본기(續日本紀)》에는 668년 부터 700년까지 25회에 걸쳐 일본에 사신을 파견했던 사실이 기록되어 있다. 이를 두고 신라가, 당과 일본이 연결되어 신라를 압박하게 되는 상황을 저지하려 애를 쓰던 상황의 반영이라고 보는 것이다.

특히 673년부터 신라 사신의 지위가 파격적으로 격상되는 것부터 의미심장하다고 본다. 어떻게 해서든지 일본과의 관계를 개선해 보려고 고위층이 줄줄이 파견되었다는 것이다. 서영교는 신라가 단순히 사신을 파견하는 것만으로 그치지 않고, 일본의 천황과 그 가족, 고위 귀족들의 환심을 사기 위해 물량공세를 폈다고까지 주장한다.

679년 10월부터 본격적으로 상당한 물량의 제품을 일본에 보내고 있으며, 이와는 별도로 천황·황후·태자에게도 귀금속과 도(刀)를 보낸 사실을 두고 이렇게 해석하는 것이다. 689년 천무천황의 장례식에 신라 사신이 금동아미타상·금동관세음보살상·대세지보살상 등을 가지고 왔던 사실도 일본 황실과 최고위층의 심정과 정서에 호의를 남기기 위해 안간힘을 썼던 신라의 노력으로 본다.

여기에 더하여 보다 구체적인 근거로 752년 대아찬 김태렴 등 신라 사절을 환영하는 만찬에서 일본 천황에게 야단까지 맞았다고 지적한다.[38] 신라가 과거 신공황후 이래 일본의 번병(藩屛)이었던 주제에 효성왕(孝成王) 등이 예의를 지키지 않았기 때문이란다.

이런 사실들이 나타나니 신라가 일본의 눈치를 보아가며 비굴하게 저자세로 안보를 구걸했다고 보아야 하지 않느냐는 주장이다.

---

38) 이 기록은 《속일본기(續日本紀)》 권19 태평승보(太平勝寶) 4년 6월의 기사에 나타난다.

실종된 사료비판

　그렇다면 이들의 주장에는 타당성이 있는 것일까? 역사학을 직업으로 하지 않는 사람들에게는 얼핏 그럴듯해 보일지는 모르겠다. 하지만 이들은 역사연구에서 가장 기본적으로 거쳐야 할 작업인 '사료비판'을 하지 않았다. 《일본서기》 같은 일본계 기본 사료가 왜곡되어 있다는 사실을 철저하게 무시하고 있는 것이다.

　지금까지 필자가 기회 있을 때마다 강조하는 것이 있다. 역사 연구란 기록을 그대로 베껴 내는 것이 아니라는 점이다. 그런 식으로 역사를 연구하려면 역사학자라는 존재 자체가 필요가 없다. 단순히 한문이나 영어 같은 어학 잘하는 사람만 있으면 그만이다.

　그럼에도 굳이 역사학자라는 직업을 따로 만든 데에는 그럴 만한 이유가 있기 때문인 것이다. 그 이유는 간단하다. '기록이 항상 진실을 말하고 있는 것이 아니어서' 그 뒤에 숨겨진 사실을 찾아 내어야 하기 때문이다.

　이 경우는 바로 그 전형이라 할 수 있다. 이 점을 보여 주기 위해 우선 신라의 저자세 외교를 주장하는 자들이 이용하는 기록이 얼마나 왜곡·조작·과장되어 있는지 밝힐 필요가 있다. 다음에 보이는 기록은 지금까지 몇 번이나 인용했지만, 이 분야에 익숙하지 않은 독자들을 위해서 어쩔 수 없이 또 인용할 수밖에 없겠다.

　　화이진(和珥津)으로부터 출발했다. 이때 바람의 신은 바람을 일으키고 파도의 신은 파도를 일으켰으며 바닷속의 큰 고기가 모두 떠올라 배를 도왔다. 곧 큰 바람이 순조롭게 불고 배는 물결을 따라갔으므로 노 젓는 데 힘들이지 않고 바로 신라에 도착하였다. 이때 배를 실은 물결이 멀리 나라 가운데까지 미쳤으니 곧 하늘과 땅의 신들이 모두 도왔음을 알겠다. 신라 왕은 이에 두려워 떨며 몸 둘 바를 모른 채 여러 사람을 모아 놓고 "신라의 건국 이래 일찍이 바닷물이 나라에 넘친 일을 듣지 못했다. 만약 천운(天運)이 다했다면 나라가 바다가 될 것이다."라고 하였다. 이 말이 끝나기도 전에 배가 바다에 가득차고 깃발들이 햇빛에 빛났다. 북과 나팔소리가 나니 산천이 모두 떨었다. 신라 왕이 멀리서 바라보고 심상치 않은 군대가 장차 자기 나라를 멸망시킬 것으로 여겨 두려워하며 싸울 뜻을 잃었다. 잠시 후 정신을 차리고 "내가 들으니 동쪽에 신국(神國)이 있는데 일본이라 하며 성스러운 왕이 있어 천황(天皇)이라 한다. 반드시 그 나라의 신병(神兵)일 것이니 어찌 병사를 일으켜 막을 수 있겠는가."라 하고 곧 흰 기를 들고 스스로 항복하여 왔다. 흰 끈을 목에 걸어 항복하고 도적(圖籍)을 봉인하여 왕의 배 앞에 와서 항복하였다. 인하여 머리를 조아리고 "지금 이후로는 하늘과 땅과 같이 길이 엎드려 사부(飼部)가 되겠습니다. 배의 키가 마를 틈 없이 봄 가을로 말의 털을 씻는 빗과 채찍을 바치겠습니다. 또한 바다가 먼 것을 번거롭게 여기지 않고 해마다 남녀의 조(調)를 바치겠습니다."라고 하였다. 거듭 맹세하여 "동쪽의 해가 다시 서쪽에서 떠오르지 않는다면, 또한 아리나례하(阿利那禮河)가 오히려 거꾸로 흐르고, 냇돌이 올라가 별이 되는 일이 없는 한, 봄 가을의 조공을 거르고 빗과 채찍을 바치지 않거나 게을리 하면 하늘과 땅의 신이 함께 토벌할 것입니다."라고 하였다. 이에 어떤 사람들은 "신라

왕을 죽여야 한다."라고 말하였는데, 황후는 "처음에 금은의 나라를 주겠다고 한 신의 가르침을 받들고 3군(軍)에 호령하여 '스스로 항복하는 자는 죽이지 말라.'고 하였다. 지금 이미 재국(財國)을 얻었고 또 사람들이 스스로 항복했으니 죽이는 것은 좋지 않다."라고 하였다. 이에 항복의 결박을 풀고 사부(飼部)로 삼았다. 드디어 그 나라 안에 들어가 보물창고를 봉하고 국적문서(國籍文書)를 거두었다. 그리고 황후가 가지고 있던 창을 신라 왕의 문에 세워 후세의 증거로 삼았다. 그래서 그 창은 지금도 신라 왕의 문에 서 있다. 이에 신라 왕 파사매금(波沙寐錦)은 미질기지파진간기(微叱己知波珍干岐)를 볼모로 하여 금은(金銀)·채색능라(彩色綾羅)·겸견(縑絹)을 배 80척에 싣고 관군(官軍)을 따르게 했다 이리하여 신라 왕은 항상 80척의 조(調)를 일본국에 바쳤는데 이러한 연유 때문이다. 이때 고려와 백제의 두 나라 국왕이 신라가 도적(圖籍)을 거두어 일본국에 항복하였다는 것을 듣고 놀라 그 군세(軍勢)를 살피도록 하였다. 이길 수 없음을 알고 스스로 군영(軍營) 밖에 와서 머리를 조아리고 서약하여 "지금 이후로는 길이 서쪽 번국(蕃國)이 되어 조공을 그치지 않겠습니다."라고 하였다. 그리하여 내관가둔창(內官家屯倉)으로 정하였다. 이것이 이른바 삼한(三韓)이다. 황후가 신라로부터 돌아왔다. 《일본서기》 신공황후 9년 겨울 10월)

천황이 대장군 대반련협수언(大伴連狹手彦)을 보내어 군사 수만 명을 이끌고 고려를 치게 하였다. 협수언(狹手彦)은 이에 백제의 꾀를 써서 고려를 쳐서 깨뜨렸다. 그 왕이 담을 넘어 도망하자 협수언은 마침내 승세를 타고 왕궁에 들어가 진귀한 보물과 갖가지 재화, 칠직장(七

織帳), 철옥(鐵屋)을 모두 얻어 돌아왔다. [옛 책에 "철옥은 고려 서쪽의 높은 누각 위에 있으며 직장(織帳)은 고려왕의 내전 침실에 걸려 있다."고 한다]. 칠직장은 천황에게 바치고 갑옷 2벌, 금으로 장식한 칼 2자루, 무늬를 새긴 구리종 3개, 오색번(五色幡) 2간(竿), 미녀 원[媛은 이름이다.] 및 그의 시녀 오전자(吾田子)를 소아도목숙네(蘇我稲目宿禰) 대신(大臣)에게 보내었다. 이에 대신은 두 여자를 맞아 들여 처로 삼고 경(輕)의 곡전(曲殿)에 살게 했다[철옥(鐵屋)은 장안사(長安寺)에 있다. 이 절이 어느 나라에 있는지는 알지 못한다. 어떤 책에는 "11년에 대반협수언련이 백제국과 함께 고려왕 양향(陽香)을 비진류도(比津留都)에서 쫓아내었다."라고 한다]. 《일본서기》흠명천황 23년 8월)

이 내용을 읽으면 왜 기록을 액면 그대로 믿어서는 안 되는지 한눈에 알아볼 수 있을 것이다. 한국과 일본의 고대사 전문가들은 첫 번째 기록이 4세기 중반의 것이라고 본다. 그때 백제는 근초고왕, 고구려는 고국원왕이 왕위에 있을 시기였다. 그들이 자신의 나라도 아니고 신라가 정복되었다는 소문만 듣고 멀리서 달려와 항복을 했다? 4세기 중엽의 백제와 고구려가 어떤 나라인지 알고 있는 사람이라면 코웃음밖에 안 나올 것이다.[39]

두 번째 기록은 6세기 중반의 것이다. 헷갈리는 사람이 있을지 모르겠지만, 여기 나오는 고려는 당연히 고구려이다. 조금 후에 벌어지

---

39) 좀 더 구체적인 내용이 필요한 분은 필자의 책《중화사상과 동아시아 - 자기 최면의 역사》, 책세상, 2007. 92~96쪽을 참조하시기 바란다.

는 일이기는 하지만, 수나라 대군을 여러 번 박살 내는 장면을 연출했던 그 고구려 말이다. 그런데 그런 고구려에 일본이 쳐들어가서 고구려왕으로 하여금 담을 넘어 도망가게 했단다.

뻥을 쳐도 적당히 쳐야 혹시 맞을지도 모른다는 생각이라도 해 보는 법이다. 《일본서기》를 중심으로 한 일본 측 고대사 기록이 대개 이런 꼴이다. 역사를 복원한답시고 이런 기록들을 아무 생각 없이 그대로 옮겨 놓으면 어떻게 될까? 그것이 바로 이따위로 기록을 조작했던 작자들이 바라던 바이다. "신라가 일본에 저자세 외교를 했다." 운운하는 주장이 바로 이런 맥락의 기록들을 그대로 옮겨 놓아 만들어 낸 퍼즐인 것이다.

과장 심한 전쟁 기록

일본 고대사 기록이 이런 식으로 남겨졌다는 점을 감안하고 보면, 석모전정에서 서영교까지 일본이 신라를 압박하고 있었다는 근거로 삼은 전쟁 기록도 완전히 달리 보아야 정상이다. 예를 들어 663년 이른바 백촌강 전투의 파병 기록 같은 것은 보자. 《일본서기》 천지천황 2년 3월의 기록에는 "여러 장군을 보내어 2만 7,000명을 이끌고 신라를 치게 했다.", 천지천황 2년 6월의 기록에는 "장군 상모야군치자(上毛野君稚子) 등이 신라의 사구기노강(沙䂖岐奴江)에 있는 2성을 함락시켰다."라고 되어 있다.

석모전정과 서영교 등은 이런 기록들을 근거로 신라에 대한 일본의 위협이 대단했던 것처럼 주장했다. 당시로서는 대단한 병력이 파견되어 신라를 정벌하기도 하고, 몇몇 성은 함락되기도 했다는 기록이 나타나는 점은 사실이다. 그러니 이 자체로만 보면 일단 "신라를 치려고 군대를 보냈다."는 식으로 되어 있으니 당연할지도 모르겠다.

하지만 이대로 믿어 주기에는 뭔가 좀 이상하다. 우선《삼국사기》등에 나타나는 신라-일본 관계는《일본서기》에서 표현하는 내용과 많이 다르다. 특히 이 사건과 관련된《삼국사기》기록에는 상황이 정반대로 묘사되어 있다.

용삭(龍朔) 3년 계해(문무왕 3년: 663)에 백제의 여러 성이 몰래 부흥을 꾀하여 그 장수들이 두솔성(豆率城)에 근거하며 왜에 군사를 청하여 후원을 삼으니 대왕이 친히 유신, 인문, 천존(天存), 죽지(竹旨) 등 장군을 인솔하고 7월 17일에 정벌에 나서 웅진주(熊津州)에 이르러 주둔하고 있던 유인원과 군사를 합쳐 8월 13일에 두솔성(豆率城)에 이르렀다. 백제인과 왜인이 진영에서 나오자 아군이 힘껏 싸워 크게 이겼다. 백제와 왜인이 모두 항복하였다. 대왕이 왜인들에게 말하였다.

"우리나라와 너희 나라는 바다를 사이에 두고 강역이 나뉘어 있어 일찍이 전쟁한 일이 없고 단지 우호관계를 맺어 사신을 서로 교환하여 왔는데 무슨 까닭으로 금일 백제와 죄악을 함께하여 우리나라를 도모하는가? 지금 너희 군졸은 나의 손아귀 속에 들어 있으나 차마 죽이지 않겠다. 너희는 돌아가 너희의 국왕에게 전하라! 그리고 너희는 가고 싶은 대로 가라!"《삼국사기》김유신 열전 中)

여기에 나타난 대로라면 왜는 백제의 부흥을 도우려 군대를 파견했다가 신라군에 패해서 항복했다. 신라의 성을 점령해 가면서 위협을 주는 상황이 아닌 것이다. 같은 전투를 두고 이렇게까지 다르게 기록했으니, 둘 중 어느 한쪽의 기록이 거짓말을 하고 있다는 점은 확실하다.

그러면 어느 쪽이 거짓말쟁이일까? 여기서 우리 조상의 기록이니 《삼국사기》는 무조건 믿어 주자는 뜻이 아님을 미리 밝혀 둔다. 사실 사람이 살면서도 거짓말 한 번 하지 않고 살기는 어렵다. 이 점은 역사 기록이라고 다르지 않다.

《삼국사기》도 일부러 그랬건 어쩌다 보니 결과적으로 거짓말이 되었건, 사실과 다른 기록은 많이 나타난다. 그러니 이 문제에 대한 기록도 트집을 잡으려 하면 얼마든지 잡을 수 있다.

우선 문무왕의 말대로 신라와 왜가 일찍이 전쟁한 일이 없다는 말부터 트집거리가 될 수 있다. 고대 한반도에 있던 나라들 중 그래도 왜와 제일 사이가 좋지 않던 나라가 신라였다. 신라 초기에는 200~300년 동안 왜와 제법 많은 전쟁을 벌였다.

그러니 문무왕의 말도 거짓말로 들릴 수 있다. 나아가서는 이 기록을 믿을 수 없다고 몰아 버릴 수 있는 근거로 삼을 수도 있다. 좋게 해석해 주더라도, 역사적 사실이 아니라 문무왕을 성인(聖人)처럼 돋보이게 하려고 하지도 않은 말을 조작해 넣은 것 아니냐는 추측도 가능하다. 또 실제로 신라와 왜가 전쟁한 일이 없다는 뜻이 아니라, 앞으로 잘 지내보자는 덕담으로 해석할 여지도 있다.

어쨌건 이를 기화로 일본 쪽 기록을 믿어서 안 될 이유도 없지 않느냐고 버티는 수가 생긴다. 그래서 겨우 이 기록 하나만 있다면 무조건 믿자고 하기는 곤란해진다.

하지만 조금만 더 생각해 보면 문무왕의 말은 나름대로 아귀를 맞추어 볼 여지라도 있다. 《삼국사기》 기록에는 6세기 들어서면서부터 신라와 왜가 충돌했다는 기록이 싹 사라진다. 물론 이 점은 어떠한 이유에서인지 왜 자체가 등장하는 기록이 사라졌다는 측면이 작용한다.

그래도 이 흐름은 6세기 이후 300년 동안 이어져 일본과의 전쟁이 이전과 비교해 보면 거의 나타나지 않는다고 해도 과언이 아닐 정도가 된다. 그 정도로 6세기 이후에는 신라와 왜 사이에 평화 기조가 정착되었다는 뜻이다.

따지고 보면 7세기 사람인 문무왕으로서는, 자기 생애에 왜와 전쟁을 벌여 본 적이 없으니 "일찍이 전쟁한 일이 없다."고 알고 있어도 그리 이상할 것은 없다. 이렇게 보면 문무왕의 말은 굳이 거짓말이나 부실로 몰아 버릴 근거가 부족하다.

반면 일본 쪽의 기록은 어떻게 좋게 해석해 줄 여지가 없다. 도대체 있을 수가 없는 정벌 기록을 수도 없이 만들어 낸 '사기전과'부터가 그렇다. 일본 고대사 기록에서 비슷한 사기극을 수도 없이 벌였다는 점을 감안해야 한다는 것이다. ('사기'라는 표현까지는 좀 심하다고 생각할 사람이 있을지 모르겠지만, 앞의 예를 볼 때 과언이 아니라고 생각한다.)

이상한 점은 또 있다. 663년이면 이른바 '백제부흥운동'이 벌어지고 있던 시기이다. 이때 파견된 왜병도 이를 돕기 위해 파견되었다고 보아야 한다. 전투도 백제 지역에서 주로 벌어진다. 그런데 웬 신라정벌? 그러고 보면 일본 고대사 기록은 이에 관련된 사기전과도 있다.

고대 한일관계사 전공자들에게 상당히 중요한 사료로 이용되고 있는 신공기 49년 기록이 그것이다. 여기서도 신라를 정벌한다고 군대를 파견해 놓고는 실제 작전은 엉뚱하게 가야 방면에서 실행했다. 이때의 정벌에서도 원래 정벌한다고 했던 신라와는 충돌했던 기록조차 나타나지 않는다. 《삼국사기》 같은 다른 기록은 물론, 《일본서기》 자체에서도 그런 기록이 없다는 것이다.

이렇듯이, 고대 일본이 한반도에 무슨 조치라도 취하는 사안에 대해서는 그 조치 자체가 신라와 직접적인 상관이 없다 하더라도 신라 정벌 사업이라고 기록하는 것은 《일본서기》의 상투적인 수법이다. 고대 한반도 국가 중 가장 사이가 좋지 않았던 나라가 신라였기 때문에 걸핏하면 화풀이라도 하듯 무슨 일만 생겼다 하면 신라정벌이라고 갖다 붙인 것 같다.

이러한 수법을 보아서는, 신라정벌 기사가 나타났다고 해서 진짜 정벌이 있었다고 볼 필요가 없다는 것이다. 이런 성향을 고려해 본다면 이른바 백촌강 전투에 나타나는 신라정벌 기록도, 실제 침략 사실에 대한 기록이라기보다 일본의 일방적인 과장 중 하나라고 보는 편이 타당하다. 그러니 《일본서기》에 신라를 정벌하겠다는 슬로건이 나타나니 신라가 실제로 겁을 집어 먹었을 것이라고 보는 발상 자체가 소갈머리 없는 짓이다.

그렇다면 이런 기록들을 어떻게 해석해야 하는지 분명해질 것이다. 일본 쪽 고대사 기록이 거짓말투성이라고 해서 《삼국사기》 같은 우리 조상의 기록을 무조건 믿자는 뜻은 아니다. 하지만 어떻게든 아귀를 맞추어 볼 수 있는 기록과 그럴 여지조차 없는 기록 중 하나를 선택하라면 망설일 필요가 없다. 그런데도 굳이 일본 쪽의 기록을 선택하려는 심보는 정상적인 상식으로 이해해 줄 사안이 아니라는 것이다.

오해하기 딱 좋은 《삼국유사》의 기록

이 정도면 마음먹고 왜곡을 자행한 일본 고대사 기록을 가지고 신라의 저자세 외교라는 그림을 만들어 내는 행각이 얼마나 어리석은 짓인지에 대해서는 대충 설명이 된 것 같다. 하지만 이것만으로는 또 다른 의문을 해결할 수 없다.

바로 한국 쪽 기록인 《삼국유사》에 신라가 일본을 상당히 두려워한 듯한 내용이 나타난다는 점이다. 《일본서기》는 원래 그런 기록이라 그렇게 친다 해도 《삼국유사》 같은 우리 조상의 기록에 신라가 있지도 않았던 일본의 위협을 많이 느꼈던 것처럼 적었겠느냐는 의문을 가질 수 있다. 그렇기 때문에 이에 대해서도 기본적인 해명은 해 놓아야 할 것 같다.

사실 《삼국유사》를 편찬했던 사람들이 《일본서기》처럼 천황 미화를 위한 조작을 해 넣었을 리는 없다. 《일본서기》의 기록만 가지고서는 찜찜할 수밖에 없는 식민사학자의 입장에서는 그야말로 천군만마를 얻은 기분일 것이다.

하지만 역사 기록의 왜곡은 단 한 가지 이유만으로 이루어지는 것이 아니라는 점을 감안해야 한다. 혹자는《일본서기》처럼 마음먹고 조작해야만 기록의 왜곡이 생기는 줄 아는 경우도 있겠지만, 세상이라는 것이 그렇게 단순하지는 않다.

때로는 별 악의 없는 과장 하나로 인하여, 혹은 다른 말을 하고 싶어 아무 생각 없이 끼워 넣은 내용 때문에 어처구니없는 오해가 빚어지기도 한다.《삼국유사》의 기록은 바로 그 전형이다.

오해를 불러일으킬 수 있는《삼국유사》기록 중 제일 강력한 근거 역할을 하고 있는 황룡사 9층탑에 관한 기록부터 살펴보자. 앞서 밝혔던 바와 같이 황룡사 9층탑의 1층을 일본으로 설정해 놓았기 때문에 이 자체만 보면 당시 신라 최대의 위협이 일본이었던 것처럼 인식하기 쉽다. 하지만 실제로 위협이 있었던 것이 아니라는 점을 이미 밝혔다. 그렇다면 뭔가 이상하다.

침략해 오지도 않는 적에 대해 실질적으로 심각한 위협을 느꼈다는 것은 앞뒤가 맞지 않는다. 이전에 왜가 쳐들어왔을 때와 비교해 보아도 그렇다. 5세기 후반 고구려의 침공에 대응할 때에는 실제로 왜가 빈번하게 쳐들어왔음에도 불구하고 신라 자체 방어는 물론, 백제에 구원병을 보내는 것도 지장이 없었다. 왜군의 침공이 신라에 심각한 영향을 주지 않았던 것이다. 그런 신라가 100년이 훨씬 넘게 침공해 오지 않았던 일본의 위협을 심각하게 느꼈다고 보기는 어렵다.

그러고 보면 이상한 것이 이뿐만이 아니다. 3층에 설정된 오월(吳越) 같은 경우, 실제로 신라를 침략했거나 침략하려 했을 리가 없다. 일본과 중화를 제외하고는 황룡사 9층탑의 각 층에 설정된 대부분의 나라가 어디인지도 모를 지경이다. 이런 나라들의 침범까지 막으려고 세웠다는 것이 황룡사 9층탑이다.

그렇다면 무엇 때문에 기록이 이런 식으로 남았을까? 그 점은 황룡사 9층탑이 지어지게 된 배경에서 찾아볼 수 있을 것 같다. 여기서 황룡사 9층탑 같은 건축물을 지으려면 탑만 짓고 마는 것이 아니라는 점을 감안해야 한다. 황룡사라는 상당한 규모의 절까지 함께 지어야 한다는 것이다.

황룡사 정도 되는 규모의 절을 짓자면, 신라라는 나라의 입장에서는 보통 부담이 아니다. 예나 지금이나 나라에 부담스러운 일이라고 팔 걷고 부담 지는 기득권층은 별로 없다. 따지고 보면 자기들 좋자고 벌인 일이면서 이런 부담은 고스란히 백성들에게 전가된다.

특히 신라시대 같은 전근대 신분제 국가에서, 대규모 공사는 백성들에게 세금 몇 푼 내고 끝나는 부담만 주는 것이 아니다. 힘든 공사 대부분을 백성들이 직접 동원되어 때워야 한다.

아무리 '까라면 까는' 것이 힘없는 백성들이라지만 아무 명분 없이 부담만 떠맡기면 불만이 생긴다. 이건 통치자에게도 부담이다. 통치자 역시 얻는 것이 있으니까 절을 세우려고 했겠지만, 민심을 잃으면 본전도 못 찾는 경우가 있다. 당연히 나름대로 무마할 필요를 느끼게 된다.

그러려면 나라를 위해 황룡사 같은 절이 무슨 쓸모가 있는지 내세울 수 있어야 한다. 외적의 침략을 막을 수 있다는 말은 훌륭한 명분이다. 좀 유치해 보이기는 하지만, 지금도 중요한 행사 하나만 치르면 나라가 잘될 것처럼 분위기를 띄울 수 있다. 때때로 진짜 실현되기도 한다.

문제는 명분이라는 것이 항상 현실적 필요를 있는 그대로 반영하지는 않는다는 점이다. 극단적으로는 명분을 인정받기 위해 있지도 않은 위협을 내세울 수도 있다. 대부분의 백성들이 믿고 있는 신앙을 팔아먹는 것은 기본이다.

이런 요소가 조합되면 현실적으로 나타나지도 않는 적을 막기 위해 부처의 힘이 필요하다는 논리가 나올 수도 있다. 당장 눈앞에 나타나지 않더라도 나라를 위협하는 적이 있고, 그 적은 부처의 힘을 빌어 막아야 한다는 식이다. "불법(佛法)을 받들어야 나라가 잘된다."라는 주장은 《삼국유사》라는 책에서 기회 있을 때마다 강조하는 레퍼토리이다. 결국 이를 통해 황룡사와 9층탑을 지은 행위가 정당화되는 것이다.

게다가 황룡사 9층탑에 대한 이야기는 후대에 지어냈을 가능성도 있다. 앞에서 소개한 《삼국유사》 기록에도 그대로 나타나듯이, 황룡사에 관한 이야기는 신라 때의 기록이 그대로 남은 것이 아니라 학자 안홍이 지은 《동도성립기》에 나타나는 내용이다. 즉 이야기의 중간중간에 나오는 내용에 안홍 같은 사람들의 생각이 슬쩍 끼워 넣어졌거나 만들어졌을 가능성도 있다는 것이다.

당장 의심을 받을 만한 내용이 나온다. 여왕이 즉위했기 때문에 위엄이 없었다는 말이 나오는 것부터 그렇다. 신라 당대에 그런 말이 나오기가 어렵다. 신라인들이 정말 그렇게 생각했다면 아예 즉위하는 것부터 문제가 되었을 것이다.

결국 신라 당대의 생각이 그렇다기보다 안홍 같은 유학자의 생각이 그랬을 가능성이 크다. 그렇다면 이 말 다음에 나오는 9층탑에 관한 내용도 유학자의 생각, 불교계의 입장 등이 마구 뒤엉켜 신라시대의 역사적 상황과는 아무 관련 없이 만들어 넣어졌을 가능성이 크다. 그 와중에 일본이 심각한 위협을 주었던 세력으로 뻥튀기가 된 것이다.

비슷한 경우는 많다. 대표적인 것이 이른바 광개토왕비 신묘년조(辛卯年條)의 내용이다. 그 문장 중에 "百殘新羅 舊是屬民由來朝貢 而倭以辛卯年 來渡□破百殘□□[新]羅以爲臣民"라는 것이 있다.

자세히 따지자면 해석하는 사람마다 학설을 내놓았다고 해도 과언이 아니다. 어느 쪽이 옳으냐에 대해서는 거의 100년이나 지겹도록 논쟁을 벌였다. 그렇지만 최근 들어 일본에서부터 시작되어 광범위한 지지를 받고 있는 결론은 '처음부터 거짓말'이었다는 것이다.

광개토왕을 중심으로 한 고구려 왕실의 위엄을 높이려고 비문을 만들어 내다 보니, 왜가 얼떨결에 백제나 신라 같은 나라를 속국으로 만들 만큼 강력한 나라였던 것처럼 보이게 되었다는 이야기이다. 액션 영화 같은 데에 많은 등장하는 트릭스터 역할이라고 하면 이해가 쉬울 수도 있다.[40]

그러고 보면 다른 기록들도 트릭스터 역할을 하는 요소들 때문에 과장된 측면이 있다. 《삼국유사》 문무왕조에 나타나는 내용만 해도 그렇다. 여기에는 나라를 지키려고 용이 되었다고 했을 뿐이지, 일본을 막으려고 했다는 말도 없다.

같은 《삼국유사》 만파식적에 나오는 '왜병을 막기 위해서'라는 내

---

40) 자세한 내용은 이성시 지음·박경희 옮김, 《만들어진 고대》, 삼인, 2001. 19~80면을 참조하시기 바란다.

용과 연결시켜 문무왕의 의도를 해석해 버린 것뿐이다. 그런데 만파식적 이야기도 《사중기(寺中記)》라는 책에 전해지는 내용이다.

정확한 역사 기록을 위해 남겨진 책이 아니라는 점은 제목만 보아도 나타난다. 쉽게 번역하자면 '절에 떠도는 이야기 모음' 정도가 될 것이다. 그러니 실제로 문무왕이 그런 말을 했는지 나중에 설화를 지어내다 보니 갖다 붙여졌는지 확실하다고 할 수도 없다. 적어도 국가기관에서 정식으로 편찬한 역사, 즉 정사(正史)라는 《삼국사기》에는 이런 말 없으니까.

그리고 지금까지 알려져 있는 한, 일본을 막기 위해 만들었다는 문무왕의 '수중릉'도 사실이 아니라는 쪽으로 기울고 있다. 수중릉 자체가 존재하지 않는 것이라면, 이것을 만든 목적이라는 '왜병을 막기 위해'라는 목적 역시 당연히 허구가 된다. 이렇게 포교를 위해 만들어진 설화까지 교묘하게 조합해서 황당한 그림을 만들어 낸 것이 바로 식민사학이다.

그리고 이에 말려들어 우리 역사를 식민사학자들 취향에 맞게 그려 준 대한민국 학자도 있다. 이에 더하여 그렇게 만들어진 역사를 대한민국 국민 세금으로 돌아가는 국립기관에서 열심히 보급하고 있다.

필자가 개인적으로 감명 깊게(?) 감상했던 만화도 그중의 하나이다. 국립국악원에서 상영하던 만파식적에 대한 만화였다. 내용은 이렇다.

난데없이 과거로 돌아간 주인공이 하필 신라에 떨어진다. 신라의 어느 길거리를 거닐던 주인공이 왜병의 습격을 받았다. 물론 절대 죽어서는 안 되는 주인공은 구출되지만, 신라는 이렇게 길거리를 거닐던 사람이 불쑥 나타난 왜병의 습격을 받을 정도로 허약했던 나라로 묘사된다. 그랬기 때문에 만파식적이라도 얻어서 어떻게든 일본의 침략을 막아 보려 안간힘을 쓴다는 내용이었다.

주로 어린이들이 보았을 이 만화 덕분에 앞으로 이 나라를 짊어질 새싹들이 신라를 얼마나 형편없는 나라로 인식했을지는 묻지 않아도 알 수 있다. 아직도 이 만화가 상영되고 있는지는 알 수 없으나, 필자가 찾아갔을 때만해도 오는 사람들에게 열심히 보여 주고 있었다. 그랬으니 지금까지 상영되었던 분량만으로도 우리 사회에 충분한 악영향을 미쳤을 것이다.

일본적 과대망상증

'신라에 대한 일본의 군사적 위협'이라는 것은 왜곡된 기록으로 인한 허구라고 할 수 있다. "조공을 바친 덕분에 신라의 안보가 확보될 수 있었다."라는 식의 주장도 이런 기록에 근거를 두고 있는 것이다. 통일 이후 신라가 일본에 저자세 외교를 했던 것처럼 보이는 원인은 기록 자체가 근본적으로 왜곡되어 있기 때문이라고 하겠다.

문제는 이렇게 일본 고대사 기록이 조작과 왜곡투성이라는 점을 웬만한 일본 학자들이 모르지는 않는다는 점이다. 알면서도 굳이 이를 중심으로 한국과 일본의 고대사를 구성해 보려는 의도는 뻔하다. 그 편이 식민사학의 체계를 세우는 데 훨씬 유리할 테니까.

여기서 알 수 있는 또 한 가지 사실은 그만큼 일본 고대사 기록 자체가 식민사학이 원하는 그림을 만들어 내기에 적합하게 되어 있다는 것이다. 이 측면에서 식민사학자들은 조상들의 덕을 톡톡히 본 셈이다.

그렇다면 이런 기록이 나타나는 데에는 뭔가 '배경'이 있을 것이다. 고대 일본인들이라고 아무 생각 없이 터무니없는 거짓말을 지어 내지는 않았을 테니까.

물론 그 근원적인 배경은 앞서 황국사관에 대해 언급하면서 이미 설명한 바 있으니 굳이 여기서 되풀이할 필요는 없을 것이다. 단지 그런 버릇이 이 문제와 관련되어서 어떻게 나타나는지는 조금이라도 언급해 둘 필요가 있겠다.

사실 일본 고대의 '세계관', '역사관'이라는 것이 좋게 말해서 그렇지 좀 적나라하게 말하자면 자아도취적 과대망상증에 가깝다. 흔히 《일본서기》가 이른바 '천황중심사관'에 입각하여 쓰였다고 하면 다른 나라라고 권력자를 미화하는 점에서 별 수 있겠느냐고 생각하기 쉽다.

그렇지만 일본의 역사관이라는 것은 이런 평범한 성향과는 차원이 다르다. 보통 수준의 역사 왜곡은 있는 사실을 조금 과장하거나 왜곡하는 정도로 그친다. 하지만 고대 일본의 역사 왜곡은 이 정도 수준에서 그치지 않았다. 전근대에는 동아시아 사회에서 가장 후진적인 변두리 섬나라였던 주제에, 자신들의 역사에는 국제사회의 중심적인 역할을 한 것처럼 조작해 놓았던 것이다.

이런 식으로 생각하면 전근대 중국처럼 주변 세력을 모두 자신에게 복속되어 조공을 바치는 이른바 번국(藩國)으로 간주하게 된다. 당연히 역사도 이런 전제 아래에서 기록된다.[41]

물론 이것은 실제의 역사적 사실과는 아무 상관이 없다. 일본인들이 생각하고 싶은 대로 적어 버린 것이다. 그런데 이런 과대망상증도 오래 가면 최면 효과가 있다. 자기들끼리는 진짜로 그런 것처럼 여기게 된 것이다.

그렇다 보니 당시 대제국 당나라까지 일본에 조공을 바치는 번국으로 취급했다. 당나라의 사신조차 번국 사신의 영접의례로 대했다는 것이다. 671년 당의 장군 곽무종 역시 일본에 조공을 바치고자 했다고 기록했던 것도 이러한 맥락에서였다.[42] 당시 동아시아 역사의 기본이라도 아는 사람에게는 어이가 없을 짓거리겠지만, 고대 일본에서는 실제로 그렇게 했다. 신라를 번국 취급한 것도 이러한 행각의 연장선이었다고 보면 된다.

당시 벌어졌던 해프닝 하나를 소개해 보면 당시 일본의 과대망상증이 어느 정도였는지 이해하기가 쉬울 것이다. 《속일본기》라는 일본 고대사 기록에는 이런 사건이 나타난다.

752년, 신라 왕자라는 자가 천황을 알현했단다. 이 자리에서 경덕왕의 말이라며, "왕이 몸소 오고 싶었다."느니, "천하에 천황의 토지가 아닌 것이 없고 천황의 신하가 아닌 것이 없다."고 끝없는 찬사를 늘어놓았다고 한다.

---

41) 이에 대해서는 필자의 책, 《중화사상과 동아시아 - 자기 최면의 역사》, 책세상, 2007. 86~89쪽을 참조하시기 바란다.

42) 이에 대해서는 김은숙(金恩淑), 〈8세기의 신라(新羅)와 일본(日本)의 관계(關係)〉, 《국사관논총(國史館論叢)》29, 1991. 104~105쪽을 참조하시기 바란다.

윤선태는 이를 근거로 신라가 일본에 저자세 외교를 한 것이 분명하다고 주장한다. 하지만 정말 그랬을까? 기록을 쫓아가 보면 사건의 결말은 거의 코미디 주제 감이다.

여기서 먼저 밝혀 둘 일이 있다. 이 기록은 《일본서기》나 《속일본기》 등의 다른 기사와는 달리 무조건적인 조작으로 몰기에는 곤란한 점이 있다. 이 말을 믿고 일본에서는 실제로 수고스럽게 조공 바친 점을 치하한답시고 사신을 파견했기 때문이다. 그리고 이 사실은 《삼국사기》에서도 확인된다. 이렇게 양쪽 기록에서 확인할 수 있는 사실까지 무조건 조작으로 몰아서는 안 될 것이다.

그렇다고 해서 이 내용을 무조건 수용해야 한다는 뜻은 결코 아니다. 오히려 이 사건과 관련되어 나타나는 뒷이야기는 거의 반전 드라마에 가깝다.

《삼국사기》에 의하면, 경덕왕은 사신을 접견조차 하지 않았던 것이다. 칙사 대접을 기대하고 왔을 일본 사신은 망신만 당하고 돌아간 셈이다. 일본이 두려워 천황의 비위를 맞추려 갖은 아양을 떨어야 하는 것이 신라의 입장이었다면 있을 수 없는 일이다.

사건이 겉으로 보기와는 다르다면, 이와 같은 사실들을 통하여 기록의 이면에 있는 실제 관계가 어떤 것이었는지 되짚어 볼 필요가 있다. 우선 752년 파견되었다는 자칭 신라 왕자라는 자의 찬사가 경덕왕의 뜻이 아니었음은 분명하다.

오히려 일본 사신을 접견조차 하지 않으려 했던 경덕왕의 행동으로 보아 신라 측에서는 일본을 그야말로 '같잖게' 생각하는 경향이 있었음이 드러난다. 그렇다면 신라 왕자가 천황에게 했던 아부성 발언은 무슨 의미였겠느냐는 의문이 생길 법하다.

여기서 분명한 점은, 상황을 보아 하니 천황에게 한 말은 자칭 '신라 왕자'가 제멋대로 떠벌려 놓은 말이라는 것이다. 나중에 외교 분쟁을 일으킬 것이 뻔한데도, 왜 이런 말이 나오게 되었을까?

이 단서는 752년 '신라 왕자' 일행이 무엇 때문에 일본까지 왔는지를 보면 잡을 수 있다. 윤선태 자신이 지적했듯이, 이들은 신라의 물건을 일본에 팔아먹자고 왔던 것이다. 쉽게 말해서 장삿속을 가지고 일본에 왔던 자들이라는 이야기이다.

장사의 기본은 사는 사람의 비위를 맞추는 것이다. 당연히 있는 말, 없는 말 가릴 것 없이 고객이 듣고 싶어 하는 말을 해줄 수밖에 없다. 이를 두고 '립 서비스(lip service)'라고 한다.

나라 사이의 신뢰나 외교적 파장 따위는 뒷전이다. 요즘에도 나중에 일이 어떻게 되든, 당장 눈앞의 이익 한몫 챙기기에 급급해서 나중에 사고 칠 말 마구 뱉어 놓는 사람이 많다. 기록에 나타나는 대로라면, 752년 '신라 왕자' 일행도 바로 그런 종류의 사람들이었다. 그렇지 않고서야 얼마 가지 않아 당장 외교 분쟁을 일으킬 수밖에 없는 발언을 하지 않았을 것이다.

알고 보면 이렇게 코미디 같은 사건을 두고, 자기들이 듣고 싶었던 말만 편집해서 강조해 댄 것이 일본 고대사 기록이다. 또 이런 기록을 그대로 옮겨 가지고, 고대 일본의 위상을 띄워 놓고 신라 같은 나라를 깎아 내려놓은 것이 황국사관이며 식민사학이다. 대한민국에 바로 이런 것을 들여와서 신라가 일본에 굴욕적인 외교를 했다고 거품을 무는 자들이 있는 것이다.

고대 일본의 열등감과 역사 왜곡

이왕 내친 김에 한 가지만 더 확인해 보기로 한다. 이 사건과 관련되어 시사하는 바가 많기 때문이다. 일단 신라-일본의 외교관계가 윤선태가 제시한 사료처럼 설정되어 있었던 것이 아니라는 반증부터 살펴볼 필요가 있다. 다음 기사가 그중 하나이다.

신라가 미지기지(微至己知) 나말(奈末)을 보내어 조부(調賦)를 바쳤는데 평상시보다 성대하게 연회를 베풀어 주었다. 나말이 기뻐하여 돌아가서 "조부를 바치는 사자(使者)는 나라에서 귀중하게 여기는 바인데 나의 의논(議論)은 가볍고 비천하고 낮은 사람입니다. 왕정(王政)의 폐해는 이로부터 말미암지 않음이 없으니, 바라건대 좋은 집 자제를 뽑아 사자로 삼으시고 비천한 사람을 사자로 삼지 마십시오."라고 하였다. (《일본서기》흠명 21년 가을 9월)

신라가 구례질(久禮叱) 급벌간(及伐干)을 보내어 조부를 바쳤다. 사빈(司賓)이 연회를 베풀었는데 예우가 평상시보다 덜하였다. 급벌간이 분하고 한스럽게 여기며 돌아갔다.
이해 다시 노저(奴氐) 대사(大舍)를 보내어 지난번의 조부를 바쳤다. (《일본서기》흠명 22년)

이 기사들을 보면 일본에 조공을 바치러 보냈다는 사신의 지위가 나말(奈末), 급벌간(及伐干)에 불과한 점을 알 수 있다. 나말은 신라 관등체계에서 11등급에 해당하는 나마(奈麻)의 다른 이름이며 급벌간은 9등급에 해당하는 급찬(級飡)의 다른 이름이다. 17관등 중에서 이 정도 급이면 하급관리이다.

6세기 후반만 하더라도 일본에 파견된 신라 사신의 지위가 이와 같이 하급관리에 불과했다는 뜻이다. 번병(藩屛)[43])에서 상국(上國)에 보내는 사신이라면 이런 관등을 파견했을 리가 없다.

이후에도 신라 사신의 지위는 대체로 유지되었다. 민달천황(敏達天皇) 8년, 9년, 11년, 추고천황(推古天皇) 19년, 24년, 29년, 31년 등에서도 신라 사신의 지위는 나말이었다. 이른바 대화개신(大化改新)이 이루어진 이후인 천지천황(天智天皇) 7년과 10년에도 급찬의 지위를 유지했으나 673년경부터 격상되고 있었다.

7세기 말에서 8세기 초에 걸친 시기에도 크게 달라지지는 않았다. 《속일본기》 기록에 의하면 천무천황 원년과 2년, 경운(慶雲) 2년 등에는 7등급인 일길찬(一吉飡)이 신라 사신으로 파견되어 오고 있다. 양로(養老) 2년에는 급찬, 양로 7년에는 한나마(韓奈麻)가 파견되어 사신의 지위가 크게 나아지는 모습을 보이지 못하고 있다.

이런 사실을 감안하고 보면 사신의 지위를 파격적으로 격상시켜 일본에 파견했던 사실을 근거로 저자세 외교를 주장하는 점도 문제이다. 이 주장을 한 서영교 자신이 지적하고 있듯이 그 시기에 한계가 있다. 즉 적극적으로 저자세 외교를 한 시기가 668~700년이고 그 이후 하강곡선을 그리면서 734년까지 지속된 것으로 본다.

---

43) 용어가 낯설 수 있지만, 속국(屬國) 정도의 뜻으로 이해하면 큰 무리가 없다.

그런데 이 말을 뒤집으면 734년 이후로는 신라의 외교 정책이 고자세로 전환되었다는 뜻이며, 668~700년을 제외하고는 대부분 저자세가 아니었다는 뜻이 된다. 저자세 외교를 주장한 당사자의 논리를 그대로 인정한다 하더라도 신라가 저자세 외교를 했던 시기가 제한된다는 것이다.

일본이 신라의 태도 변화에 분개하고 항의하는 사실로 보아 이는 신라가 자기 편할 대로 외교관계를 변화시켰다고 보아야 한다. 이렇게 자국의 사정에 따라 마음대로 외교관계를 변경하는 것은 약자가 취할 수 있는 태도가 아니다. 따라서 이 사실은 오히려 신라가 외교관계에 있어서 주도권을 가지고 있었음을 반증하는 것이라고 볼 수도 있다.

예를 들어 일본 천황이 대한민국에 새 정권이 들어설 때에 맞추어 사과했던 적도 있다. 이 사실을 자체로만 보면 일본의 굴욕외교일 수도 있다. 하지만 내막은 형식적인 저자세를 통해 더 큰 실리를 얻겠다는 발상에 불과하다.

신라라고 해서 굳이 다르게 해석할 필요가 있을지 의문이다. 일본 측 사료의 명백한 왜곡만 제외한다면 신라가 일본에 취했던 조치라 해 봤자, 국제정세가 불리하게 돌아가는 시기에 일본의 외교적 지위를 약간 격상시켜 준 것뿐이다. 이렇게 몸조심 차원에서 일본과 관계 개선을 시도한 것을 굳이 저자세 외교라고 보아야 하는지 의문이다.

또한 신라가 상당량의 물품을 일본에 제공한 사실을 두고 일본 황실과 최고위층의 심정과 정서에 호의를 남기기 위한 신라의 노력으로 파악하는 점도 문제가 있다. 이 당시 외교관례로는 조공품에 비해

몇 배의 하사품을 내리는 것이 관례였다.[44)

즉 사신을 파견한 교류에서 많은 물품을 제공한다는 것은 약자의 아부가 아니라 강자의 과시라는 측면이 더 강했다는 것이다. 그러한 관행을 무시하고 신라가 많은 물품을 제공했으니, 이 사실이 바로 일본 측의 환심을 사기 위한 신라의 굴욕적 외교라고 해석하는 것 자체가 웃기는 발상이다.

일부 예외적인 현상이 없지는 않지만, 이와 같은 사정들을 감안해 보면 윤선태 등이 주장하는 것처럼 신라가 과거 일본의 번병(藩屛)이었다는 인식을 전제로 외교관계가 성립되었던 것이 아니라는 점을 알 수 있다. 설령 이런 인식이 있었다고 해도 이는 일본 측의 일방적이고 과대망상적인 관념의 산물이었을 뿐, 역사적 사실과는 아무 상관이 없었다고 보아야 한다.

여기에 더하여 당시 신라가 일본이라는 나라를 어떻게 여기고 있었는지 잘 보여 주는 내용이 일본 측의 기록에 나타난다. 앞서 보았듯이, 9등급에 불과한 급찬만 해도 예우가 시원치 않다고 분통을 터뜨리며 돌아가는 상황이었다.

그냥 돌아가는 선에서 분을 삭이지도 않았다. 뒷부분에 나타나는 "이해 다시 노저(奴氐) 대사(大舍)를 보내어 지난번의 조부(調賦)를 바쳤다."라는 부분을 보아서는 구례질(久禮叱) 급벌간이 가지고 온 물건을 주지도 않고 돌아갔음을 알 수 있다.

이게 무슨 뜻일까? 번병의 사신 주제라면 예우가 덜하다고 상국에

---

44) 이 부분에 관해서는 앞에서 소개했던 필자의 책, 《중화사상과 동아시아 – 자기 최면의 역사》, 69~72쪽을 참조하시기 바란다.

서 인식하고 기록에 남길 만큼 분하게 여기는 티를 내기도 어렵다. 한술 더 떠서 가지고 온 물건을 바치지도 않고 돌아가는 정도의 실례를 저질렀을 리가 없다.

이를 통하여 신라가 일본의 눈치나 보는 소국 수준의 나라가 아니었음을 확인할 수 있다. 뿐만 아니라, 신라의 하급관리가 일본이라는 나라를 어떻게 보고 있었는가도 알 수 있다. 이러한 기록은 한국이 아니라 일본 고대사 기록에 남아 있는 내용이다.

더한 반증도 있다. 천황이라는 자의 행태가 그 점을 보여 준다. 아무리 후진국이라도 자기 나라에서는 명색이 최고 통치자이다. 웬만한 지능을 가지고 그 정도 지위에 있다 보면 말을 가려 들을 수 있는 능력은 자연스럽게 생긴다.

그러니까 신라 같은 나라에서 온 사신이 아무리 아부를 해도 그것이 입에 발린 소리인지, 사실을 말하는지 구별할 정도의 능력을 가지고 있어야 정상이라는 말이다. 실제로 당시 국제사회에서 자기 나라 꼴이 어떻게 비치고 있는지 감을 잡지 못할 정도라면, 그 자리에 있을 자질이 의심스럽다고 할 수밖에 없다. 명색이 천황인데 설마 그 정도 수준은 아니었을 것이다. 그럼에도 불구하고 마음에도 없는 헛소리를 듣고 덜컥 사신을 파견해 버릴 정도로 소갈머리 없는 태도가 나타나는 배경을 생각해 볼 필요가 있다.

여기서 당시 일본 집권층의 분위기를 감지할 수 있다. 몇 마디 아부에 이렇게까지 반색을 하며 과잉반응을 하는 데에는 대개 열등감이 작용한다. 요즘에도 그런 나라가 있다. 나라 꼴이 형편없을수록 뒷돈 들여 찬양 기사를 만들어 내기 바쁘다.

이런 와중에 외국 언론에 자그마한 칭찬기사라도 나면 얼마나 반가울지 상상하기 어렵지 않다. 기회를 놓치지 않고 대대적으로 뻥 튀겨 선전하기 일쑤이다. 필자의 어린 시절 대한민국도 지금과는 비교할 수도 없을 정도로 사정이 어려웠다. 그때에는 이런 짓을 종종 했다. 지금도 대한민국보다 훨씬 살기 어려운 북쪽에서는 이런 일을 자주 벌인다.

평소에 대접받지 못하는 사람들이 주로 같잖은 아부에 흥분하는 이유는 대개 이런 것이다. 일본의 대화(大和) 정권이 바로 이런 수준이었던 것이다. 이런 사건들을 통해서 일본 고대사의 역사 왜곡 코드 중 하나가 '열등감'이었음을 알 수 있다.

그렇기 때문에라도 이런 상황을 기록으로 남길 때에는 사실이 드러나 민망할 만한 내용은 지워 버리고 자기들이 기억하고 싶은 대로만 써 놓는다. 이래서 일본 고대사 기록을 읽을 때에는 그들의 과대망상증을 감안해 가면서 읽어야 한다는 말을 하게 되는 것이다.

식민사학자들이 욕을 먹어야 하는 이유도 여기에 있다. 역사학자로서의 기본적 소양만 있더라도, 일본 고대사 기록이 과대망상증 환자의 헛소리나 다름없다는 점을 모를 리 없다. 그럼에도 불구하고 굳이 그런 기록을 바탕으로 고대사를 엮은 것이다. 이 정도 되면 몰랐던 것이 아니라 알고 싶지 않았다는 말이 더 어울릴 것이다.

몰라서 속는 거야 어리석음을 탓하는 선에서 끝내야겠지만, 기록의 성격을 알면서 그랬다면 여기서부터는 '사기'라고 해도 과언이 아니다. 일본 학자들이야 애초부터 이런 사고방식 속에서 자라났고, 나중에 연구하면서 사실을 깨달았다 하더라도 이미 황국사관으로 철저하게 세뇌되어 있는 일본 사회의 눈치를 보아야 하니 어쩔 수 없는 한계가 있을지 모르겠다.

하지만 윤선태·서영교같이 일본 사회의 눈치를 볼 필요가 없는 대한민국 학자라는 자가 일본적 사고방식을 따라 주는 이유는 완전히 다른 차원일 수밖에 없다. 그래서 식민사학의 추종자가 아니냐는 의심의 눈길을 줄 수밖에 없는 것이다.

남의 학설까지 편집

사람이니까 실수할 수도 있고, 잘못 생각할 수도 있다. 같은 역사 전공자라 하더라도 시대사마다, 같은 시대라도 분야마다 잘 모르는 데가 있기 마련이다.

같은 고대사 전공자라 하더라도, 토지제도같이 경제사 분야를 연구하던 사람이 한일관계 같은 국제정치 분야 연구에 뛰어들면 잘 모르는 부분이 있게 마련이고, 이와 관련하여 실수가 나오기도 쉽다. 그렇다고 관심이 생기는 다른 분야에 뛰어들지 말라고 할 수는 없다. 따라서 실수했다고 탓하자는 뜻이 아니다.

하지만 잘 모르는 분야에 뛰어들 때에는 보다 신중해야 한다. 이 점은 역사 분야뿐 아니라 어느 분야 연구자라 하더라도 기본적인 소양이다. 신중하지 못해서 생기는 실수라고 책임이 모면되는 것이 아니기 때문이다.

물론 아무리 신중을 기해도 실수를 하지 않을 수도 없다. 그렇기 때문에 실수했다고 해서 너무 집요하게 문제를 삼는 것도 도리는 아닐 것이다.

하지만 도저히 실수라고 하기 어려운 부분이 나오는 점은 문제가 다르다. 그 점을 적나라하게 보여 주는 것이 남의 학설을 자기 논지에 맞게 제멋대로 편집해서 왜곡시키는 행위이다. 필자가 개인적으로 괘씸하게 느끼는 점이 바로 이것이다.

일본에 대한 신라의 저자세 외교를 주장하는 이번 사안에서 바로 이러한 행각이 나타나는 것이다. 애매하게 말하는 것보다 그 구체적인 사례를 보여 줄 필요가 있겠다.

그 사례는 다른 연구자의 학설을 소개하면서 나타난다. 서영교는 신라가 저자세 외교를 했다는 근거로 668년부터 700년까지 25회에 걸쳐 일본에 사신을 파견했던 대표단에 대아찬 이상의 진골왕 족이나 고위 인사가 많았다는 점을 제시했다. 그런데 이런 지적을 하면서 그 내용에 김은숙·전덕재의 연구를 각주(脚註)로 달아 놓았다.

당연히 이 각주를 보는 사람들은 "김은숙·전덕재 같은 사람들도 신라 사신단에 고위 인사가 많았으니, 일본에 저자세 외교를 했다고 주장했겠구나."라고 생각하게 된다. 그런데 막상 그들의 논문을 찾아 제대로 읽어 보면 논지가 그렇지가 않다. 이 연구가 신라가 일본에 저자세 외교를 했다는 주장을 지지하고 있지 않다는 것이다.

여기서는 오히려 당시 일본의 외교 행태는 당의 번국(藩國)에 대한 외교 형식을 모방했을 뿐이라는 점까지 지적하고 있다. 훨씬 우월한 국제적 지위를 가지고 있던 당의 사신을 맞이하는 영접의례에도 번국 사신에 대한 영접의례가 적용되었음을 유의해야 한다는 것이다.

즉 일본 조정에서의 외교 형식이 번국 사신을 접대하는 형식이었다고 해서 이를 양국 사이의 객관적 관계를 표현하는 것으로 볼 수 없다고 하고 있다. 이는 논문 전체에 흐르는 논조이다. 전덕재 역시 신라-일본 관계에 관해서는 김은숙의 태도를 그대로 수용하고 있다고 해도 과언이 아니다.[45]

그럼에도 불구하고 윤선태나 서영교 등은 김은숙과 전덕재의 연구를 이용하면서도 이와 같은 주된 논조는 편집해 버리고 소개조차 하지 않았다. 이게 무슨 뜻일까? 지금 와서는 이조차도 실수라고 우길지 모르겠다. 하지만 전문 연구자가, 그것도 잡글이 아닌 연구논문에 남의 학설 논지를 180도 바꾸어서 소개할 정도라면 자격을 박탈당해야 할 수준일 것이다.

제법 유명한 대학의 교수 지위까지 가지고 있는 사람이 설마 그런 수준이라고 생각해 주기는 어렵다. 또 이런 점을 지적당해도 미안하다고 사과하는 꼴조차 본 적이 없다. 그렇다면 자기주장을 뒷받침하기 위하여 남의 학설을 일부러 왜곡시켜 소개한 셈이다. 이쯤이면 완전히 고의적이라고 간주해도 문제는 없을 것 같다.

결국 식민사학의 논지를 전파하기 위하여 그에 반대하는 멀쩡한 대한민국 동료 연구자의 주장까지 왜곡시킨 꼴이다. 대한민국 고대사학계의 식민사학 추종자들이 더욱 괘씸하게 느껴지는 이유가 여기에 있다. 의도가 어디에 있었건 이런 행각은 식민사학적 논리를 정당

---

45) 필자의 말이 의심스러운 분이 있다면 김은숙(金恩淑), 〈8세기의 신라(新羅)와 일본(日本)의 관계(關係)〉, 《국사관논총(國史館論叢)》 29, 1991.)과 전덕재, 〈신라 중대 대일외교의 추이와 진골귀족의 동향〉, 《한국사론》 37, 서울대 국사학과, 1997.)을 찾아 확인해 보시기 바란다.

화하기 위한 조작이 되었다고 할 수밖에 없을 것이다.

지금도 많은 연구자들이 이런 전제를 놓고 연구 성과라는 것을 내놓고 있다. 그래서 신라가 일본의 눈치나 보고 설설 기어야 했던 형편없는 나라였다는 학설같지 않은 학설이 고대사학계의 정설로 자리를 잡아가고 있다. 이쯤에서 이렇게 말 같지 않은 논리가 어떻게 '정설'이 될 수 있었는지 궁금해질 것이다.

제3장

깡패논리로
심어지는
식민사학

대한민국 사회에 식민사학적 논리가 활개 치는 이유는 그런 논리를 심는 자들이 있기 때문이다. 너무나 당연해 보이는 논리가 새로운 의문을 불러일으킨다.

대한민국이 일본에게서 해방된 지가 언제인데 아직까지 식민사학을 심는 자들이 있다는 것일까? 그리고 대한민국 사회는 무엇 때문에 그런 자들을 제거하지 못했으며 오히려 식민사학을 심을 수 있을 정도의 위치를 유지할 수 있었을까? 여기에서는 바로 그 점에 대해서 다루고자 한다.

혹자는 이쯤에서 의문을 제기할지도 모르겠다. 일부가 그렇고 그런 이유로 식민사학의 추종자가 되었다고 하더라도 대한민국에는 그런 사람들만 있는 것이 아니다. 대학만 해도 몇 개이며 거기에 소속되어 있는 고대사 연구자가 몇 명인데, 그 많은 사람들이 찍소리 없이 국가와 민족을 팔아먹는 논리에 따라가 주었겠느냐는 것이다.

일반적인 상식만 가지고는 이렇게 생각하는 편이 당연할지도 모르겠다. 그렇지만 내막을 알고 보면 그게 그렇지가 않다. 어처구니없는 이유로 일반적인 상식이 통할 수 없게 되어 있는 것이다. 고대사학계 내부에서는 알면서도 말을 할 수 없는 공공연한 비밀일 뿐이다.

'당신들의 대한민국'이라는 말이 나올 정도로 우리 사회 기득권층의 행태는 정평이 나 있다. 알지도 못하는 다른 분야에 대해서는 뭐라 말할 수 없겠지만, 필자가 몸담은 지 15년이 되어 가는 고대사학계에 대해서는 자신 있게 말할 수 있다.

고대사학계는 기득권층의 횡포가 심한 편에 속한다. 적어도 한국 역사학계만 놓고 보아도 다른 시대에 비해 훨씬 심하다.

'복마전''지식사기''파렴치''깡패짓'. 일반적으로는 점잖은 분야에서 금기(禁忌)로 여기는 흉측한 표현인지 모르지만, 고대사학계 내부에서 벌어지는 행각을 표현하기에는 양이 차지 않는 말이다. 흉기나 주먹을 쓰는 것만 깡패짓이 아니다. 정당하지 못한 수법으로 다른 사람들을 핍박해서 이익을 챙기는 행각을 깡패짓이라고 해도 무방할 것이다.

너무 심하지 않느냐고 생각할 사람이 있을지 모르니, 어떤 수법이 동원되고 있는지 몇 가지 사례를 들어 보기로 한다. 이 과정에서 무엇 때문에 반기(反旗)를 들지 못하는지도 자연스럽게 밝혀질 것이다.

검열보다 더한 검열 – 심사

한국 고대사에 침투한 식민사학적 논리를 가장 정확하게 짚어내어 비판할 수 있는 집단은 뭐니 뭐니 해도 고대사를 전공하는 사람일 수밖에 없다. 그러니 그 사람들이 식민사학적 논지에 왜 함부로 비판을 해대지 못하는지, 심지어 그런 논리를 심는 데에 가세하게까지 되는지가 핵심적인 문제일 것 같다.

상식적으로 생각하자면, 어떤 분야이건, 학술적으로 문제가 많은 학설은 같은 분야 연구자들이 가만히 놔두지 않는 것이 정상이다. 학술논문의 성격을 감안해 보면 원칙적으로는 그럴 수밖에 없게 되어 있다.

학술논문은 두 가지 종류밖에 없다는 말이 있다. 하나는 남들이 전혀 손대지 않은 내용을 다루는 것이고, 또 다른 하나는 다른 사람이 잘못한 점을 지적하고 바로잡는 것이다.

그런데 고대사 분야 같은 경우는 뒤의 경우가 많은 것이 정상이다. 논문의 기반이 되어야 할 기록이 적으니, 다른 사람이 제시한 설과 다른 설을 제시하며 자신의 연구 성과를 쌓는 편이 쉽기 때문이다.

여기까지만 이야기하면 지금까지 끌어오던 논지와 반대로 들릴 것이다. 어차피 다른 사람의 학설을 비판하면서 업적을 쌓아 나아가야 한다면, 연구자의 입장에서는 학설사 정리하는 김에 식민사학으로 찌든 학설 한번 신나게 까 주면서 업적 쌓는 일석이조의 효과를 얻을 수 있다.

그러니 제정신이 있는 연구자들이 자기 업적 쌓을 때마다 식민사학은 신나게 얻어터질 법하다. 하지만 그 정상적인 길을 간단하게 봉쇄해 버리는 수법이 있다. 그게 바로 심사라는 것이다.

물론 학술 논문에 대한 심사 자체는 뭐라 할 수 있는 문제가 아니다. 명색이 학술지인데, 아무 말이나 제멋대로 지어 냈을 수도 있는 학설을 전문가들이 한번 걸러 내지도 않고 대충 찍어 낼 수는 없는 노릇이다. 그러니까 심사는 당연히 거쳐야 할 과정이라고 보아야 한다. 따라서 그러한 당연한 과정을 두고 '검열' 운운 하는 것이 오히려 이상해 보일 수도 있다.

하지만 그 당연한 과정마저 괴물로 바꾸어 놓는 것이 현실이다. 건전한 상식으로만 생각하자면 이러한 현실이 이해하기 어려울지 모르겠다. 그래도 현실적으로 심사라는 것이 어떻게 이루어지는지 알면 심사가 왜 검열이라는 괴물로 둔갑하게 되는지 쉽게 이해할 수 있다.

이해를 돕기 위해 흔해 빠진 '학술지 게재 논문'의 심사 구조부터 보자. 학회마다 조금씩 다르기는 하지만, 통상적으로 학술지에 실을 논문은 단지 두 명 내지 세 명의 심사위원이 심사라는 것을 한다.

학회마다 다르다는 전제가 또 붙기는 해야겠지만, 여기서도 재미 있는 점이 있다. 많지도 않은 두세 명의 심사위원 중 하나만 불가 등 급인 D를 주면 그 논문은 다른 심사위원의 의견을 물어 볼 필요도 없 이 끝장이 난다는 사실이다. 쉽게 말해서 한 명한테만 제대로 걸리면 그대로 볼 장 다 본다는 뜻이다.

그렇다면 이런 구조를 의식할 필요가 없을 만큼 심사의 공정성은 보장될 수 있을까? 이 문제를 언급하면서 '공정'이라는 단어를 들먹 이는 것 자체에 매우 미안함을 느껴야 한다.

극단적으로는 같은 논문을 두고 최고 점수인 A와 불합격 등급인 D 가 동시에 판정되는 일도 있다. 아무리 사람마다 판단 기준이 다르다 고는 하지만, 이런 정도의 차이가 날 수 있다는 사실은 문제가 있다. 최소한 이 자체가 누가 심사를 하느냐에 따라 연구자의 운명이 달라 질 수 있음을 보여 주는 셈이다.

게다가 탈락시키는 기준도 제멋대로이다. 어떤 경우에는 D가 나와 도 두 번 세 번, '재심(再審)'이라는 것을 거쳐 실어 주기도 한다. 반면 밉게 보인 놈은 두 명의 심사위원에게 B와 C를 받고도 게재불가 판 정을 받아야 한다.

망나니

여기서 재미있는 사실이 또 있다. 공정함이 보장될 수 없는 원인은 역설적이게도 심사위원의 권리를 철저하게 보장해 주는 데에서 나온다.

물론 심사위원의 권리를 보장해 주는 자체가 잘못되었다는 뜻은 아니다. 누군가의 눈치를 보아가며 해야 하는 심사라면 이 자체가 공정하지 말라는 처사니까. 소신껏 심사할 권리를 보장하지 말라고는 할 수 없는 노릇이다. 그래서 심사위원은 원칙적으로 비밀에 부쳐진다.

그런데 세상에는 보장해 준 권리를 악용하는 것들이 꼭 있게 마련이다. 그래서 과불급(過不及), 즉 지나치면 모자라는 것만도 못하다는 말이 나온다.

심사는 당연히 그 분야에 관련된 다른 전문가에게 의뢰하는 것이 보통이다. 그런데 이 말을 뒤집으면 같은 분야를 전공하는 경쟁자라는 뜻이 된다. 앞으로 누가 살아남을지 모르는 험악한 풍조에서 경쟁자에게 뒤탈 없이 한 방 먹일 수 있는 기회에 유혹을 느끼기 쉽다. 솔직히 공정하기가 어려운 입장일 수밖에 없는 사람들에게 생살권(生殺權)을 쥐어주는 꼴이다.

이 장면에서 논문을 제출한 당사자에게 반론할 기회를 주는 경우도 있다. 하지만 실효가 있는 경우는 별로 없다. 아무리 반론을 열심히 써서 학회에 보내 봤자, 그것은 다시 심사했던 사람들에게 간다. 반론을 보고 "아, 내 생각이 짧았구나!"라며 다시 생각해 주는 사람이 없지는 않을 것이다. 이런 해피엔딩이 주로 일어난다면 지엽적인 문제는 어떻게든 해결책을 모색해 볼 법도 하다.

문제는 현실이 그러한 기대를 용납하지 않을 정도로 만만하지 않다는 데에 있다. 양심이라는 말을 들먹이기 미안할 만큼 먹물통의 똥고집은 유명하다. TV로 중계되는 공개 토론에 나와서도 남이 무슨 말을 하건 귀 틀어막고 자기가 하고 싶은 말만 늘어놓는 작자들을 본 사람이 많을 것이다. 그만큼 독선이 판을 치는 것이 먹물통의 세계이다.

수백만의 시청자가 보고 있어도 아랑곳하지 않는데, 보는 사람 몇 되지도 않는 심사를 양심적으로 한다? 남에게 되지도 않는 생트집을 잡은 작자들이 남의 말을 찬찬히 살펴 자신의 생각을 되돌아볼 양심이 있을 리 없다. 그럴 양심이 있는 사람이라면 애초부터 파렴치하게 트집을 잡지도 않았을 것이다.

필자의 경험으로는 반론을 제대로 읽는 경우가 오히려 드문 것 같다. 무슨 반론이 있더라도, 그저 자기가 했던 소리만 앵무새처럼 반복해 버리면 그만이다. 그게 고대사학계 상당수 심사위원들의 심보이다.

또 그렇게 해도 심사를 했던 자에게는 별 피해가 돌아가지 않는다. 아무리 파렴치하게 심사를 해도 취할 수 있는 조치에 한계가 있다. 고작해야 "그 녀석에게 다시 심사 맡기지 말라."는 정도가 제재라면 제재이다. 당사자는 그러거나 말거나 신경 쓰지도 않는다. 어차피 제재 같지도 않은 제재가 오래 가지도 않으니까. 회장 바뀌면 그것으로 그만이다.

단지 두세 명에게 남의 장래를 좌우할 생살권을 쥐어 주고 아무 책임도 묻지 않는 꼴이다. 그것도 장래 경쟁자가 될 후보의 운명을. 칼자루를 쥔 망나니가 따로 없다.

그래서 이런 문제에 봉착하는 학회의 대응은 크게 두 가지로 나뉜다. 하나는 좋은 것이 좋은 것이니 대충 보고 실어 주자는 쪽이다. 상당수의 학회가 그나마 버티는 것도 이런 '융통성' 덕분인지 모른다.

다른 하나는 말할 필요도 없이 누가 피해를 보건 말건 나 몰라라 하고 팔짱을 끼어 버리는 쪽이다. 고대사학계는 이런 경우가 많다. 덕분에 고대사 분야에 있어서는 학회를 운영하는 사람이 황당할 정도의 상황이 벌어지기도 한다. 하도 처참한 학살극이 벌어지는 바람에 학회지를 유지할 만큼의 논문조차 남아나지 않는, 웃지 못할 경우까지 있으니까.

이런 사정을 학회를 운영하는 사람들이 모를 리가 없다. 정말 모른다면 그 자리에 있을 자격이 없다는 뜻밖에 안 된다. 그런데도 왜 악착같이 문제가 생길 수밖에 없는 제도를 유지하려 할까?

기득권층을 위한 시스템

이유는 여러 가지가 있겠지만, 재미있는 것 몇 가지만 짚어 보기로 한다. 우선 단 한 놈만 마음먹으면 아무나 매장시킬 수 있는 시스템이 누구에게 유리할지 생각해 보면 왜 이런 시스템을 고수하고 싶어 하는지 쉽게 짐작이 갈 수 있다.

현 시스템에서 유리한 쪽은 당연히 패거리가 많은 쪽이다. 심사위원 중 하나 정도는 압도적인 숫자를 확보한 패거리 중에서 들어갈 수밖에 없게 되니까. 좋게 말해서 영향력이 큰 파벌에 힘을 실어 주게 되어 있다. 고대사학계만 하더라도 그것이 어떤 집단인지 군이 언급할 필요는 없을 것이다.

물론 아무리 패거리가 많아도 모든 심사에 들이갈 수도 없고, 심사에 들어간 사람들이 모조리 파벌의 이익으로 심사하는 것도 아니지 않느냐고 할지 모른다. 이 자체가 틀린 말은 아니다.

또 누구의 논문인지 알지도 못하는 상태에서 심사를 하는데, 어떻게 심사가 검열의 역할을 하겠느냐고 할지 모른다. 얼핏 맞는 말 같다. 하지만 속사정을 알면 그야말로 속 모르는 소리이다.

뒤의 것부터 보자면 속사정은 이렇게 된다. 좁은 학계에서 몇 되지도 않는 선수들끼리 서로 알아보지 못할 정도가 아니라는 점만 알면 사정을 이해하기 어렵지 않다. 또 그렇게 알아보지 못한다 하더라도 그만이다. 사실 누군지 정확하게 알 필요도 없다.

무식하게 구별해 버리면 그만이니까. 전쟁터에서 그러하듯, 우리 편 아니면 다 적이라고 간주해 버리면 간단하다. 쉽게 말해서 자기 패거리 학설과 다르면 무조건 D를 주어 버리는 간단한 방법이 있다는 것이다.

그리고 이게 앞의 사정까지 설명해 준다. 힘이 있는 패거리는 군이 논문 하나하나 신경 써 가며 짓밟을 필요가 없다. 본보기로 한 놈만 패는 것으로 충분하다. 이 수법이 어떤 효과를 내는지 예를 들어 보면 이해가 쉬울 것이다. 앞에서 군이 초기 기록 문제에 대한 식민사학의 영향을 거론했던 이유 중 하나도 여기에 있다.

게재 불가 판정을 내리는 데 아무리 형식적이라도 이유는 붙어야한다. 그 명분으로 즐겨 쓰는 메뉴 하나가 바로 이것이다.《삼국사기》 초기 기록을 이용했다!

학술지에 실을 수도 없는 수준의 논문을 제출했다는 것은 연구자에게 사형선고나 다름없다. 그런데 이런 선고를 내리면서 뒤에 별다른 이유나 설명이 붙지도 않는다. 남의 인생 망가뜨리는 데 "《삼국사기》 초기 기록을 이용했다."는 한마디면 충분한 셈이다.《삼국사기》 초기 기록을 이용한 놈은 끝장날 각오하라는 훌륭한 메시지이다. 결국 이 분야 연구자들은《삼국사기》 초기 기록 가지고 장난을 치는 것이 식민사학의 잔재라는 것을 뻔히 알면서도 한마디 할 수조차 없게 된다.

다음은 굳이 설명을 늘어놓지 않더라도 이해할 수 있을 것이다. 몇 명만 이런 식으로 밟아 버리면, 나머지 사람들은 알아서 긴다. 더 나아가서 극소수 몰지각한 과격분자(?)를 빼고는 학회 전체가 알아서 긴다. 그러니 굳이 모든 심사에 신경 쓸 필요가 없다. 이렇게 해서 군소리 할 놈 씨를 말려 버리는 것이다.

물론 모든 심사가 이렇게 파렴치한 트집만 잡는다는 뜻은 아니다. 때로는 진짜 말도 안 되는 내용을 논문이라고 내놓기 때문에, 이 점을 적나라하게 지적하는 경우도 있다. 그럼에도 불구하고 생트집 잡는 경우를 집중적으로 강조하는 이유가 있다.

한탄이나 하자고 심사 과정의 문제점 늘어놓는 것이 아니라는 말이다. 이렇게 횡포를 부릴 수 있는 집단이 어떤 집단인지 생각해 보라는 뜻이다. 대한민국 역사학계가 자리 잡을 때 결정적인 역할을 한 사람이자, 식민사학의 영향에서 벗어날 수 없었던 바로 그 원로들이 길러 낸 일류대학 출신들로 이루어진 집단인 것이다. 식민사학의 잔재가 남아 있는 것을 뻔히 보면서, 또 그런 것을 두들기면서 자기 업적을 쌓을 수 있는 기회까지 날려 버리면서, 많은 연구자들이 무엇 때문에 말도 못 하는지 그 해답이 여기에 있다.

무책임한 관료조직

말이 나온 김에 식민사학적 요소가 뿌리를 내리는 데 있어서 또 하나의 역할을 하고 있는 요소에 대하여 다루어 보기로 한다. 다소 엉뚱하게 들릴지는 모르지만, 학회에 막대한 자금을 지원하고 있고, 이를 기화로 학계에 대한 감시와 통제를 해야 하는 대한민국의 교육·학술 관계 기관이 그러한 역할을 하는 장본인들이다.

고대사학계 하나만 보더라도, 사실 원칙적으로 말하자면 이렇게 엉망이 되는 동안 이들은 도대체 뭘 하고 있었느냐고 생각할 법도 하다. 피 같은 대한민국 국민의 혈세를 쓰면서 자기들 사리사욕이나 채우는 행각을 방치했다면 여기서부터는 '직무유기' 차원으로 해석할 수 있다.

나름대로 문제가 커질 가능성이 있음에도 불구하고 그동안 관료조직에서는 나 몰라라 방치했다고 해도 과언이 아니다. 어째서 이렇게 되었을까?

순진하게 원칙과 당위성 타령할 생각을 버리고, 냉정하게 현실을 직시하면 해답 찾기는 어렵지 않다. 우선 관료조직의 일반적인 성향에서 하나의 원인을 찾을 수 있다. 바로 전문적인 분야에 대해서는 내용을 잘 모른다는 점이다. 관료조직은 형식적인 측면에는 상당히 신경을 많이 쓰지만, 정작 중요한 내용에는 '고양이 앞의 쥐' 꼴이 나기 십상이다.

사실 욕하기는 쉽지만, 속내를 들여다보면 무리도 아니다. 어떤 전문 분야이건 비전문가들에게는 골치 아플 수밖에 없다. 역사학도 마찬가지이다.

그나마 고시공부라도 해서 머릿속에 먹물이 조금이나마 들어간 관료들은 공부에 손 놓은 지 오래되는 일반인들보다야 조금이라도 낫겠지만, 골치 아프기는 매한가지이다. 내용을 몰라 골치 아파하는 사람들이 제대로 된 감독을 할 수 있을 리가 없다.

여기에 전문가 아닌 사람들 물 먹이는 요소가 추가된다. 어느 분야이건 전문적인 분야는 대개 쓰이는 용어부터가 어렵다. 말부터 어려우니 내용을 이해하는 차원은 더 덧붙일 필요가 없다.

이래서 최근에는 연구자들 사이에서 글을 이해하기 쉽게 쓰자는 움직임이 있기는 하다. 그렇지만 이러한 움직임은 시작에 불과하다. 더욱이 아직은 일부 건전한 사고방식을 가진 사람들에게만 국한되는 이야기이다.

뒤집어 말하자면 그동안 왜 그렇게까지 어렵게 글을 써왔는지도 생각해 볼 필요가 있다는 뜻이다. 이유는 여러 가지가 있을 수 있다.

역사학을 포함한 인문학이라는 것이 원래 미묘한 개념을 말로 표현해 내야 하는 분야이다. 그야말로 "아 다르고 어 다르다."라는 말이 실감날 정도로 말 한마디 잘못하는 것으로 오해를 사고 욕을 먹기도 한다. 그렇다 보면 조금이라도 정확하게 표현하고 싶어 하고, 그런 미묘한 차이까지 민감하게 구별하는 어려운 말을 쓰게 되기 십상이다.

이 때문에 전문가들에게는 오히려 전문용어 구사해 가며 쓰는 편이 더 쉬울 수도 있다. 또 그런 풍조가 자리를 잡다 보면 자기도 모르게 어려운 말을 쓰는 버릇에 젖어 버릴 수도 있다.

하지만 이런 차원을 뛰어 넘는 또 다른 이유도 있다. 많은 사람들이 믿기 어렵다는 반응을 보이는 이유이기도 하다. 바로 알아보지 못하게 만들기 위해 일부러 어렵게 써대는 경우이다. 그래서 전문용어가 다른 분야 사람들이 이해하기 어렵게 만드는 은어(隱語) 비슷한 역할을 하게 된다.

사실 전문가들이 다루는 내용을 이해하기 어려운 것은 보통사람 지능으로 이해하기 어려운 심오한 내용이 있는 경우보다, 복잡한 요소가 실타래처럼 얽혀 있기 때문인 경우가 많다. 이것을 쉽게 풀어주는 것도 별개의 능력이기는 하지만, 수준급 전문가들에게 그렇게 어려운 일도 아니다.

마치 프로기사들이 두는 바둑을 아마추어들이 바로 이해하기는 어렵지만, 같은 프로기사가 해설을 해주면 7~8급 정도의 하수들도 프로기사의 생각을 이해할 수 있는 것과 비슷한 이치이다. 역사학자들이 사회에 기여하는 일 중 하나가 실타래처럼 복잡하게 얽혀 있는 역사 문제를 알기 쉽게 풀어서 대중들 앞에 내놓는 것이다.

그런데 그동안은 물론, 지금까지도 왜 굳이 어렵게 써 대는 사람이 많을까? 전부가 그렇지는 않겠지만, 일부 사람들의 의도는 한마디로 알아듣지 말라는 것이다. 그들이 알아듣지 못하도록 어렵게 써 대는 이유는 간단하다. 알아듣게 되면 그들의 입장에서는 큰일 나니까.

부실한 내용을 연구 성과랍시고 내놓으려면 당연한 짓일지 모른다. 그만큼 부실한 연구 성과가 많다. 그렇기 때문에 남들이 내용을 알아보게 하고 싶을 리가 없다. 쉽게 써도 될 말을 공연히 어려운 말을 써서 이리 꼬고 저리 꼬아 내놓은 이유는 바로 이런 것이다. 쉽게만 풀어 주어도 얼마나 웃기는 이야기를 근거랍시고 달아 놓았는지는 앞에서 여러 차례 보여 준 바 있다.

물론 대중들이 알아보기 쉽게 원하는 내용을 써 주는 것만이 무조건 좋은 것이라고 주장하려는 것은 아니다. 사실 '해야 할 말'을 하지 못하고 '듣고 싶어 하는 말'만 하면서 인기에 영합하는 행각의 부작용도 심각하기는 하다. 그렇지만 일부 사람들이 그러는 것처럼 부실한 내용을 알아보지 못하도록 일부러 어렵게 쓰는 짓은 차원이 다르다.

독자들이 알아보게 해서 인정받겠다는 것과 누가 보건 말건 문서 창고에서 썩어 들어가도 그만이라는 생각을 가지고 대충 해낸 연구는 기본 자세부터가 틀린다. 대중들에 아부하지 않는 연구도 필요하다는 훌륭한 명분 뒤에 숨어서 편하게 사기를 치는 셈이다.

어쨌든 이런 짓까지 하기 때문에 상당수가 비전문가들이 내용을 알아보기가 어렵다. 전문가 아닌 관리에 불과한 사람으로 이루어진 국가기관이 효율적으로 관리·감독을 하기 어려운 것이다.

물론 국가기관의 직원 중에는 나름대로 공부 깨나 하다가 들어간 사람도 많다. 그런 사람들은 그래도 내용을 알아볼 만하다.

그래도 그런 사람들 덕분에 뭐가 좀 나아지리라고 기대하기는 무리이다. 대개는 대학과 연관된 학계의 인맥 관계를 무시하기가 어렵기 때문이다. 학계에서 힘깨나 쓰는 사람에게 뭘 좀 안다고 군소리할라치면 '네 까짓 게 뭘 안다고' 하면서 눈 한번 부라리면 그것으로 '깨갱'이다.

자기 혼자만 알아보아도 소용없다. 주변 동료들 태반은 내용을 모르거나 아예 관심조차 없는 경우가 많다. 그런 동료들이나 특히 윗사람들에게 그런 내용을 설명하는 것은 더 골치 아픈 일이다. 잘못하면 쓸데없이 문제나 일으키는 모난 놈으로 찍히는 것이 고작이다.

그렇다 보면 관리 중에도 가끔 뭘 좀 아는 사람이 있더라도 포기하기 십상이다. 공연히 나서서 개인적으로 좋을 일이 없기 때문이다.

오히려 가만히 있으면 손해 볼 일은 없다. 자기들이 애써 모은 돈으로 일을 벌인다면, 본전을 뽑기 위해서라도 최소한의 성과를 얻어 세상에 알리려 하게 마련이다. 하지만 국가기관은 그런 부담이 없다. 세금 내는 국민의 입장에서야 피 같은 돈이겠지만, 이것을 써대는 관리들 입장에서는 그저 쌈짓돈일 뿐이다.

이래서 알아듣게 설명하기도 어려운 내용을 들고 다니면서, 이것이 왜 문제가 되는지 해설하고 설득한다는 생각조차 하기가 어렵다. 조직 전체의 분위기가 왜 이렇게 무관심하게 돌아가야 하는지에 대해서는 조금 뒤에 다루기로 하겠지만, 식민사학 추종자가 아니라 무슨 비리가 있더라도 기관 차원에서 걸러 내리라는 기대는 하지 않는 편이 마음 편하다는 말은 해 놓는다.

파워와 야합

　물론 이 정도 차원이라면 비전문가가 전문가를 관리·감독해야 하는 애로사항에 대해 동정을 하고 끝나야 할 것이다. 그런데 학술기관의 관료조직 돌아가는 꼴을 보면 그 정도 차원에서 그치는 것 같지가 않다.

　무엇보다도 실질적인 관리가 되기 어려움에도 불구하고, 교육부나 학술진흥재단 같은 국가기관에서 문제가 생길 수밖에 없는 구조를 고집하고 있냐는 점만 생각해 보아도 의심을 하지 않을 수가 없다.

　당장 문제가 드러날 정도로 속이 썩어 문드러지는 현상을 뻔히 보면서도 이런 문제가 심각하게 제기되는 꼴을 본 독자는 거의 없을 것이다. 아무리 내용을 알아보기 어려워도 그렇지, 반세기가 넘어가는 지금까지 식민사학적 논리 팔아먹는 데 대해 말이 없었을 리는 없다.

　이 분야에 힘없는 연구자들이야 살기 위해서라도 눈치를 보며 조심해야 하니 애초부터 기득권층에 유리한 제도에 반항하리라는 기대를 하기 어렵다. 그렇지만 관료조직은, 항상 그렇지는 않겠지만, 경우에 따라서는 오히려 횡포가 가능할 정도까지 힘을 쓸 수 있는 입장이다. 이런 입장에서 현 사태를 방조한 이유가 있을 것이다. 어느 정도 힘이 있는 쪽에서 단순히 '몰랐기 때문에' 이렇게까지 식민사학이 퍼지는 사태를 방조했다는 말을 믿기는 어렵다.

　그렇다면 다른 이유가 있을 것이다. 이유는 횡포가 가능할 정도의 파워가 어디서 생기는 것인가를 보면 쉽게 짐작할 수 있다. 민주화가 된 지 꽤 세월이 흘렀기 때문에, 그래도 대한민국에서는 학술기관이라는 곳이 학회나 연구자에게 이래라저래라 일일이 명령할 권한을 가지지는 못한다.

명령할 권한도 없는 학술기관에서 그냥 "참 잘했어요." 하고 말로만 끝내면서 이것저것 간섭하면 가뜩이나 간섭받는 것을 싫어하는 학계 사람들이 곱게 따라가 줄 리가 없다. 그럼에도 힘을 쓸 수 있는 이유는 연구비 등의 명목으로 지급되는 '돈' 때문이다.

쉽게 말해서 연구비 타 내고 싶으면 그들의 비위를 거슬러서는 곤란하다. 당연히 연구비가 필요한 학회나 연구자는 이 때문에 돈줄을 쥐고 있는 학술기관의 눈치를 보아야 한다.

문제는 그들이 힘을 쓰게 만들어 주는 돈이 결국 대한민국 국민들의 세금이라는 점이다. 관료들의 입장에서 보면 대한민국 국민은 착한 구석이 많아서 막대한 세금을 내면서도 그저 높은 분들이 "알아서 잘 써 주시겠지." 하며 꼬치꼬치 따지지 않는 경향이 있었다.

그렇지만 이것도 옛날 이야기이다. 정부가 꼭 국민들 생각해서 돈 쓰는 것만은 아니더라는 사례가 몇 번 밝혀지면서부터는 요즘에는 눈에 불을 켜고 항의하는 사람들이 늘어났다. 자연스럽게 정부기관들도 돈 써야 하는 명분을 만들어 놓는 데 신경을 쓰게 되었다.

예산을 타 내는데 학술기관이 내세우는 명분은 당연히 '우수한 연구 성과를 내는' 것이다. 물론 현실적으로는 웃기는 명분이다. 연구자들의 성향을 보면 돈 준다고 좋은 성과를 낼 상황이 아니다. 거기에 앞서 살펴보았듯이, 공정하게 연구 성과의 질을 평가할 방법은 없다시피 한다. 이런 상황에서 관료조직이 돈 쏟아 붓는다고 연구 성과의 질이 올라간다? 웃기는 소리이다.

바로 그 점을 증명해 주는 것이 수천억 원의 연구비를 받고 사기를 친 황모 교수의 사건이다. 객관적이라는 자연과학에서도 그런 짓이 가능한 상황이다. 그나마 들통이 나게 된 이유도 의미심장하다.

너무 유명해져서, 또 너무 많은 연구비를 타 내는 바람에 사람들의 눈길을 많이 끈 것이 중요한 이유로 작용했다. 뒤집어 말하자면 사람들이 관심조차 갖지 않는 분야에서 소리 소문 없이 해먹는 부분에 대해서는 손댈 방법조차 없다.

관료조직은 바로 이런 점을 신경 쓴다. 부실하게 운영될 수밖에 없는 사실보다 그 점이 알려지는 것을 더 경계하는 것이다. 그 따위로밖에 못 할 것을 뭐 하러 세금 퍼붓느냐는 여론이 들끓는 순간 자기들이 힘을 쓸 수 있는 수단도 날아가 버리게 되니까. 그런 사태를 막기 위해서는 현실이야 어찌 되어 있건, 무조건 잘 돌아가는 것처럼 보이게 만들어야 한다.

여기서 학계 기득권층과의 야합이 필요해진다. 대한민국 사회는 아직도 '권위'에 집착하는 경향이 강하다. 사회적 검증장치라는 것이 제대로 되어 있지 않으니 어쩌면 당연한 일인지도 모른다.

그래서 어느 분야가 제대로 돌아가느냐 마느냐를 판단하는 데 그 분야 사람들의 의견을 골고루 종합하기보다 번듯한 지위를 가진 사람의 말 한마디에 의지하는 경우가 많다. 극단적으로는 여론 조작이 될 수 있다.

학술기관이 벌이는 사업에 좋은 평판을 받으려면 이렇게 여론에 큰 영향을 줄 수 있는 학계 기득권층과 손을 잡아야 한다. 그래서 관료들의 입장에서는 학계에 어떤 악영향이 있다 하더라도 대부분은 야합하는 방법을 택한다.

학계 기득권층도 학술기관과 야합해서 손해 볼 것은 없다. 그들이 원하는 것은 겉으로 일이 잘 돌아가는 것처럼 보이는 '형식'일 뿐이다. 그런 것을 갖추어 주는 데에는 조교 몇 명만 있어도 충분하다. 지위를 가진 교수급들에게 힘은 좀 들지언정, 어려울 일은 별로 없다. 반면 형식만 잘 갖추어 주면 얻을 수 있는 이익은 막대하다. 그 이익이 어떤 것인지는 조금 있다가 살펴보기로 한다.

게다가 한번 얽혀 들어가면 나중에는 공범자가 될 수밖에 없다. 연구비를 타다가 부실하게 운영하고 엉터리 결과를 낸다 하더라도 그것이 밝혀지면 연구비를 준 기관도 곤란해진다. 도대체 어떻게 심사를 하고 관리를 했기에, 그런 작자들에게 세금을 낭비했느냐고 몰리게 될 테니까. 제대로 된 심사와 검증을 거치는 어려운 길보다 떠드는 입을 틀어막아 버리는 길을 택하는 쪽이 편하다. 고대사학계의 경우, 이렇기 때문에 식민사학 추종자인 기득권층도 건드릴 수 없게 된다.

야합의 길 – 학술지 등급제

학계에서 힘쓰는 집단에 야합소리까지 해놓았으니, 구체적인 사례를 들지 않으면 근거 없는 말을 했다고 펄펄 뛸 것이다. 어쩔 수 없이 또 사례를 들어야 할 것 같다. 관료조직과 학계 기득권층의 합작품 중 걸작을 꼽으라면 이른바 '학술지 등급제'라는 것이 사례로서 적당할 듯하다. 이 제도의 취지를 쉽게 말하자면, 아무나 자기 멋대로 학술지를 만들어서 말 같지 않은 논문 마구 찍어 대는 일을 막자는 것이다.

사실 아무거나 똑같은 학술지고, 어떤 논문이건 똑같은 논문이라는 식이 되면 진짜 노력하는 연구자들이 피해를 보게 된다. 아무렇게나 그려내도 1편이요, 피땀 흘려 노력해서 써도 1편이니 힘들여 쓰면 손해라는 생각을 하게 된다. 오히려 힘들이지 않고 엉터리 논문 마구 써대는 편이 연구 업적의 양만 따져서는 유리할 수밖에 없다. 그대로 놓아두면 질 떨어지는 연구 성과를 양만 채워 찍어 내라고 부추기는 결과가 될 수 있다.

'학술지 등급제'는 원래 그래서 만든 것이다. 뼈를 깎는 노력을 통해 이루어 낸 연구 성과와 날림으로 양만 채운 것을 구별해 내겠다는 취지이다. 한마디로 옥석을 가리겠다는 뜻으로 이해할 수 있다.

그런데 이런 취지는 어디까지나 정책을 구상해 낸 사람들의 취지일 뿐이다. 현실에서는 취지와 정반대의 결과를 내는 경우가 많다.

학술지 등급제의 원래 취지는 같은 학교 동문끼리나 같은 기관 동료들끼리 모여 제멋대로 운영하는 학술지의 비중보다, 전국의 연구자들에게 문호를 열어 놓고 운영하는 학술지를 더 쳐주겠다는 뜻이다.

하지만 현재의 풍조에서는 역효과를 낸다. 전에는 학회 하나 장악해 봐야 제자나 후배들 논문 싣는 데 도움 주는 정도에 불과했기 때문에, 무슨 욕을 먹든지 틀어쥐고 보자는 심리가 그래도 덜 했다. 점잖은 체면에 욕 들어 먹으며 학회 쥐고 있어 봐야 뭐 하겠느냐는 생각이 있었던 것이다.

하지만 이제는 사정이 다르다. 등급 잘 받은 학회지에 실리는 논문은 같은 수준이라도, 심지어 휴지조각의 가치도 없는 논문이라도 무조건 훌륭한 논문으로 둔갑하게 된다. 반면 그렇지 않은 데에 실으면 거의 대부분이 0점 처리이다. 이건 점수 몇 점 차이가 난다는 차원에서 끝날 문제가 아니다. 업적 평가라는 것 덕분에, 점수가 되는 등재지·등재후보지 논문 편수는 연구자의 생존과 출세에 절대적인 영향을 주게 된다.

좋은 논문 써서 등급 좋은 학회지에 실으면 그만이지, 무엇 때문에 학회 장악이 어쩌느니 따지느냐고? 앞서 학술지에 싣는 논문의 심사가 어떻게 이루어지는지에 대한 점만 상기하면 왜 집착을 해야 하는지 더 설명할 필요가 없을 것이다.

학자의 양심이라는 것 자체가 실종되어 버린 지 오래인 지금의 풍조에서 엄정한 심사가 이루어지기를 기대하는 것 자체가 웃기는 짓이다. 그러니 연구자의 생존에는 얼마나 좋은 논문을 쓰느냐보다 학회를 어느 파가 장악하고 있느냐가 더 중요한 요소가 된다. 눈에 불을 켜고 학회를 장악하려 난리를 칠 수밖에 없다. 이 와중에 전국 단위로 열려 있던 학회를 특정 집단이 장악해서 제멋대로 휘두르게 되는 결과를 막을 길이 없는 것이다.

결과적으로 기득권을 쥔 패거리에 속해 있는 작자는 아무 생각 없이 대충 써대도 '등재지'니 '등재후보지'니 하는 이른바 '점수가 되는' 학술지에 업적 불리는 것이고, 줄 잘못 선 놈은 아무리 좋은 논문 써 봤자, 점수 안 되는 학술지로 밀려나는 설움을 받을 수밖에 없다.

결국 학회를 장악한 패거리의 눈치를 볼 수밖에 없도록 만들어 놓은 셈이다. 그런 작자들이 주도권을 쥐고 있는 학회에서 제대로 된 연구 성과가 나올 리가 없다. 고대사학계가 그동안 이런 깡패 짓 없이 제대로만 굴러갔어도 이른바 '임나일본부'에 대한 문제를 비롯한 고대사의 주요 현안이 해결되고도 남았을 것이다.

이렇게 되니, 원래 목적이었던 연구 성과의 질 올리기에는 오히려 독소로 작용한다. 근본적인 목적인 연구 성과의 질에 대해서는, 이 제도를 만든 장본인이며 흔히 '관(官)'이라고 부르는 관료조직에서는 어떻게 할 방법이 없는 것이다. 기껏 신경 쓴다는 것이 "학술지를 1년에 몇 번 내느냐?", "학회에 전임교수 몇 명을 확보하고 있느냐?" 따위의 지극히 형식적인 기준뿐이다. 이런 것을 철저하게 따진다고 연구 성과의 질이 올라갈 리가 없다. 그래도 학회는 여기에 집착해야 한다. 그래야 '지원금'을 받을 수 있을 테니까.

오히려 반대 효과가 난다. 등급제가 실시되기 이전에는 학회들끼리 은근하게나마 자존심 싸움이라도 했다. 우리 학회지는 그래도 좋은 논문 실린다는 자존심 말이다. 덕분에 능력과 소신 있는 연구자들이 숨 쉴 틈이라도 있었다. 얼굴 마담 삼기 위해서라도 괜찮은 논문을 끌어들여야 했으니까.

등급제가 이런 자존심을 완전히 쓸데없는 짓으로 만들어 버렸다. 좋은 논문을 찾아 싣는 것보다 등급을 높게 받는 것이 더 중요한 일이 되었으니까. 그래서 등급을 매기는 기관에서 요구하는 기준을 맞추어 주느라 난리이다.

논문의 질 같은 것은 어차피 전문가들 아니면 제대로 평가하기도 어렵다. 반면 등급은 질에 상관없이 찍혀 나온다. 세상에는 누구나 알아보기 쉽게 찍혀 나오는 등급이 행세를 할 수밖에 없다. 그러니 잘 쓴 논문을 구하는 것보다 관리들에게 잘 보여 좋은 등급을 받는 것이 더 중요한 일이 되어 버린다.

연구 성과의 질을 올리겠다는 명분으로 만든 제도가 오히려 질을 바닥 모르게 끌어내리고 있는 셈이다. 무슨 근거로 그런 소리를 하느냐고? 뒤집어 보면 간단하게 사정을 알아볼 수 있다. 좋은 평가받고 당당하게 실리는 논문의 수준을 보면 오히려 믿기 어려울 만큼 형편없는 경우가 많으니까. 그 점은 필자의 손으로도 여러 차례 보여 준 바가 있다.

왜 이런 제도를 고집하는지는 지금까지처럼 누가 덕을 보겠느냐는 점을 따지면 이해하기 어렵지 않다. 일단 등급을 매기는 기관의 영향력이 커지게 된다. 관료들이 원하는 기준을 맞추어 오는 학회에는 '지원금'을 내놓게 되어 있으니 생색내기에는 그만이다. 관료들의 입장에서는 세금 가지고 흐뭇하게 상황을 즐기면 그만이다.

학회의 기득권자들도 손해 볼 것이 없다. 등급은 단순한 숫자에 불과한 것이 아니다. 등급을 잘 받으면 학회에 권위가 생기는 것은 물론이고, 돈도 따라 생긴다. 쉽게 말해서 기관이 요구하는 기준에만 들면 학회가 제일 애를 먹는 '학회지 발간 비용'이 거저 생기는 셈이다. 앞서 말했던 막대한 이익이 바로 이것이다.

뒤집어 말하자면 관료들의 요구를 들어주지 못하는 학회는 눈에 들은 학회가 세금 가지고 학회지 찍는 꼴을 뻔히 보면서 애를 먹어야 한다. 많은 학회가 연구의 질을 올리는 데에는 별 도움도 안 되는 형식 갖추자고 이리저리 신경 쓰고 애먹는 이유가 여기에 있다.

관료들이 원하는 형식을 갖추려면 패거리를 잘 모아야 한다. 힘 있는 패거리가 유리하다는 점은 말할 필요도 없다. 결국 이 제도 때문에 힘 있는 파벌에 더 힘을 실어 주는 꼴이 되고 만 것이다. 그러니 힘없는 패거리는 알아서 길 수밖에 없다. 힘 있는 자들에게는 찍소리도 못하면서 힘없는 쪽에 횡포를 부리는 것이 관료조직이라는 말이 나오는 현실이 이상할 것도 없다.

야합에서 비호로

한번 얽혀 들어가면 결국 공범자가 될 수밖에 없는 구조는 학술기관에만 그치지 않는다. 힘이 있다면 학술기관과는 비교도 할 수 없는 방송사도 마찬가지이다. 어쩌면 방송사가 더 할지도 모르겠다.

내용도 모르고 덜컥 그런 사람들 말대로 프로그램을 만들었다가 나중에는 어쩔 수 없이 버티게 되는 경우가 있는 것이다. 대한민국의 대표적인 공영방송도 관료조직은 관료조직이니 적당하지 않은 예는 아닐 것이다. 영향력이라는 측면에서는 방송사만한 곳도 드물 테니 더 심각한 사례가 될 수도 있다.

구름 잡는 이야기보다 사례를 드는 편이 이해가 빠를 것이다. 필자가 그러한 사례로 자주 지목하는 것이 몇 년 전 한 공영방송사에서 방영한 다큐멘터리 프로그램이다. '임나일본부의 실체'를 밝히겠다던 이 프로그램이 왜 문제가 되는지는 이전에 낸 책에서 이미 다루었으니 그 내용을 소개하는 것은 생략하기로 한다.[46]

여기서는 그래도 못 다한 이야기를 하고자 한다. 프로그램 자체만 식민사학을 심는 내용이었던 것으로 그치는 것이 아니라, 그 뒤처리가 더 볼만 했던 것이다.

자세한 내용은 생략하기로 했지만, 그래도 이야기를 끌고 나아가기 위해서는 요점 정도는 밝혀야 할 것 같다. 문제가 되는 점은 일본의 역사왜곡을 비난하면서, 그것을 바로 잡겠다고 만든 다큐멘터리의 내용 자체가 황국사관에 찌든 일본 학자의 설을 베껴 냈다는 것이다.

그것도 그대로 베껴 내면 티가 나니까, 그 점을 감추기 위하여 있지도 않은 기록을 조작해 내서 일본 학자의 학설과 차이를 만들어 냈다. 이 사실만 가지고도 고대사에 애정을 가진 사람은 속이 터질 노릇이다.

물론 제작진이 식민사학을 심어야겠다는 투철한 신념이 있어서 이런 짓을 하지는 않았을 것이다. 그저 죄라면 프로그램 제작을 위해 섭외를 한다는 사람들이 일본의 것을 베껴 먹은 사람들이었을 뿐이다. 그렇지만 왜 하필 그런 사람들을 '모셔서' 프로그램을 제작하게 되었는지는 의미심장하다.

방송사에서는 프로그램 하나 만드는 데 많은 사람들이 고생한다고 주장하고, 실제로 그럴지는 모르겠다. 하지만 필자가 겪은 바로는 필요한 정보를 수집하는 과정부터가 함량 미달이다. 학계의 사정을 제대로 모르는 방송 관계자가 할 수 있는 일이라고는, 인터넷을 좀 뒤지고, 책 몇 권 살펴보고, 아는 사람들에게 물어 보고 전화 몇 통 돌

---

46) 이 내용은 필자의 책,《거짓과 오만의 역사》, 44~64쪽을 참조하시기 바란다.

리는 것이 고작이다.

들리는 바로는 자기들에게 필요한 콘텐츠를 줄 수 있는 사람을 만나면 '발굴'해 냈다고 좋아한단다. 그런데 그런 사람들은 대개 전임 교수 같은 번듯한 지위를 가지고 있든가, 유명세를 타고 있는 부류들이다.

안전한 것을 좋아하는 공영방송에서는 그중에서도 국가 사회의 공인을 받았다고 내세울 수 있는 전임교수나 학술기관에 소속된 연구원들을 좋아하게 되어 있다. 그만큼 권위가 서기 때문에, 나중에라도 그 사람들 아니면 누구에게 알아볼 것이냐고 변명할 여지가 생기기 때문이다.

방송사의 입장에서는 나름대로 충분히 이해할 만한 선택일지 모른다. 하지만 이게 한국 고대사학계의 현실과 맞물려 버리면 곧바로 식민사학을 심는 결과로 나타날 수 있는 것이다.

앞에서 강조했듯이, 한국 고대사학계에서는 식민사학 추종자들이 출세하게 되어 있다. 여기에 일본에서 키워 낸 유학파들이 가세한다. 이들이 번듯한 지위를 가지고 있으니, 방송사는 이들에게 가서 식민사학을 극복할 논리를 주십사 하고 부탁한다. 그야말로 '고양이에게 생선가게를 맡긴' 꼴이다.

이래 놓고서 식민사학 극복하는 프로그램 만들었다고 자랑까지 한다. 프로그램의 마지막도 "역사의 왜곡은 감추어질 수 없다."라는 멋있는 말로 장식했으니, 제작진이 얼마나 신념을 가지고 이 프로그램을 만들었는지 덧붙일 필요가 없을 것이다.

물론 필자가 지금까지 아무 소리 하지 않다가 뒤늦게 욕만 해대는 것은 아니다. 전공과 밀접한 관련이 있었기 때문에 그 프로그램이 방영되는 동안 처음부터 끝까지 시청했고, 하도 어이가 없어 곧바로 문제점을 자세하게 적어 그 프로그램의 인터넷 게시판에 올렸다.

프로그램의 내용보다 게시판의 댓글이 더 기가 막혔다. 이전 책의 내용과 다소 중복이 되더라도 소개해야 할 것 같다.

"일본이 역사 왜곡을 한 건 사실인데 그걸 고발한 역사스페셜 팀에게 웬 말이 많으냐, 말이 많은 걸 보니 당신은 식민사학자이다.", "당신은 틀렸다. 왜냐하면 일본이 역사 조작을 한 것은 사실이기 때문에"라는 식이었다. 결국 "식민사관을 극복하려면 일본 것부터 베껴먹지 말자."는 말이 식민사관으로 매도된 셈이다.

식민사학 극복하려면 치사하게 일본 것을 베껴 먹는 짓부터 하지말자는 말을 왜 그렇게 알아듣고 싶어 하지 않을까? 친절하게도 이에 대한 해답까지 올라와 있었다. "누구나 말할 권리는 있다. 그러니 역사스페셜 팀이 뭐라고 했던 간섭 말라. 억울하면 방송국 앞에서 데모라도 하든가."

자발적인 짓인지, 아니면 방송사의 사주를 받은 친위세력의 짓인지는 알 길이 없다. 하지만 프로그램을 만든 방송사가 이후 한 짓을보면 이 사태를 일부 몰지각한 이른바 '누리꾼'의 행각으로만 돌릴수도 없을 것 같다.

우선 이 내용은 구두점 하나 고쳐지지 않은 채, 책으로 출판이 되고 비디오테이프나 DVD 같은 영상물로 제작되어 날개 돋친 듯이 팔려 나갔다. 책만 해도 100만 부가 넘게 팔려 나간 것으로 알고 있다. 그 내용이 식민사학적인 논리로 만들어졌다는 점을 지적한 책이

5,000부도 안 나갔으니, 영향력이라는 측면에서는 비교 자체가 되지 않는다.

지금도 그 내용을 방송사가 만든 영상물이나 책으로 보는 사람은, 임나일본부에 관한 한 식민사학은 극복되었고, 더 이상 관심을 가질 필요도 없다고 생각하고 있을 것이다. 파렴치한 내용의 프로그램으로 지금까지도 장사를 잘 해먹는 꼴을 보면, 자기들이 무슨 짓을 했는지에 대해서는 별 관심도 없다는 증거가 더 이상 필요 없을 것이다.

나라 팔아 먹기

필자가 역사 왜곡 문제를 협상하러 나온 일본 측 대표라면 이 다큐멘터리 내용을 '전가(傳家)의 보도(寶刀)'처럼 휘두를 것이다. "우리 보고 역사를 왜곡한다고 말이 많더니, 왜 우리나라 학자들 학설은 베껴 가고 난리냐? 그것도 모자라 있지도 않은 기록은 왜 조작해 내느냐? 우리 보고 구석기 유물 조작했다며 시작했던데, 그 사건은 우리나라 언론이 사실을 밝히고 바로잡았다. 그런데 그걸 욕하는 너희들은 뭐냐. 그야말로 똥 묻은 개가 겨 묻은 개 보고 짖는 꼴 아니냐." 등등

일본 문화의 특성상 말은 점잖게 하겠지만, 이런 내용의 반박을 쏟아 내면 대한민국 대표가 어떻게 받아 넬지 정말 궁금하다. 필자의 눈에는 아무리 봐도 받는 수가 안 보인다. 이런 꼴을 당하면 대한민국 대표는 자기가 하지도 않은 일이라 할지라도 얼굴이 화끈거려 궁둥이 붙이고 앉아 있기도 곤란할 것이다.

일본의 입장에서는 대한민국 사회에서 자기들 손으로 식민사학을 심어 주는 것이 고마울 뿐이다. 그렇다고 일본에서 노골적으로 고마운 티를 내지도 않는다. 이 점에 대해서도 확실히 짚고 넘어갈 필요가 있다.

속 모르는 일부 사람들이, 일본에서 별 말 없이 가만히 있는 문제를 가지고 무엇 때문에 필자 같은 사람이 대한민국의 망신거리를 터뜨리느냐고 염장 지르는 소리를 하는 경우가 있으니까. 이거야말로 내가 구덩이에 머리 처박고 세상을 보지 않으면 세상도 나를 보지 못할 것이라는 전형적인 새대가리 논리에 불과하다. 이런 소리 하는 작자들은 일본 학자들이 자기네 학설 베껴 먹는 것도 몰라볼 정도로 머저리들만 있는 줄 아나 보다.

그들이 가만히 두는 것은 몰라서가 아니라 뻔히 알면서 그런다고 보아야 한다. 당연히 대한민국의 입장이 곤란해질까 봐 생각해서 그러는 것은 아니다.

이유는 여러 가지가 있겠지만, 대한민국의 입장에서 기분 좋을 만한 것은 없다. 구름 잡는 이야기가 되는 것을 피하기 위해 몇 가지만 뽑아 보자.

우선 대한민국에서 무슨 짓을 하건 자기들에게 별 영향이 없더라는 심리가 한몫할 수 있다. 대한민국 사회의 특징이 펄펄 뛰다가도 금방 언제 그랬느냐는 듯이 잠잠해지는 것, 공연히 장단을 맞춰 줘서 시끄럽게 만들 필요 없다는 전략일 수 있다는 것이다. 역사 문제로 시끄러워져서 일본에 좋을 것은 없으니까. 그렇지만 이것만이 전부는 아니다.

일본에도 머리가 좀 돌아가는 전략가가 있을 것이라는 점을 감안하면 좀 더 흉측한 이유를 짐작할 수 있다. 가만히 생각해 보면 일본 측에서는 본격적으로 한국의 역사 왜곡 문제를 터뜨려 반격을 하는 것보다, 그냥 놔둔 상태에서 두고두고 우려먹는 편이 훨씬 유리하다.

바둑에서도 비슷한 경우가 있다. 내가 두면 언제 두어도 톡톡히 재미를 볼 수 있는 선수(先手)가 되는 반면, 상대가 두면 별 재미를 못 보는 후수(後手)가 되는 경우가 있다. 하수들일수록 이럴 때 수가 보인다고 덜컥 처리해 버린다. 하지만 고수들은 이런 식으로 두지 않는다. 언제 둬도 되는 것을 굳이 미리 처리해서 상대를 속 편하게 만들어 줄 필요가 없는 것이다. 프로 기사들은 "아끼다가 망한다."라는 말이 나올 정도로 끝까지 속 긁으며 안 둬 준다.

역사 왜곡에 대한 일본의 태도가 이렇다. 굳이 한국 측의 문제를 미리 터뜨려 줄 필요를 느끼지 않는 것이다. 일본이 이렇게 나오는 이유가 알고 보면 더 기분 나쁘다. 그들은 사실 한국·일본 양쪽이 모두 역사 왜곡을 중단하고 서로 이해할 수 있는 역사를 찾는 데에는 별 관심이 없다.

남의 속을 어떻게 그렇게 잘 아는 척하느냐고 할 사람이 있을지 모르니, 근거를 좀 더 달아 보자. 일본의 기득권층은 전통적으로 역사 왜곡을 통해 자신들의 특권을 유지해 왔다. 천황부터가 바로 그 전형적인 존재이다.

일본 지도층이 무엇 때문에 천황제에 그토록 집착하는지 알 만한 사람은 다 안다.[47] 그러니 일본의 기득권층이 역사 왜곡을 안 하려야 안 할 수가 없다. 국제사회에서 그렇게 욕을 먹으면서도 역사 왜곡에 관한 한 끝까지 버티는 이유가 바로 이런 것이다. 그들은 일본에서의 기득권을 유지하기 위하여 나름대로 죽을 힘을 다해 역사 왜곡에 매달리는 셈이다.

그렇다고 제국주의 시대처럼 횡포를 부릴 입장이 아닌 일본이 국제사회에서 제멋대로 굴기는 곤란하다. 그래서 눈치를 조금이라도 본다. 이런 문제에 있어 골치 아픈 나라가 근대 일본에 직접적인 피해를 본 한국·중국이다. 걸핏하면 따지고 나오니까. 일본으로서는 이 나라들에 대한 전략에 신경을 써야 한다.

이미 독립국가가 된 대한민국 같은 나라에 일본이 식민지 시대처럼 자기들이 원하는 역사를 강요할 수는 없다. 이런 입장에 처한 일본이 취할 수 있는 최선의 조치가 무엇일까? 그게 바로 "나는 나대로 해 먹을 테니 너희들은 너희대로 알아서 하라."는 것이다.

실제로도 그렇게 되고 있다. 이렇게만 되면 일본이, 적어도 대한민국을 상대할 때만큼은 손해 볼 것 없다. 어차피 똑같은 놈 되면 국제사회가 힘 있는 일본의 미움을 사가며 대한민국을 편들어 주려고는 안 할 테니까. 그런데도 일본에서 황국사관으로 물든 자기네 학설 베껴 내서 다큐멘터리 만들었다고 문제를 삼을까?

문제를 삼으려고 마음만 먹는다면 당장은 속 시원하게 큰소리 칠 수 있을 것이다. 하지만 그 다음이 더 큰일이다.

대한민국이 아무리 멍청해도 일본에 그렇게 당하고 나면 정신 차릴 것이다. 일본은 역사 왜곡에 관한 한 켕기는 것이 많은 나라이다.

---

47) 이에 대한 자세한 내용은 필자의 책, 《자기 최면의 역사》, 112~117쪽을 참조하시기 바란다.

한국에서 식민사관에 물들지 않은 선수들을 제대로 뽑아 일본이 할 말 없는 왜곡 사례를 골라 몰아치면 진짜로 골치 아파진다. 일본 측이 이런 상황을 원할 리가 없다.[48]

속으로 비웃으면서 대한민국의 식민사관 추종자들이 떠들고 싶은 대로 떠들도록 가만히만 놔두면 그들이 알아서 일본이 곤란해질 사태를 막아 준다. 결국 일본의 기득권층은 자신들의 이익을 지키기 위하여 대한민국의 파렴치한 집단이 설치는 꼴을 놔두고 있는 셈이다.

그 말을 뒤집으면 어떻게 될까? 대한민국의 입장에서는 식민사관 팔아먹는 작자들이 사리사욕을 채우기 때문에 일본에 두고두고 이용당할 약점을 잡힌 셈이다.

그 다큐멘터리만 해도 그렇다. 이런 내용을 공영방송에서 만들어 주지만 않았어도 사태는 좀 나아졌을지도 모른다. 몇몇 파렴치한 연구자의 사리사욕 채우기로 몰아 버릴 수도 있었을 테니까. 하지만 대한민국의 얼굴 역할을 하는 공영방송에서 정식 프로그램으로 만들어 방영을 해 버렸으니 이젠 몇몇 연구자들만의 양심불량이라는 변명도 못하게 쐐기를 박아 버린 것이다.

이런 사태를 만들어 놓고도 방송사 자체에서도 대한민국에 두고두

---

48) 《한일역사공동연구보고서》에서 고대사 분과에 나타나는 경향도 의미심장하다. "논란이 될 만한 것은 다루지 않겠다."라는 말이 공공연히 돌았고, 실제의 내용도 심각한 논쟁을 피해 가는 경향이 뚜렷하다. 하지만 그 와중에도 가장 논란이 될 만한 주제와 내용은 한국 측에 슬쩍 밀어 놓았다. 앞에서도 보여 주었듯이, 논란의 핵심이 되는 4세기 신공황후 49년의 기록에 대해서는 한국 측 학자가 맡았다. 일본 학자인 빈전경책(濱田耕策)이 낸 보고서의 내용에는 주로 칠지도(七支刀)에 대해 언급하면서 양쪽의 국민들이 듣기에 무난한 내용으로 일관하고 있다. 무엇 때문에 그랬는지 음미해 볼 만하다.

고 민폐 끼칠 일을 했다는 점을 무시해 버리는 분위기였다. 앞으로도 이런 짓 계속하겠다는 뜻이나 다름없다. "언론은 오만할수록 신뢰를 얻는다."라는 말을 실천에 옮기는 것 같다.

지금도 그 방송사에서 고대사 관계 프로그램을 만들 때에는 이때 자문을 받던 사람들에게 많이 의존하는 것으로 알고 있다. 이런 꼬락서니를 보면 앞으로도 이런 프로그램이 많이 생산될 것 같다. 일본에게는 축복이 될 일이다.

바로 이런 사태가 대한민국에서 힘깨나 쓰는 관료조직에서 식민사학을 뿌리 뽑기는커녕 오히려 비호까지 하는 이유가 되는 일이다. 그래서 식민사학이라는 것이 끊임없이 재생산될 수밖에 없다.

쇼 같지 않은 쇼 - 공개발표

학회의 심사가 기득권층의 검열 역할을 할 수 있기 때문에 문제라면, 또 비리를 파악해서 관리·감독해야 할 관료조직이 문제를 통제할 방법이 없다면, 이를 보완하는 제도는 없을까? 그렇지는 않다. 적어도 원칙적으로는 훌륭한 보완책이 마련되어 있다. 그것이 바로 공개발표라는 것이다.

심사의 문제점은 단 한 명의 심사위원이 자기 마음대로 남의 운명을 결정해 버릴 수 있다는 것이었다. 이에 비해 공개발표는 많은 사람이 참석한 상태에서 토론을 거쳐 검증하는 효과가 있다. 그렇기 때문에 혼자서 멋대로 평가하기 곤란하게 만드는 효과가 있다. 그러므로 상식적으로만 생각하면 이렇게 훌륭한 보완장치가 있으니 다른 과정에 문제가 있더라도 충분히 걸러 낼 수 있다고 생각하기 쉽다.

하지만 이 역시 원칙적으로 그렇다는 이상의 의미를 가지지는 못한다. 그만큼 현실적인 한계가 뚜렷하다. 그렇게밖에 될 수 없는 이유는 이렇다. 우선 검증이 될 만큼 효과적인 토론을 벌이기가 어렵게 되어 있기 때문이다.

통상적으로 발표에는 이른바 '지정토론자'라고 하는 사람을 붙인다. 이렇게 하는 이유는 매우 합리적 발상에서 나왔다. 학술논문에 대한 검증은 가급적 그 분야 자체, 최소한 비슷한 분야 전문가들이 해야 제대로 된 검증이 된다. 내용을 제대로 알지도 못하는 사람이 토론을 해봤자, 자기 궁금한 것 몇 가지 물어 보는 수준밖에는 안 될 테니까.

그렇지만 공개발표라고 이러저러한 사정이 있는 관계 전문가들이 항상 참가해 준다는 보장이 없다. 극단적인 경우에는 발표 장소에 모여든 사람 중, 내용에 정통한 사람이 없을 경우까지 생긴다.

이렇게 내용을 제대로 아는 사람이 없는 상태에서 제대로 된 토론과 검증이 이루어지기 어렵다. 그래서 발표 내용에 대해 알 만한 사람을 지정토론자로 정해 참석시키려 한다. 이를 통하여 토론을 활성화하고 검증을 하려는 것이다. 여기까지는 역시 훌륭한 취지이다. 하지만 이 바닥 일이 대개 그렇듯이, 취지는 취지일 뿐이고 현실은 현실이다. 취지와 원칙대로 안 되는 이유가 있다.

우선 문제가 될 수 있는 부분이 대한민국 사회에는 좋게 말해서 너무 인정이 넘친다는 점이다. 인정이 하도 많다 보니 냉정하게 시비를 가려야 할 학술발표에서조차 발표자의 사정을 봐준다. 그래서 상당한 경우 지정토론자 자체를 발표자가 원하는 사람으로 해 주는 경우가 많다. 권투로 치면 챔피언이 도전자를 제 맘대로 정하는 꼴이다.

프로 권투에서도 이렇게 만만한 상대만 골라 타이틀 매치를 치르는 것이 문제가 되었다. 실력도 없는 주제에 내용도 없는 경기를 하면서 챔피언 자리 지키는 '비즈니스 챔피언'이 날뛰는데 그 바닥이 제대로 돌아가기가 어렵다. 당연히 이 분야에서 먹고사는 사람들에게 피해가 돌아간다. 그래서 뒤늦게 만든 제도가 '지명도전자'라는 것이다.

학술토론이라고 다를 것은 없다. 원칙대로 하자면 지정토론자는 발표 내용에 대해 정통한 사람으로 정해져야 그 취지를 달성할 수 있다. 가급적 발표자와 다른 의견을 가지고 있는 편이 좋다. 그래야 치열한 논쟁을 통하여 제대로 된 검증이 이루어진다.

그런데 치열한 논쟁을 유도할 사람을 바꾸어 말하면 발표자에게 거북한 사람이라는 뜻이 된다. 권투에서 박진감 있는 경기를 유도할 만큼 실력 있는 도전자는 챔피언에게 상대하기 싫은 선수라는 뜻이 되는 것이나 마찬가지이다.

이런 상황에서 지정토론자를 제 맘대로 정하게 한다면? 당연히 거북한 상대를 빼놓고 싶을 것이다. '비즈니스 챔피언'이 만만한 도전자를 골라 타이틀 매치를 치렀던 사태와 다를 것이 없다. 물론 학계에서는 아직 이런 사태를 확실히 막을 만한 제도는 없다고 보아야 한다. 그러니까 그 허점을 최대한 악용할 여지가 있는 것이다. 심하면 평소 절친하게 지내는 동문 선후배끼리 발표·토론 한답시고 나란히 앉아 자화자찬이나 늘어놓는 꼴을 보기가 어렵지 않다.

학술 발표회는 멋도 모르는 사람들 와서 마음에도 없는 칭찬과 헛소리나 늘어놓는 장소로 전락하고 있는 것이다. 덕분에 발표라는 것 자체가 나날이 김이 빠지고 있다. 학회에서는 이래 놓고서 사람이 오지 않는다고 한숨이다. 보여 줄 것도 없는 부실한 게임을 벌이고 있다는 사실은 애써 외면한다.

편파판정

여기서 끝나는 것도 아니다. 지정토론자까지는 자기들 맘대로 정해서 끼리끼리 띄워 주고 끝내 버릴 수 있다. 그렇지만 이 경우 재수 없는 사태가 발생할 수 있다. 일껏 제쳐 놓은 거북한 상대가 우연이건 필연이건 청중석에 와서 앉아 있을 수 있다. 그런 사람이 발언권을 얻고 일어나 사정없이 문제점을 지적해 대면 엉터리 논문을 발표한 당사자는 청중들 앞에서 그야말로 망신을 당하게 된다.

공개발표를 시키는 취지 중에는, 수준이 안 되는 발표를 하는 자로 하여금 바로 이런 꼴을 당하게 해서 검증하려는 의도가 은연중에 포함되어 있다고 보아야 한다. 그렇지만 이런 경우에도 대책이 없지 않다.

이 상황에서 주로 장난을 치는 것은 토론의 진행을 맡은 사람, 즉 사회자이다. 사회자는 권투로 치면 주심에 해당한다. 주심이 편파판정을 하면 선수의 역량과는 아무 상관없이 승부가 갈릴 수 있다는 점은 굳이 설명할 필요가 없을 것이다.

학술토론이라고 해서 이런 측면에 크게 달라질 것이 없다. 사회자가 어려운 질문을 할 것 같은 사람에게 발언권을 주지 않든가, 이런 저런 쓸데없는 제한을 가해서 제대로 발언을 못하게 방해할 수가 있다. 심지어는 아예 청중석에 발언권을 주지 않고 토론 자체를 봉쇄해 버릴 수도 있다.

그래도 권투 같은 스포츠에서는 관중과 시청자의 눈을 의식해 편파판정을 할 때 하더라도, 눈치껏 하는 경우가 많다. 하지만 학회에서는 그마저 눈치 볼 필요도 없다.

30명만 와도 청중이 많이 왔다고 좋아하는 판이다. 좀 많이 왔다 싶으면 대개 학생들 동원해서 머리 수 채워 넣은 것이기 십상이다. 그중에서 제대로 듣는 사람 몇 되지도 않는다. 심지어 무슨 말이 오가는지 이해하려는 사람조차 귀한 경우도 많다. 또 간혹 내용을 알아보는 사람이 있다 해도 점잖은 것 좋아하는 학계의 풍조상, 뒤에서 조용히 불평하지 대놓고 따지는 경우는 드물다.

편파판정을 하든 말든 신경 쓰는 사람이 얼마 되지 않는다는 뜻이다. 그러니 편파판정에 굳이 남의 눈을 크게 의식할 필요가 없다. 심지어 관심을 끄는 주제에, 수백 명의 청중이 있다고 해도 크게 개의치 않는다. 이 정도만 이야기하면 구름 잡는 소리가 될 수 있으니 이해를 돕기 위해 필자의 경험 하나를 소개하기로 하겠다.

일본의 역사 왜곡 때문에 대한민국이 시끄러웠던 2002년, K대학에서 교육인적자원부의 후원으로 '고대 한일관계사의 새로운 조명'이라는 학술발표회가 열렸다. 워낙 관심을 끄는 주제였기 때문에, 일반적인 월례발표회와는 달리 200명 가까운 청중이 모였다.

그런데 이렇게 국민의 혈세를 들여 주최한 발표회의 핵심 주제라할 수 있는 제1주제 발표의 내용이 문제였다. 그 내용이라는 것 대부분이 10년 전에 나온 자기 박사학위논문의 뒷부분에 나오는 연구사(研究史)를 재탕해 놓은 것이었다.

그런 발표를 한 의도는 뻔했다. 일단 연구비를 거저 받아먹은 셈이고, 보너스로 연구 성과까지 부풀린 것이다. 또 순진하게 이런 발표를듣는 사람에게 자기 박사학위논문이 나온 이후로는 변변한 연구도없었고, 자신을 비판한 연구 성과도 없었다고 인식시키게 된다.

일반적인 상식으로는 파렴치한 짓이 분명하다. 그래서 필자는 용감하게(?) 발언권을 얻고 일어나 그 점을 지적했다. 그런데 의도를 알아챈 사회자가 갑자기 발언시간을 1분으로 단축시켰다. 참고로 누구는 30분 넘게 장광설을 펴도 신경 쓰지 않았다는 사실을 밝혀 둔다.

그래도 발언이 계속되자, 갑작스럽게 발표회를 중단시키고 휴식을선언해 버렸다. 200명이 넘는 청중이 있었음에도 누구 하나 항의하는 사람은 없었다.

여기서 끝내면 싱거울 수 있으니 속편도 상영해 보자. 그때만 해도혈기가 왕성할 때인지라 분기를 참지 못하고 고대사학회를 비롯한주요 학회 홈페이지와 자칭 진보적 인터넷 언론의 뉴스에까지 내용을 올렸다. 그래도 큰 메아리는 없었다.

인터넷 언론에서는 정식 기사로 채택되지도 않았으니, 일단 무시된 셈이다. 그나마 위안거리(?)는 고대사학회 홈페이지에서 기록적인(?) 클릭수가 나왔다는 것이다. 다른 게시판 글들이 20~30개의 클릭수를 기록할 때, 3,000개를 넘었던 것으로 기억한다.

인터넷을 이용한 경험이 있는 사람이라면 그 숫자가 어느 정도의 영향력을 의미하는지 설명할 필요가 없을 것이다. 역사 왜곡 문제가 불거지면 대한민국 전체가 들썩이는 것 같지만, 실제로 뭐가 어떻게 돌아가는지 구체적인 내용에 관심 갖는 사람은 별로 없다는 뜻이다. 당연히 고대사학계의 반응도 조용했다. 그리고 그따위 발표를 한 당사자는 얼마 가지 않아 고대사학회 회장직을 역임했다.

검증기피

대부분의 경우, 발표 내용이 표절이건 재탕이건, 말 같지 않은 헛소리이건 이런 식으로 입을 막아 버리고 지나가는 것이다. 이런 현상이 벌어지는 근본적인 원인은 검증을 해야 한다는 생각 자체가 별로 없기 때문이다. 기본 구조부터가 그렇다.

검증을 제대로 하려면 발표자가 자기 이야기를 늘어놓는 시간보다 그 내용을 가지고 따지는 시간이 월등히 길어야 한다. 그런데 필자가 본 발표 대부분은 발표자가 자기 이야기를 늘어놓는 데 시간을 할애하고 토론 시간은 구색 맞추기처럼 끼워 넣는다. 그래서 발표시간에 비해 발표자 수가 쓸데없이 많다. 심한 경우가 아니더라도 질문이나 답변이나 하는 둥 마는 둥이 될 수밖에 없다.

어떤 발표자들은 이마저도 귀찮다고 주어진 시간 넘겨가며 자기 말만 하면서 그 알량한 토론 시간까지 잡아먹는 경우도 있다. 그렇다 보니 발표 막판에는 "할 말은 많겠지만 시간이 없으니 남은 이야기는 밥 먹는 자리에서 하라."가 되기 일쑤이다. 대놓고 "발표하는 사람이 그렇다면 그런 줄 알아라."고 하는 편이 나을 정도이다. 어떤 학회의 이사는 "남의 논지를 비판하고 싶으면 차라리 칼을 가지고 찔러라."는 말까지 서슴지 않고 한다.

막상 그 자리에 가면 "밥 맛 떨어지는 소리 그만 하자."며 말을 끊어 버린다. 물론 가끔은 밥 먹는 자리에서도 열띤 토론이 벌어지는 경우가 없지 않다. 하지만 이런 것은 쉽게 말해 '비공식 게임'이다. 프로 바둑 기사들이 게임 끝나고 '복기(復碁)'하는 수준에 불과하다는 것이다. 당연히 검증으로서의 의미는 거의 없다. 심하게 말하자면 '잡담' 수준에 불과하다.

이런 정도면 왜 공개발표에서조차 검증효과라는 것을 기대할 수 없는지 더 설명하지 않아도 될 것 같다. 이게 바로 고대사를 전문적으로 연구하는 사람들이 마주쳐야 하는 현실이다.

물론 공개적인 학술발표라는 것이 항상 그런 식은 아니라는 점을 밝혀 둔다. 지금까지 설명한 경우는 힘깨나 쓰는 패거리 중에서 발표라는 것을 할 경우이다. 힘없는 계파에서 발표를 할 때에는 상황이 180도 바뀐다. 지정토론자부터 목소리 큰 사람을 붙여 놓고, 그것도 모자라서 평소에는 발언권도 주지 않던 사람들에게 질문 좀 하라고 부추기기까지 한다.

이래 놓고 되는 소리 안 되는 소리 가릴 것 없이 퍼부어 대면 내용에 상관없이 발표자는 바보 되기 십상이다. 결국 어떤 내용으로 발표하느냐보다 발표장 분위기를 어떻게 잡아 주느냐가 더 결정적인 역할을 하는 셈이다.

발표하는 내용이 충실한가보다 발표하는 사람이 얼마나 힘 있는 패거리에 속해 있느냐가 평가에 더 결정적인 영향을 주는 구조라고 해도 과언이 아닐 것이다. 이 역시 원칙과는 아무 상관없이 기득권층에게 일방적으로 유리하게 작용할 수밖에 없다.

고대사학계에서 식민사학적 논리에 대한 비판이 틀어 막혀 있는 원인은 아직도 일본의 눈치를 보고 있기 때문이 아니다. 근본적으로 학문적 검증이 봉쇄되어 있기 때문에 같은 맥락에서 벌어지는 현상일 뿐이다. 그리고 이는 고대사학계 기득권층의 이익을 지키기 위해 조장된 상황이다.

"너희들 할 일은 선생이나 선배가 왜 옳은지 증명하는 것"이라는 말이 공공연히 나온다. 다른 학파가 득세한다고 근본적으로 얼마나 달라질지는 장담할 수 없다. 그래도 현재 고대사학계에서 검증을 막을 만큼의 힘을 가지고 있는 자들은 식민사학 추종자들이다. 그래서 식민사학적 논리가 대한민국 국민에게 강요되는 현상을 막을 수가 없는 것이다.

패거리 가르기 – '재야사학'과 '강단사학'

역사학계를 '강단사학'과 '재야사학'으로 나누는 경우를 흔히 보게 된다. 그렇게 구분하는 기준은 매우 간단하다. 대학이나 그에 준하는 기관에 소속되어 역사를 연구하고 가르치느냐 그렇지 않으냐는 것이다.

사실 좀 우스운 기준이다. 대학 같은 곳에 소속되어 있느냐 마느냐는 언제든지 바뀔 수 있는 것이다. 그러니 이것이 연구자의 성향을 정하는 기준이 될 수 없다.

물론 종신고용을 사실상 보장받은 전임교수들은 별개의 문제로 칠 수 있다. 하지만 그보다 훨씬 많은 이른바 '보따리' 시간강사들에게는 아무 상관이 없다. 극단적으로 그런 사람들은 오늘 '강단'에서 가르치다가도 내일 '재야'로 돌아갈지 모르는 것이 현실이다. 아무리 대학이 철밥통이라지만, 이른바 '강단' 교육의 절대다수를 차지하는 시간강사들에게는 해당 사항이 없는 남의 이야기일 뿐이라는 것이다.

그렇다고 시간강사들이 '강단'에 서는 자격을 인정받지 못할 정도로 전임교수들과 실력에 차이가 있는 것도 아니다. 오히려 안정된 자리를 보장받지 못한 계층의 실력이 낫다는 평가도 있다. 그럴 수 있는 상황에서 강단에 서고 있는 사람과 그렇지 못한 사람 사이에 무슨 심각한 차이가 있다고 보기가 어렵다.

이렇게 보면 일부에 해당하는 전임교수만을 기준으로 '강단', '재야'를 나누는 것이 그다지 의미 있는 구분법 같지 않다. 어떤 입장에서 연구하고 가르치든 역사학은 그저 역사학일 뿐이다. 그런데도 단순히 대학 강단에 서느냐 마느냐에 따라 이렇게까지 편을 가르려 하느냐는 의문이 생길 수도 있다.

역사학계의 사정을 모르는 사람들에게는 상식적으로 이상하게 보이는 것이 당연할지도 모른다. 그럼에도 불구하고 역사학계 내부에서는 오히려 이러한 구분법이 대체로 설득력 있게 받아들여지는 듯하다. 현실적으로 대학을 중심으로 형성된 학계와 여기에 속하지 못한 역사연구자 내지는 마니아(mania)들 사이에 벽을 느끼기 때문일 것이다.

이러한 벽이 생기는 이유를 찾자면 많다. 대학의 권위를 업고 있는 한국의 전문가 집단이 폐쇄적인 성향을 가지고 있다는 점도 벽이 생기는 이유로 작용할 수 있다. 속사정을 모르는 비전문가 집단의 오해도 한몫을 단단히 하게 된다.

여러 가지 이유가 있을 테니, 찾자면 한이 없을 것이다. 나름대로 중요한 작업이기는 하겠지만, 그 이유를 찾자는 것이 이 책을 쓰는 주목적은 아니다. 따라서 이유를 찾는 데 집착하다 보면 이야기가 엉뚱한 곳으로 빠질 수 있으니 이 정도에서 그치기로 한다.

여기서 주목되는 점은 이유야 어쨌건 이런 구분을 하기 좋아하는 측이 주로 '재야'쪽이라는 사실이다. '강단'쪽에서는 이런 분류 자체를 곱지 않은 눈으로 보는 경향이 있다. 이렇게 동업자들끼리 '강단'이니 '재야'니 편가르기 하는 것 자체가 패거리를 지어 이권 싸움이나 벌이는 행태로 여기기도 한다. 심지어 강단에 서지 못하는 사람들의 열등감 정도로 치부해 버리기도 하니까.

하지만 '재야'쪽에서는 반세기가 넘는 동안 물과 기름처럼 융합하기 어려웠던 이유로 다른 원인을 지목한다. 그것이 바로 '식민사학' 내지 '식민사관'이다. '재야사학' 쪽에서는 강단에 서는 사람들이 조국에 '식민사관이나 심는 작자들'이라고 여기는 경향이 있다.

'강단사학'이 식민사관에 물들어 있다는 이야기는 대학이라는 지성의 전당에 몸담고 있는 많은 역사학자들이 이에 추종하고 있다는 뜻이 된다. 그렇게 생각한다면 '강단사학자'들을 용납할 수 없는 집단으로 여기는 것도 당연하다. 자연스럽게 '재야사학'이 '강단사학'을 몰아붙이는 가장 중요한 명분이 된다.

물론 '강단사학' 쪽에서는 말 같지 않은 소리라고 펄쩍 뛴다. 한때 대학 강단에 섰던 필자로서도 매우 억울함을 느끼는 부분이다. "대학 강단에 서는 자들은 모두 식민사학자"라고 한다면 그렇다는 이야기이다. 이런 소리는 대학에서 한국사를 전공하는 모든 사람들에 대하여 구별 없이 모독하는 결과가 될 수 있다. 그만큼 정말 속도 모르고 비난만 늘어놓는 사람도 많다.

필자가 대학 강단에 섰다고 감정적인 변명을 늘어놓자는 것이 아니다. 그래도 아직까지는 대학에 소속되어 있는 사람들 중에 식민사학을 비판하자고 나서는 사람이 많다. 이들 모두가 진정한 식민사학 극복을 추구하는 것은 아니라 할지라도 '모두가 식민사학자'가 아님을 보여 주는 근거가 될 수는 있다. 필자 역시 그러한 부류라고 자부하는 바이다.

그렇다고 "대한민국에 이미 식민사학이란 존재하지 않는다."라고 주장하자는 뜻은 아니다. 사실 "강단에 서는 자는 모두 식민사학자"라거나 "식민사학이라는 것 자체가 이미 존재하지 않는다."라는 주장은 '강단'·'재야' 양쪽의 극단론에 불과하다. 실제 사정은 이렇게 쉽게 결론이 나올 만큼 단순하지가 않다. '모두 식민사학자'라고 싸잡아 매도하기 곤란하면서도 도처에 식민사학의 잔재가 남아 있는, 묘한 사정이라는 것이다.

그래서 "대학 강단에 서는 자들은 모조리 식민사학자"라는 비난은 어폐가 있고, 이런 극단적인 비난도 일부에 국한되는 것으로 안다. 그럼에도 일부 극단론까지 나올 만큼의 근거가 있었다는 뜻이다. 대학에 몸담고 있는 일부 인사들이 식민사학이라고 손가락질 받을 행태를 보이는 점은 사실이니까.

쉽게 정리해 보자면 이런 정도가 될 수 있겠다. 특정 분야에 종사하는 사람들 전체가 매도될 때에는 그 분야 종사자 전체보다 그 분야에서 '힘쓰는 자들'의 행태 때문인 경우가 많다. 그 분야를 주도하는 사람들의 행각은, 심지어 전체 구성원의 뜻이 그들과 다르다고 하더라도, 그 분야 종사자 전체를 대표하는 것으로 비칠 수밖에 없다. 고대사학계만 하더라도 대표 격으로 행세하는 인사들이 식민사학자의 행태를 보이고 있다는 뜻이 될 것이다.

이렇다면 이 분야에 몸담고 있는 한, 웬만한 사람은 힘쓰는 기득권층의 영향을 받지 않을 수가 없다. 그래서 언제 대학에서 쫓겨날지 모르는 시간강사들도 한통속으로 몰린다. 대학에서 평생을 보장받지 못한 시간강사라 하더라도 전임교수가 되는 데 대해 미련이 있게 마련이다. 그 미련 때문에라도 생명줄을 쥐고 있는 전임교수들의 눈치를 보지 않을 수 없다. 자연스럽게 그들의 성향을 이어받게 된다. 한통속으로 몰리는 것이 당연할 수도 있다. 이래서 대학을 중심으로 한 이른바 '제도권' 역사학계 전체와 여기서 소외된 사람들 사이의 대립 관계가 성립된 셈이다. 이런 의미 없는 패거리가 생긴 이유도 따지고 보면 기득권 지키기의 하나라고 할 수 있을 것이다.

맺으면서

지금까지 식민사학이란 무엇이며 왜 사람을 등쳐 먹는 논리인지부터 시작하여 무슨 의도로, 어떻게 우리 사회에 심어지는지를 살펴보았다. 따지고 보면 식민사관이라는 것도 특별한 역사관은 아니다. 그저 역사를 팔아 자기들 이익에 맞게 많은 사람들을 조종하려는 짓에 불과하다.

지금까지 비슷한 행각은 수도 없이 많았다. 식민사관 역시, 천황을 중심으로 한 기득권층에 유리하도록 역사를 조작해 자신의 백성을 등쳐 먹는 황국사관의 연장이다. 재수 없게 일본의 식민지가 된 덕분에 대한민국이 지금까지 그 영향을 받고 있을 뿐이다.

여기서 좀 더 심각하게 문제가 되는 부분은 일본제국주의의 손아귀에서 벗어난 '지금까지도'라는 점에 있다. 이 한마디에 많은 트집을 잡으려 할 것이다. 그래서 식민사학의 논라가 어떤 것이며, 어디까지가 식민사학의 범주에 들어가는지 나름대로 밝혔다. 그리고 어떤 내용들이 지금의 대한민국 고대사학계에 침투해 있는지도 사례를 들었다.

그리고 독자들께서 궁금해 할 또 한 가지 문제는 이런 논리를 대한민국 사회에 심는 사람들이 도대체 무슨 생각으로 그런 짓을 하느냐는 점일 것이다. 지금까지 살펴보았듯이, 그런 사람들 대부분은 무슨 투철한 신념 같은 것이 있어서 식민사학을 심는 것이 아니다. 자기가 처한 상황에서 손쉽게 기득권을 얻고 안주하려는, 사리사욕을 채우기 위한 수단일 뿐이다.

사실 식민사학 추종자들의 행태는 일반적인 기득권층의 행태와 크게 다르지 않다. 단지 외부 세력에 붙어 먹은 작자들이 기득권을 잡은 한국 근대사의 비극이 역사학계, 특히 고대사학계에서 그대로 적용되고 있을 뿐이다.

대부분의 기득권자들이 그렇듯, 식민사학 추종자들도 자신들이 가지고 있는 특권을 잃고 싶어 하지 않는다. 식민사학의 틀로 역사를 배운 사람들이 그것을 버리지 못하는 것도 이런 맥락이다. 자신이 배운 것을 가지고 평생 우려먹고 살아야 한다는 숙명(?)이 식민사학자에게서 배운 내용을 포기하지 못하게 만들고 있는 셈이다.

단순히 배운 것을 버리지 못하는 차원에서 끝나지도 않는다. 살아남기 위해서라도 자기들이 옳다고 우겨야 한다. 혼자서 우기는 것으

대학에서 제자를 키워 내는 교수의 지위가 이런 데에 악용될 수 있다. 그런 교수 밑에 들어간 학생들은 자신이 살아남기 위해서 자기 선생의 논리를 비호하는 데 물불을 가리지 못하게 된다.

이런 학생이 필요한 교수들이 제대로 연구하고 가르칠 사람들을 살려둘 수가 없다. 제대로 된 사람이 양심적으로 연구를 하면 그들의 비리가 다 들통 나니까. 그래서 아예 자기 스스로의 손으로는 연구 성과를 제대로 낼 능력조차 없는 학생들만 골라서 키워 낸다. 또 그렇게 키워진 자들이 서로 감싸 주는 패거리를 만들어 낸다.

고대사학계에서는 학자라는 사람들 상당수가 학문 자체보다 동문

비호하기가 더 중요하다고 여기는 실정이다. 이런 풍조에서는 검증을 강화하겠다는 발언조차도 궁극적으로는 위선이 될 수밖에 없다.

아직도 황국사관·식민사관에 절어 있는 일본 연구 성과 베끼기가 성행하는 이유도 근본적으로는 여기에 있다. 이 책에서 보여 준 사례만 해도 '빙산의 일각'보다 '새발의 피'에 가깝다.

이런 짓에 대한 상징에 딱 좋은 표현이 있다. 흡혈귀. 심각하게 볼 것 없는 오락물에서 만들어 낸 개념이기는 하지만, 하는 짓들을 표현하는 데에 이만한 개념도 없는 것 같다. 자기 배 채우려고 피를 빨아 대고, 피 빨린 자는 자기 피를 빨아 낸 작자의 추종자가 된다. 고대사학계에서는 흔히 볼 수 있는 일이다.

하긴 역사조작 자체가 대체로 소수의 기득권층이 많은 사람들을 이용해 먹으려 할 때 써먹는 수법이다. 쉽게 말해서 백성들 등쳐 먹을 일을 만들 때 주로 벌이는 짓이라는 것이다. 이 역시 사람들을 조종해서 피를 빨아먹는 흡혈귀의 행태와 다를 것이 없다.

대한민국의 고대사학계에 있어서는 그 흡혈귀의 원조가 하필이면 일본일 뿐이다. 식민사학이 심어지는 원리도 알고 보면 흡혈귀를 만들어 내는 것과 같은 원리와 크게 다르지 않다.

많은 말을 늘어놓은 것 같았는데도, 여기서도 못다 한 이야기가 많은 것 같다. 그렇지만 하고 싶은 말을 한꺼번에 다 할 수는 없는 노릇이다. 언제가 될지 모르지만, 다 하지 못한 이야기를 할 기회가 빠른 시일 안에 생기기를 바라면서 여기서 일단 접고자 한다.

참고문헌

강종훈(姜鐘薰), 〈《삼국사기》신라본기 초기기록(新羅本紀 初期記錄)의 기년문제
　　재론(紀年問題 再論)〉, 《역사학보(歷史學報)》 162, 1999.

강종훈(姜鐘薰), 〈신라 삼성 족단(新羅 三姓 族團)과 상고기(上古期)의 정치체제(政
　　治體制)〉, 서울대학교 대학원 박사학위논문, 1997.

김기섭 역, 《고대한일관계사의 이해 - 왜(倭)》, 이론과 실천, 1994.

김태식(金泰植), 《가야연맹사(加耶聯盟史)》, 일조각(一潮閣), 1993.

김태식(金泰植), 《풍납토성》, 김영사, 2001.

김태식(金泰植), 〈초기 고대국가론(初期 古代國家論)〉, 《강좌 한국고대사》 제2권, 가
　　락국사적개발연구원, 서울, 2003.

노중국(盧重國), 《백제정치사연구(百濟政治史研究)》, 일조각(一潮閣), 1988.

노태돈(盧泰敦), 〈삼국시대(三國時代)의 '부(部)'에 관(關)한 연구〉, 《한국사론(韓國
　　史論)》 2, 서울대학교 국사학과. 1975.

노태돈(盧泰敦), 《고구려사연구》, 사계절, 1999.

말송보화(末松保和), 《임나흥망사(任那興亡史)》, 길천홍문관(吉川弘文館), 1956.

삼품창영(三品彰英), 《일본서기 조선관계기사 고증(日本書紀朝鮮關係記事考證)》,
　　길천홍문관(吉川弘文館), 1962.

여호규(余昊奎), 〈고구려 초기 정치체제의 성격과 성립 기반〉, 《한국고대사연구(韓
　　國古代史研究)》 17, 한국고대사학회(韓國古代史學會), 2000.

영목영부(鈴木英夫), 〈가야·백제와 왜(加耶·百濟と倭) - '임나일본부론(任那日本府
　　論)'〉, 《조선사연구회논문집(朝鮮史研究會論文集)》 24, 조선사연구회(朝鮮史
　　研究會), 1987.

이병도(李丙燾), 《풀뭇간의 쇠망치》, 휘문출판사(徽文出版社), 1972.

이병도(李丙燾),《중등국사》, 을유문화사, 1956.

이병도(李丙燾),《한국고대사연구(韓國古代史硏究)》, 박영사, 1976.

이병도(李丙燾),《한국사대관(韓國史大觀)》, 동방도서주식회사(東方圖書株式會社), 1983.

이성시 지음·박경희 옮김,《만들어진 고대》, 삼인, 2001.

이종욱(李鍾旭),《역사충돌》, 김영사, 2003.

이종욱(李鍾旭),《한국 고대사의 새로운 체계》, 소나무, 1999.

이한우,《우리의 학맥과 학풍》, 문예출판사, 1995.

이홍직(李弘稙),《한국고대사(韓國古代史)의 연구(硏究)》, 신구문화사(新丘文化社), 1971.

이희진(李熙眞),《《삼국사기(三國史記)》 초기기사에 대한 최근 기년조정 논쟁〉,《한국사연구(韓國史硏究)》 106, 1999.

이희진(李熙眞),《《삼국사기(三國史記)》 초기기사에 대한 최근 기년조정안(紀年調整案)의 문제점〉,《역사학보(歷史學報)》 160, 1998.

이희진(李熙眞),〈가야의 멸망과정과 '임나조(任那調)', '임나부흥(任那復興)'의 의미〉,《한국고대사 속의 가야》, 부산대학교 한국민족문화연구소. 2001.

이희진(李熙眞),〈신라(新羅)의 대일 저자세(對日 低姿勢) 외교의 허구〉,《일본학(日本學)》 23, 2004.

이희진(李熙眞),〈임나의 개념〉,《일본역사연구(日本歷史硏究)》 7, 1998.

이희진(李熙眞),《중화사상과 동아시아 - 자기 최면의 역사 -》, 책세상, 2007.

임기환(林起煥),《고구려 정치사 연구》, 한나래, 서울, 2004.

진전좌우길(津田左右吉),〈백제에 관한 일본서기의 기재(百濟に關する日本書紀の記載)〉《진전좌우길전집(津田左右吉全集)》 제2권, 암파서점(岩波書店), 1963.

진전좌우길(津田左右吉), 〈삼국사기의 신라본기에 대하여(三國史記の新羅本紀について)〉, 《고사기와 일본서기 연구(古事記及び日本書紀研究)》, 암파서점(岩波書店), 1924.

진전좌우길(津田左右吉), 《일본고전의 연구(日本古典の研究)》 상·하(上·下), 암파서점(岩波書店), 1973.

천관우(千寬宇), 《가야사연구(加耶史研究)》, 일조각(一潮閣), 1991.

한일역사공동위원회, 《한일역사공동연구서보고서》 제1권, 민속원, 2005.